Erik G. Verg

Auf der Begeist'rung Schwingen

Erinnerungen an eine

Kindheit und Jugend im Baltikum

Husum

Umschlagbild: Reval, „Kiek in de Kök" und Domkirche

Bildnachweis: Erik Raiküla: S. 83, 99, 103, 106, 112, 117, 125, 127, 135, 136,
141, 145, 149, 153, 157, 167, 279.
Leif Geiges / Baltische Briefe: S. 176, 181, 185, 198
Verfasser und Archiv des Verfassers: Umschlag, 26, 27, 29, 31,
42, 49, 53, 87, 88, 90, 92, 119, 170, 258

Die Deutsche Bibliothek - CIP-Einheitsaufnahme

Auf der Begeist'rung Schwingen : Erinnerungen an eine
Kindheit und Jugend im Baltikum / Erik G. Verg. - Husum :
Husum, 1995
ISBN 3-88042-704-6
NE: Verg, Erik

© 1995 by Husum Druck- und Verlagsgesellschaft mbH u. Co. KG,
Husum
Satz: Fotosatz Husum GmbH
Druck und Verarbeitung: Husum Druck- und Verlagsgesellschaft
Postfach 1480, D-25804 Husum
ISBN 3-88042-704-6

Das Heimatlied der Balten

O Heimatland, auf der Begeist'rung Schwingen
schwebt unser Lied empor zu deiner Ehr.
Wie Sturmesrauschen soll es brausend klingen,
wie Glockenklang, so rein, so voll und hehr:
    Von Kurlands wald'gen Gauen,
    durch Livlands Bergesauen,
hell tönt's im Dreiklang bis zu Estlands Strand:
Sei uns gegrüßt, o altes Heimatland.

Vorwort

Mit Goethe anzufangen macht sich immer gut. Laut Eckermann sagte er am 28. März 1827: „Ich kann es gewissermaßen als beneidenswürdig ansehen, daß mir noch in meinem hohen Alter vergönnt ist, die Geschichte meiner Jugend zu schreiben, und zwar einer Epoche, die in mancher Hinsicht von großer Bedeutung ist."

In gewisser Hinsicht von großer Bedeutung war sicher auch die Zeit, in die meine Jugend fiel, auch wenn man manchmal glauben könnte, sie habe gar nicht stattgefunden, sei im persönlichen Leben der Zeitgenossen gar nicht wahrgenommen worden.

In der baltischen Erinnerungsliteratur klafft eine Lücke. Die Großeltern, bald schon die Urgroßeltern der heutigen Jugend haben es versäumt aufzuschreiben, zu erklären, was mit ihnen und in ihnen geschah, als sie „teenager" waren. Ich will es versuchen. Ich bin Jahrgang 1919. Ich bin über 75 Jahre alt. Wenn ich es nicht mache, macht es nach mir keiner mehr.

Ich weiß, daß das nicht ungefährlich ist. Das Bild jener zwölf Jahre von 1933 bis 1945 ist so einförmig geprägt, daß Fragen und Erklären und Differenzieren sowieso hoffnungslos erscheinen. Wer will denn schon als unbelehrbarer alter Nazi abgestempelt werden oder, was mir viel schlimmer erscheint, auch nur in die Nähe des heutigen neonazistischen Gesindels gerückt werden.

Natürlich bilden die „Jahre der Begeisterung" nur einen Teil meiner Erinnerungen, aber ich muß gestehen, daß ich die Zeile unseres Heimatliedes insofern für meinen Buchtitel „mißbraucht" habe, als unsere damaligen Lieder meist weniger dem Heimatland als dem fernen, idealisierten Vaterland galten.

Meine Altersgenossen, viele ihrer Eltern und meine Kriegskameraden kannten mich ein Vierteljahrhundert lang als Gunnar Werg. Das ist kein guter Name für einen Journalisten. Mit Werg kalfatert man lecke Bootsrümpfe. Meine Eltern hatten mir noch einen zweiten Vornamen gegeben. Vier Buchstaben, wie der Familienname. Und wenn ich vom W noch eine Zacke abbrach, wurde Erik Verg daraus.

So kennen mich meine Leser, meine neuen Freunde und inzwischen auch die alten, seit einem halben Jahrhundert. Dabei soll es auch bleiben.

I.
Kinderzeit voll Phantasie

Legendärer Ursprung

Als am Abend des 30. November 1700, nach der für Karl XII. von Schweden siegreichen Schlacht bei Narwa, die schwedischen Hauptleute ihre Mannen zählten, fehlte einem von ihnen der Verg.

Der hinterließ ein Weib, vielleicht auch Kinder. Ob die Witwe mit dem Troß aus Schweden gekommen oder eine Einheimische war, weiß man nicht, jedenfalls blieb sie in dem zur schwedischen Krone gehörenden Nord-Lyfflandt (Estland). Von ihrem Sohn oder ihren Söhnen stammen die Vergs ab. Das erzählte mir mein Vater. Einen Beweis gibt es nicht, nicht einmal die Spur eines Beweises. Aber es ist eine schöne Geschichte, und warum sollte man sie nicht glauben.

Als ich sie in den siebziger Jahren schwedischen Journalistenkollegen erzählte, meinten sie, da könnte was dran sein, denn wenn man Verg schwedisch aussprache, käme dabei „värja" heraus, und das sei ein etwas veraltetes Wort für „Degen", das man auch im Sinne von „hugvärja" oder Haudegen benutzte, unter Kriegern ein Ehrenname. Auf meinen Reisen habe ich in jeder Stadt, in die ich kam, im Telefonbuch nach Vergs gesucht. Von Grönland bis zum Kap der Guten Hoffnung und von San Francisco bis Tokio. Ich fand keinen einzigen. Ich war einmalig.

Dabei spielt es keine Rolle, ob man den Verg mit V oder W schreibt, denn in Nordeuropa werden beide Buchstaben gleich ausgesprochen, und im estnischen Alphabet gibt es das Doppel-W überhaupt nicht. Aber Wergs fand ich in den Telefonbüchern auch nicht, außer dreien in Berlin, Iserlohn und Bad Segeberg, alle Vertreter meiner sehr spärlichen Verwandtschaft.

Die Enttäuschung war groß, als ich eines Tages im Wirtschaftsteil einer Zeitung las, daß Verg, der Sprecher der Spielzeugfabrik Märklin in Heilbronn, das und das gesagt habe. Ich habe ihm gleich geschrieben, aber er fand das Thema der Einmaligkeit offensichtlich nicht interessant und antwortete nicht. Und es soll, wahrscheinlich aus derselben Sippe, in Bad Wimpfen am Neckar Vergs geben, aber dieselben Vorfahren haben wir bestimmt nicht. Schwaben zogen zwar nach Jugoslawien (Banat) aber nicht an die kalte Ostsee. Im Mittelhochdeutschen heißt „verge" oder „verje" Fährmann, nicht „Haudegen".

Fabrikdirektor und Beamtenwitwe

Vor dem Untergang des Zarenreiches pflegte mein Vater, Carl Ludwig Werg, Direktor der Lederfabrik in Pleskau, vierspännig durch die Stadt zu fahren. Davon erzählte er gern. Es war der Höhepunkt seines Lebens. Einen ähnlichen Status hat er nie wieder erreicht. Die Zeiten waren auch nicht danach.

Er wurde am 27. Januar 1874 in Dorpat geboren. Später mußte er sich daran gewöhnen, daß sein Geburtstag auf den 8. Februar fiel, denn nach der Revolution wurde in Rußland und seinen ehemaligen Provinzen der Julianische Kalender abgeschafft, der hinter dem gregorianischen um 13 Tage „nachging". Die Russisch-Orthodoxe Kirche feiert ihre Feste noch heute nach dem „alten" Kalender.

Sein Vater, Friedrich Werg, war kaiserlich russischer Postbeamter in Dorpat. Carl Ludwig beendete das Treffnersche Humanistische Gymnasium. (Noch mit 80, als er sich nicht erinnern konnte, wer gestern zu Besuch gekommen war, konnte er lange Texte in Griechisch und Latein auswendig hersagen.) Er studierte nicht, vermutlich, weil die wirtschaftlichen Verhältnisse es nicht zuließen. Als seinen Beruf hat er mir immer Buchhalter genannt. Er erzählte auch, daß er in seiner Jugend für die deutsche Firma Siemens im Kaukasus gearbeitet hatte, ich weiß nicht, als was, wie ich auch nicht weiß, wie er es zum Direktor der Lederfabrik in Pleskau gebracht hatte.

Meine Mutter, Pauline Wilhelmine Grass, wurde am 12. Juli 1878 in Riga geboren. Es hat nie ein Gespräch darüber gegeben, ob man ihren Geburtstag nicht am 25. Juli „neu-

en Stils" feiern sollte, und auch in den spärlich vorhandenen Dokumenten steht nie ein anderes Datum als der 12.
Juli. Sie kam aus bescheidenen Verhältnissen. Der Vater,
August Carl Grass, war Buchbinder. Wenn die überliefer-
ten Jahreszahlen stimmen, war er bei Paulines Geburt
schon 54 Jahre alt, das Alter der Mutter ist nicht bekannt.

Meine Mutter ist nur drei Jahre in die Elementarschule
gegangen. Ihre Bildung beschränkte sich auf das, was sie
interessierte: die Oper vor allem und die Musik überhaupt.
Sie wäre gern Opernsängerin geworden. Sie las aber auch
viel und konnte sich über Bücher unterhalten. Von Geographie dagegen hatte sie zum Beispiel keine Ahnung. Es
fiel mir später sehr schwer, ihr zu erklären, wie man von
Reval nach Deutschland fährt; und ins Anekdotische
gehört, daß sie die winters eisige Küche Nordpol nannte,
den heißen Herd aber Südpol. Estnisch hat sie nie mehr gelernt als die wenigen Brocken, die man auf dem Markt oder
im Milchladen brauchte, aber damit befand sie sich in der
guten Gesellschaft der meisten städtischen deutsch-baltischen Damen.

Ich kenne ihr Gesicht nur mit zwei verschieden große
Augen. Das linke war kleiner. Sie war irgendwann einem
starken Luftzug ausgesetzt gewesen, sagte sie als Erklärung, aber ich weiß nicht, wann das geschehen sein soll.
Vielleicht war sie vorher oder trotzdem ein schönes
Mädchen gewesen. Sie machte jedenfalls eine gute Partie
und heiratete 1902 in Riga den kaiserlich russischen Zoll-
beamten Gottfried Thomson, der nach allen Schilderungen, kein ganz kleiner Beamter gewesen sein muß.

1908 wurde ihr Sohn Gottfried-Heinrich (Friedel) geboren, 1910 die Tochter Gertrud-Therese (Trudy).

Carl Ludwig Werg und Pauline Grass kannten sich seit
Kindertagen. Ihre Mütter waren Schwestern, Truuta und
Liisa Minner, Töchter des Krügers Michel Minner im Dorf
Laius-Tähkvere nördlich von Dorpat, auf deutsch nach
dem dortigen Gut Flemmingshof genannt.

Die Pastoren der Landgemeinden im Baltikum waren
Deutsch-Balten. Welche Orthographie sie für die Eintra-

gungen im Kirchenbuch benutzten, war ihnen überlassen. Es ist anzunehmen, daß der Krüger ein estnischer Bauer war, der Mihkel hieß, woraus der Pastor einen deutschen Michel gemacht hatte, so wie umgekehrt aus Großvater Friedrich, sogar in der Stadt Dorpat, in einer Eintragung ein estnischer Widrik geworden war, oder umgekehrt?

Carl Ludwig liebte und verehrte seine verheiratete Cousine Paula, aber Hoffnungen konnte er sich erst machen, als Gottfried Thomson sen. 1913 starb. Fabrikdirektor und Zollratswitwe heirateten aber erst fünf Jahre später, am 18. November (1. Dezember) 1918 in Pleskau.

Rußland wurde von der Revolution geschüttelt. Die deutschen Besatzungstruppen, die Schutz vor den Bolschewiken geboten hatten, zogen ab, und meine Eltern entschlossen sich, Rußland zu verlassen. Im nahen Estland war am 24. Februar 1918 die selbständige Republik ausgerufen worden. Noch wußte niemand, ob sie Bestand haben würde, aber sicherer als bei den Bolschewiken erschien den Eltern Estland doch. Sie zogen nach Dorpat, das bei den Russen offiziell Jurjew geheißen hatte und jetzt, bei den Esten, Tartu hieß.

Dort wurde ich am 3. Juni 1919 geboren. Wer nachrechnet, kommt schnell darauf, daß meine Eltern nicht gewartet haben, mich auf Stapel zu legen, bis Brief und Siegel es ihnen erlaubten. Sie hatten ja auch keine Zeit zu verlieren. Mein Vater war 44, meine Mutter 40.

Bis 1937 wußte ich über frühere Vorfahren nichts als das, was meine Eltern erzählt hatten, z. B. die Geschichte vom schwedischen Haudegen und die Annahme meiner Mutter, daß die Grass' wahrscheinlich aus Holland gekommen waren und ursprünglich van der Gras geheißen hatten. Das klang so schön adlig.

Um Ahnenforschung hatte sich ja in bürgerlichen Kreisen niemand gekümmert. 1937 aber war es Mode, auch wenn es nicht darum ging, die arische Großmutter nachweisen zu müssen. Ich bemühte mich bei der St. Marien-Gemeinde in Dorpat und beim Staatsarchiv, aber sehr weit kam ich nicht. Die Nachforschungen endeten bei den Urgroßeltern. Die Werg-Linie endete bei einem Anz (oder Hans), der Matrose gewesen war, bevor er als Bauer an Land ging und die Dienstmagd Maret (Nachname unbekannt) heiratete. Die Grass-Linie endete bei einem Schuhmacher Christian-Peter und die Minners beim schon erwähnten Krüger Michel (oder Mihkel).

In der Republik Estland wurde die Nationalität (richtiger: Volkszugehörigkeit) in den Personalpapieren eingetragen.

Zu meiner Zeit stand bei uns allen: sakslane / sakslanna (Deutscher / Deutsche). Aber der Abstammung nach waren die Wergs und die Minners bestimmt waschechte Esten. Kein Deutscher hätte seine Kinder Maret, Truuta oder Liisa genannt. Nur bei dem deutschen Namen Grass ist die Herkunft ungewiß, aber der Schuster Christian-Peter oder seine Vorfahren hätten gut aus Deutschland oder vielleicht auch Holland stammen können. Um zu verstehen, wieso wir uns alle für Deutsche hielten, muß man sich ein bißchen mit baltischer Geschichte beschäftigen.

Elementarkurs in baltischer Geschichte

Das Baltikum ist weder sprachlich noch ethnographisch noch historisch eine Einheit. Höchstens geographisch könnte man die „kleine Ecke" der Küstenländer zwischen Finnischem Meerbusen und Kurischem Haff als Ganzes ansehen.

Altpreußisch, Litauisch und Lettisch bilden die baltische Sprachgruppe des Indogermanischen, ohne daß die Völker, die sie sprechen, sich gegenseitig verständigen könnten, wie die Skandinavier untereinander, wie notfalls Deutsche mit Holländern, Finnen mit Esten.[*]

---

[*] Die historische Darstellung stützt sich hauptsächlich auf Georg von Rauchs „Geschichte der baltischen Staaten".

Die Litauer hatten schon im 13. Jahrhundert einen eigenen Staat. Großfürst Gedimin (1318) und seine Nachfolger dehnten ihre Herrschaft über Weißrußland und die Ukraine aus und machten Kiew zu ihrer Hauptstadt. Nach der Krakauer Hochzeit des Fürsten Jagiello mit der polnischen Prinzessin Jadwiga (1386) bildete das vereinigte Polen-Litauen einen der größten Staaten Europas von der Ostsee bis zum Schwarzen Meer. Die litauische Führungsschicht polonisierte nach und nach, und das litauische Volk selbst blieb ein Bauernvolk, wie seine nördlichen Nachbarn. Litauen war katholisch und unterscheidet sich schon dadurch vom übrigen Baltikum.

Nördlich der Letten lebten die Liven und Esten, zur finno-ugrischen Sprachfamilie gehörig, zu der man in Europa noch die Finnen und Ungarn zählt und das kleine Völkchen der Ingermanländer westlich St. Petersburg und weit in Sibirien, beiderseits des Jennissei, die Ostjaken, Wogulen und Syrjänen. Die Liven sind ausgestorben oder Esten geworden.

In unsere Geschichte, wie sie von Mitteleuropa aus gesehen wird, tritt das Baltikum erst im 13. Jahrhundert. Kurz vor seinem Beginn geht der Mönch Meinhard aus Segeberg (1189) als erster Missionar nach Livland, ohne viel Spuren zu hinterlassen. Anders Albert, der die Düna aufwärts segelt und 1201 die Stadt Riga gründet. Riga im Marienland oder in Livland, wie der größte Teil des Landes damals genannt wurde.

Von Norden her erobert der dänische König Waldemar II. die estnische Küste und gründet 1219 die Stadt Reval an der Stelle der Estensiedlung Rävälä. Es ist derselbe Waldemar, der 1227 bei Bornhöved von den Hamburgern und ihren Verbündeten geschlagen wurde, in jener Schlacht, die über die historische Grenze zwischen Deutschland und Dänemark entschied. Weil ich mich inzwischen als Hamburger fühle, will ich nicht versäumen zu erwähnen, daß beide Schlachten mit der nahezu gleichen Legende ausgeschmückt werden. Als am Maria-Magdalenen-Tag, dem 22. Juli 1227, die Dänen schon fast gesiegt hatten, weil die

Hamburger vom grellen Sonnenlicht und Staub so geblendet waren, daß sie nichts sehen konnten, erschien Maria Magdalena über ihnen und breitete ihren Mantel vor die Sonne. Das Kriegsglück wendete sich. Acht Jahre früher, in der Schlacht von Rävälä, waren die Esten aus ihrer Burg Lindanissa ausgefallen und drohten die Dänen ins Meer zu treiben, da schwebte aus den Wolken eine rote Fahne mit weißem Kreuz. Der König ergriff sie, hielt sie hoch und schlug die Esten in die Flucht. So wird die Herkunft des Danebrog dänischen Kindern noch heute erzählt.

Zum Schutz der Städte und als Schwert des Glaubens für die Mission wurde in Livland der Schwertbrüderorden gegründet. Nach der Niederlage bei Bornhöved gab Waldemar Estland auf und verkaufte es dem Orden. Der baute auf dem hohen Felsen, der das Meer beherrscht, eine feste Burg mit dem mächtigen Wehrturm „langer Hermann", und weil auch die Hauptkirche auf diesem Felsen gebaut wurde, hieß er fortan Domberg.

Der Schwertbrüderorden hielt sich nicht lange und vereinigte sich mit dem Deutschen Orden, der seinen Ordenssitz seit 1309 in der Marienburg in Westpreußen hatte.

Um diese Zeit entwickelten sich die Strukturen, die für Jahrhunderte Bestand haben sollten. Der Adel (die Ritterschaft) war Verwalter der staatlichen Macht und Inhaber des Großgrundbesitzes. Die „undeutsche" Landbevölkerung bearbeitete das Land für ihn. In den Städten ließen sich deutsche Kaufleute nieder. 1248 übernahm Reval das Lübische Recht und 1284 wurde es Mitglied der Hanse. Die Undeutschen verrichteten die niederen Dienste als Fuhrleute, Hafenarbeiter oder Hausknechte.

Als dritte Gruppe etablierten sich die Akademiker, von denen viele in Deutschland studiert hatten, ehe es im Lande selbst eine Universität gab. Die deutschen Zuwanderer kamen aus Westfalen, vom Rhein und aus Niedersachsen. Auf estnisch heißt ein Deutscher „sakslane" und der Herr „saks".

So einfach war das und so einfach blieb es. 1561 endete die Ordensherrschaft, und die Schweden übernahmen Estland und den nördlichen Teil von Livland. Der südliche und Kurland fielen an Polen. Die Schweden änderten nichts an der bestehenden Ordnung, nur einige schwedische Familien wurden in die Ritterschaft aufgenommen, die Krusenstjerns und die Himmelstjernas zum Beispiel. Als Peter der Große die Schweden besiegt hatte, machte er aus dem Baltikum drei russische Ostseeprovinzen: Est-, Liv- und Kurland. Die Balten, bis 1918 verstand man unter diesem Begriff nur die Deutsch-Balten, erreichten beim Zaren die Bestätigung ihrer bisherigen Privilegien: deutsche Selbstverwaltung, deutsche Sprache und protestantische Konfession. Als Gegenleistung erwiesen sich die Balten als treue Diener des Zaren. Balten saßen in hohen und höchsten Stellungen in St. Petersburg. Fürst Michael Barclay de Tolly vom Gut Groß Wohld bei Dorpat wurde 1813 als Nachfolger Kutusows russischer Oberbefehlshaber gegen Napoleon, und Paul Baron v. Rennenkampf aus Estland war 1914 Paul von Hindenburgs Gegner in der Schlacht von Tannenberg.

Geistliche legten die Grundlage zur estnischen und lettischen Schriftsprache. Sie schrieben die ersten Grammatiken und Lehrbücher. Die Gutsbesitzer selbst erwirkten die Aufhebung der Leibeigenschaft schon 1816, 45 Jahre früher als im übrigen Rußland, die Abschaffung der Fronpacht und der sogenannten Hauszucht. Der deutsche Philosoph Johann Gottfried von Herder war eine Zeitlang Pastor in Riga und gab mit seiner Sammlung „Stimmen der Völker in Liedern" den Anstoß zu einer Volkstumsbewegung, die zur Gründung von literarischen Gesellschaften führte, zur Herausgabe der ersten estnischen Zeitung in Dorpat 1864 („Eesti Postimees", – d. h. der estnische Postbote) und zum ersten Sängerfest 1869 ebenfalls in Dorpat. Die Sängerfeste wurden zum Symbol der „Zeit des Erwachens" (Ärkamise aeg). Die Aufhebung des Zunftzwangs im Handwerk 1866 machte für die Esten den Weg frei zum sozialen Aufstieg im städtischen Mittelstand.

Ganz undurchlässig waren die Nationalitätengrenzen auch vorher nicht gewesen. Es gelang schon hier und da einem Bauernsohn, höhere Bildung zu erlangen. Der zur Zeit bedeutendste estnische Schriftsteller, Jaan Kross, beschreibt in seiner Romantrilogie „Das Leben des Balthasar Rüssow" die Zeit nach der Reformation in Estland. Sein Titelheld hat es zum Pastor gebracht, und auch von anderen Undeutschen wird erzählt, die sich aus ihrem ursprünglichen Status befreit haben. (Kross benutzt das Wort Esten nicht, es ist immer nur von Undeutschen die Rede.)

Am Rande zu bemerken wäre wohl auch noch, daß es sicher Vaterschaften gab, über die man nicht laut sprach. Auch auf baltischen Gütern gab es das ius primae noctis, auch wenn unsere Barone behaupteten, es sei im Baltikum nicht praktiziert worden. Jaan Tönisson, Vorkämpfer des estnischen Nationalismus und dreimal Staatsältester bzw. Ministerpräsident zwischen 1919 und 1933, sah so aus, wie ein Baron aussehen sollte, aber keineswegs immer aussieht. Meine Mutter wollte sogar wissen, daß ein Baron Mensenkampff sein Vater gewesen sei.

Die Emanzipation war einfacher, wenn man die Nationalität wechselte, sobald man es zu etwas gebracht hatte. Deutsch oder Estnisch wurde weitgehend zu einer Frage der Sprache und des sozialen Standes. Nach dem „Blut" fragten nur die, die blaues zu haben glaubten.

Die Esten nannten die Überläufer kadakasaksad. Kadakas heißt Wacholder, und es scheint mir nicht ganz plausibel, warum man die Kapitulierenden nach einem so unverwüstlich zähen Gewächs nennen sollte. Einleuchtender ist die philologische Erklärung, es handele sich um eine spöttische Verballhornung des niederdeutschen katensasse, also ein Kätner, der nicht einmal aus einem richtigen Bauernhaus stammt.

Wann meine väterlichen Vorfahren den Nationalitätswechsel vollzogen, ist nicht mehr festzustellen. Wahrscheinlich war es Friedrich, der Postbeamte, der seinen Sohn auf das Gymnasium schickte.

Es war also erst mein Großvater, aber bei der Langlebigkeit der Wergs macht das doch mehr als hundert Jahre aus.

Die Universität Dorpat war 1632 vom Schwedenkönig Gustav Adolf gegründet worden. Zar Alexander I. gründete sie 1802 neu. Dennoch galt Dorpat in Europa als deutsche Universität, auch wenn die Zahl der estnischen Studenten ständig zunahm. Viele der estnischen politischen Führer waren nach der Jahrhundertwende schon Akademiker. Die Zahl der estnischen Stadtbevölkerung wuchs ebenfalls. In Reval vergrößerte sich der estnische Anteil von 1871 bis 1897 von 51,8 auf 88,7 Prozent. 1904 gab es in der Stadtverordnetenversammlung von Reval, als erster Stadt im Baltikum, eine nichtdeutsche Mehrheit.

Die Revolution von 1905 griff auch auf das Baltikum über. Da es hier keine russischen Herren gab, richtete sich der Zorn gegen die Barone, gegen die saksad. „Mõisad põlevad, saksad surevad", reimte der wütende Mob. (Die Güter brennen, die Herren sterben.)

Die Revolution wurde grausam niedergeschlagen. Der Generalgouverneur schickte Strafexpeditionen über Land. Sie verbrannten mehr Bauernhöfe, als vorher Gutshöfe angezündet worden waren, und richteten ungefähr zehnmal soviel Aufständische hin, als Barone erschlagen wurden.

Dennoch war eine Folge der Revolution, daß St. Petersburg die Zügel lockerer ließ. Estnische Abgeordnete wurden in die Duma, das russische Parlament, aufgenommen, und es gelang ihnen durchzusetzen, daß die Provinzgrenzen geändert wurden. Die Provinz Estland umfaßte danach den ganzen estnischen Sprachraum. Es folgte die Zulassung eines estnischen Parlaments, des Landtags (Maapäev). Die Entwicklung wurde unterbrochen durch die Oktoberrevolution und den schrecklichen Bürgerkrieg zwischen Weiß und Rot.

Auch in Estland und Lettland ergriffen die Bolschewisten die Macht. In den bürgerlichen Führungskreisen reifte der Entschluß, sich vom russischen Reich zu trennen. Aber die Bolschewisten verhinderten die Wahl einer konstituierenden Versammlung, stellten statt dessen eine rote Truppe auf und begannen eine Terrorherrschaft wie in den übrigen Teilen des Reiches.

Die deutschen Truppen, die bisher nur die Inseln, Kurland und Südlettland besetzt hatten, rückten vor, um das Baltikum zu befreien und auf ihre Weise Ordnung zu schaffen. Vor ihrem Einrücken in Estland am 24. Februar 1918 rief der estnische Landtag den selbstständigen Freistaat Estland, Eesti vabariik, aus. Die Unabhängigkeitserklärung war zunächst nur ein symbolischer Akt, um völkerrechtlich gegebene Tatsachen zu schaffen. Der Kommandierende General der deutschen Truppen, Freiherr v. Seckendorff, erkannte die estnische Regierung nicht an.

Die deutsche Ordnungsmacht hatte ihre eigenen Pläne. Sie zielten auf die Schaffung eines Vereinigten Baltischen Herzogtums. Man wußte auch schon, wer Herzog werden sollte: Adolf Friedrich von Mecklenburg. Die Führer der Deutschbalten drängten auf eine Angliederung an das Deutsche Reich. Nach dem Zusammenbruch des Deutschen Reiches (November 1918) begann der Rückzug der deutschen Truppen, und ihnen auf dem Fuße folgten die Bolschewiken aus dem Osten. In Narwa, dem ersten von ihnen besetzten Ort, riefen sie am 19. November 1918 die Sowjetrepublik Estland aus.

Bevor die Roten bis Reval vorgedrungen waren, erkannte das Deutsche Reich die demokratische Republik an, nachdem Frankreich, Großbritannien und Italien es schon vorher getan hatten, und setzten den Landtag wieder ein.

Im Blitztempo wurde eine Armee mobilisiert. Sie bestand zum großen Teil aus Schülern, denn die Älteren hatten die Roten ja schon eingezogen. Finnische Freiwillige kamen zu Hilfe. Die Engländer lieferten Waffen, da die Deutschen die ihren nicht zurückgelassen hatten. Die Deutsch-Balten waren von der Mobilisierung nicht erfaßt worden, aber der Ministerpräsident gestattete ihnen, Freiwilligenverbände aufzustellen. So entstand in Estland aus mehreren örtlichen Gruppen das Baltenregiment. Am ersten Jahrestag der Unabhängigkeit war ganz Estland freigekämpft. In Lettland hatte sich eine ähnliche Entwicklung vollzogen, nur war hier alles noch schwieriger, denn auf bolschewistischer Seite standen vier Lettische Schützenregimenter, die zu den zuverlässigsten Kadern der Roten Armeen zählten.

So hielten es die Alliierten, die mit einer Waffenstillstandskommission im Lande waren, für richtig, den noch nicht abgerückten deutschen Soldaten den Schutz Lettlands gegen die Roten anzuvertrauen. Die Reichsdeutschen bildeten den Verband Eiserne Division. Daneben stellten die Deutsch-Balten, an Zahl viel stärker als in Estland, die Baltische Landeswehr auf.

Die Letten fürchteten nicht zu unrecht, daß hier der Teufel mit dem Beelzebub ausgetrieben werden sollte, und es geschah auch tatsächlich bald etwas, das für die Beziehungen zwischen den Deutschbalten und ihren zukünftigen Heimatländern verhängnisvoll war.

Baron Hans von Manteuffel, der Kommandeur einer Abteilung der Baltischen Landeswehr, unternahm auf eigene Faust einen Staatsstreich. In Libau, (Riga war noch nicht befreit) setzte er die lettische Regierung ab, deren Mitglieder sich mit Mühe auf ein englisches Kriegsschiff retten konnten.

Die Internationale Waffenstillstandskommission verlangte daraufhin von der deutschen Regierung die Unterstellung der deutschen Verbände unter lettisches Kommando, aber sie bestand nicht darauf, als General von der Goltz mit militärischen Erfolgen aufwarten konnte. Riga wurde am 22. Mai 1919 befreit, und von der Goltz marschierte weiter nach Norden. Von dort aber kamen die Esten, um den Letten zu helfen. Bei Wenden standen sich Esten und Landeswehr am 3. Juni gegenüber. Eine Interalliierte Militärmission traf ein, um an Ort und Stelle zu schlichten. Vergeblich. Am 22. Juni kam es zur Schlacht. Die Esten siegten. Das Baltenregiment war an diesem Tage zum Glück weit weg, an der russischen Grenze im Nordosten. Wenden wurde zum nationalen Symbol: Zum erstenmal in den „verfluchten 700 Jahren" der Fremdherrschaft hatten Esten über die deutschen Herren gesiegt.

In Reval diskutierte die Konstituante gerade über die Agrareform, als die Nachricht vom Sieg bei Wenden eintraf. Die Argumente der drei deutschen Abgeordneten fanden kein Gehör mehr. Die Enteignung des Großgrundbesitzes wurde beschlossen. Die Besitzer durften „Restgüter" von 50 Hektar behalten. Eine Entschädigung gab es erst viele Jahre später. Sie betrug drei Kronen (weniger als drei Mark) pro Hektar. Viele Gutsbesitzer, aber auch andere Balten, wanderten nach Deutschland aus. 1922 zählte man 18 319 Deutsche in Estland (1,7 Prozent der Bevölkerung). Sehr viel mehr waren es aber auch vorher nicht gewesen.

Die Estnische Demokratische Republik erließ 1925 ein Minderheitenstatut, das jeder nationalen Minderheit eine „Kulturselbstverwaltung" zugestand. Es wurde im Völkerbund als vorbildlich zitiert und in Genf nannte man es „die Visitenkarte Estlands zum Eintritt in die europäische Völkergemeinschaft". Der wichtigste Punkt war wohl, daß jeder Bürger seine Nationalität selbst bestimmen und sich ins entsprechende Nationalkataster eintragen lassen konnte.

Das kleine Estland (damals 1,1 Millionen Einwohner) hatte zu seinem Glück weniger andersvölkische Bürger als Lettland oder Litauen. Es waren nur 12,4 Prozent, von denen acht allein die Russen ausmachten. Aber die lebten zum größten Teil jenseits des Narwaflusses, am Peipussee oder im Petschurgebiet. Die Juden zählten weniger als 5000 Seelen, und die 8000 Schweden blieben bescheiden in ihren Fischerdörfern an der Westküste.

Ein gewisses Problem stellten eigentlich nur die Deutschen dar. Sie hatten Einrichtungen aus der Vergangenheit übernommen, die man ihnen nicht wegnehmen wollte. Die großen Kirchen zum Beispiel, in Reval gehörten der Dom, St. Nikolai und St. Olai deutschen Gemeinden.

Es gab in der Stadt fünf höhere deutsche Schulen für 6575 Deutsche, Greise und Kinder mitgezählt. Der Klassenbestand lag in Reval bei 15 bis 20 Schülern, in den Provinzstädten, die auch jede eine deutsche Schule unterhielten, waren es manchmal nur fünf bis zehn. In meiner Grundschulklasse in Wesenberg waren wir nur vier. Bis 1937 durften auch Kinder deutsche Schulen besuchen, die nicht im deutschen Nationalkataster standen, und das waren manchmal mehrere pro Klasse.

Die Deutschen, die im Lande geblieben waren, hatten einsehen müssen, daß sie auf politische Vorrechte keinen Anspruch mehr hatten. Wer dennoch irgendwo eine Spitzenstellung erlangte, verdankte das seiner Persönlichkeit. Der erste Chef der estnischen Marine war Admiral Baron von Salza.

Das Verhältnis zwischen Esten und Deutschen war nicht feindselig, nur alle Jahre wieder, am 22. Juni, dem Jahrestag der Schlacht bei Wenden, der mit einer Militärparade begangen wurde, flammte die Erinnerung an den Sieg über die „Barone" und die „verfluchten 700 Jahre" kurz auf.

Sie endeten endgültig im Spätherbst 1939 mit dem Exodus der deutschen Volksgruppe – aber damit endeten auch die bis dahin ersten 20 Jahre der Selbständigkeit der Esten und Letten.

Dorpat, Anfang der Zwanziger

Eine Flucht in dem Sinne, wie das Wort 1945 und später gebraucht wurde, ein „alles im Stich lassen", um das nackte Leben zu retten, ist der Umzug meiner Eltern aus Pleskau nach Dorpat, trotz Revolution und Bürgerkrieg, wohl nicht gewesen. Sie brachten ihre Wohnungseinrichtung mit, und das zwang sie fortan, große Wohnungen zu mieten. In Dorpat zogen wir in den zweiten Stock eines Hauses Ecke Küter- und Johannisstraße. Küter ist ein niederdeutsches Wort für Schlachter oder Fleischhauer, estnisch hätte es Lihuniku tänav heißen müssen, aber die estnische Stadtverwaltung begnügte sich mit der phonetischen Umschrift Küütri tänav, was nichts bedeutete.

Ich erinnere mich an einige der Möbelstücke. Da war der Salon – bei uns sagte man Saal – auch wenn der Raum gar nicht groß war, ein Sofa und vier Stühle mit goldbraunem Samt bezogen, die aber nur an Festtagen von ihren weißen Schutzbezügen befreit wurden. Im Saal standen ein nußbraun poliertes Klavier und ein runder Marmortisch. Es gab einen Mahagoni-Bücherschrank mit Glastüren und ein wuchtiges Eichenbuffet. Über dem Eßtisch hing eine Lampe mit einem weit ausladenden grünen Seidenschirm, und hinter dem Tisch stand ein grünes Plüschsofa. Möbel waren damals noch Wertgegenstände und – meine Mutter hat in schweren Zeiten Stück um Stück verkauft, um die Familie über Wasser halten zu können.

Das bringt mich auf die Frage, wie unsere finanziellen Verhältnisse waren. Wenn meine Eltern russische Rubel mitgenommen hatten, dann waren die jetzt wertlos. Das Zarengeld diente uns Kindern später zum Spielen. In den Papieren meiner Mutter fand ich nach ihrem Tod die Depotmitteilung einer Berliner Bank vom 21. Juni 1921 über 12 000 Mark. Das war einmal, glaube ich, eine stattliche Summe, aber in der Inflation hat sie sich in weniger als den Wert eines Butterbrotes verwandelt.

Sehr lebhaft habe ich in Erinnerung, daß ich einmal in Haselau, einem Ort, in dem wir den Sommer verbrachten, auf einem Stapel Baumstämme in der Sonne saß und Bruder Friedel, aus Dorpat zurückgekehrt, in den Hof kam und ein Glas mit Schmalz hochhielt, was allgemeine Freude auslöste. Ganz gleich, warum er Schmalz aus der Stadt aufs Land mitbrachte, statt umgekehrt, die Erinnerung besagt jedenfalls, daß die Versorgung nicht gut war, wobei unentschieden bleibt, ob unsere persönliche oder die allgemeine.

Das Haus, in dem wir in Dorpat wohnten, lag sehr zentral. Aus den Fenstern sah man auf das schräg gegenüberliegende Hauptgebäude der Universität. Die Fenster waren an studentischen Festtagen „Logenplätze". Besonders schön war der alljährliche Fackelzug in der Walpurgisnacht zur Begrüßung des Maianfangs.

Dorpat. Hauptgebäude der Universität.

Zum Großen Markt, bzw. Rathausplatz, waren es nur hundert Erwachsenenschritte. Hier stand das erste Auto. Es war kanariengelb und hatte schwarze Räder, eine große Ballonhupe, die außen angebracht war, und eine schräge Motorhaube, woraus ich im nachhinein schließe, daß es ein Renault gewesen sein muß. Um den Motor anzuwerfen, mußte man eine große Eisenkurbel drehen, die vorne eingesetzt wurde. Dank der technischen Rückständigkeit der ehemals russischen Ostseeprovinzen erlebte ich den Beginn des Automobilzeitalters noch einmal, als in Wesenberg das erste Auto auftauchte.

In der Wohnung gab es Elektrizität, weil ein Kino im Hause war. Lichtreklamen und bunte Filmplakate gab es noch nicht. Bruder Friedel malte die Aushänge für das Kino Athena in Schönschrift auf Zeichenpapier und bekam dafür auch hin und wieder eine Eintrittskarte. Die Filme konnten aber auch die anderen Familienmitglieder sehen.

Es gab eine Tapetentür, die aus unserer Wohnung zu einem kleinen Podest führte, von dem aus eine Treppe zur Bühne ging. Das Ganze war wohl als Notausgang gedacht. Die Perspektive war schief und die Entfernung zur Leinwand höchstens zehn Meter, aber das nahmen wir hin. Die Filme müssen übrigens recht neu zu uns gekommen sein, denn ich erinnere mich an „Die Nibelungen". Da war so ein finsterer schwarzer Ritter, das mußte der Bösewicht sein . . . „Hagen", flüsterte meine Schwester mir zu, denn die Zwischentitel, dreisprachig in estnisch, deutsch und russisch konnte ich natürlich nicht lesen. Viel eindrucksvoller und furchterregender waren diese kleinen grauen Kerlchen zu Pferde, die wie ein freigelassenes Rattenvolk über die Leinwand huschten. „Das sind die Hunnen", kommentierte Trudy. Die Hunnen galoppierten noch durch meine Träume. Fritz Lang hat „Die Nibelungen" 1923/24 gedreht. Der Film muß schon vor Mitte 1925 nach Dorpat gekom-

Dorpat. Rathaus.

men sein, denn danach wohnten wir schon wieder woanders.

Wenn man am Kino vorbei ein kurzes Stück durch die Küterstraße bis zur Ritterstraße ging, lag an der Ecke im Keller ein Kolonialwarenladen für gehobene Ansprüche. Es roch nach frischgeröstetem Kaffee und, für mich die Hauptsache, nach Erdnüssen. Gleich neben dem Eingang stand ein offener Sack mit Chinanüssen. Irgendwann tauchten auch Apfelsinen und Zitronen auf. Auch das war eine Premiere. Die ersten 278 Kisten mit Zitrusfrüchten kamen, wie Werner Winter in seiner Chronik Revals festhält, erst am 8. April 1921 mit dem Hamburger Dampfer „Helene Russ" in Estland an. (Vielleicht bezieht sich diese „Premiere" aber auch nur auf die Nachkriegszeit.)

Die Küterstraße mündete in die Kompaniestraße. Dort lag das Gebäude der Bank Kreditsystem. Jedesmal, wenn wir daran vorübergingen, sagte meine Mutter: „Da ist der Mordkeller". Am 14. Januar 1919, als die Bolschewiken Dorpat räumen mußten, hatten sie in diesem Keller 23 Geiseln erschossen, darunter den Theologieprofessor und Pastor der Universitätskirche Traugott Hahn und den orthodoxen Bischof Platon. „Mordkeller" prägte sich mir als Synonym für rote Greuel ein, und die Geschichte habe ich später in der Schule so oft wiederholt bekommen, daß ich sagen kann, ich habe den Antikommunismus mit der Muttermilch eingesogen.

An bestimmten Stellen der Stadt standen immer ein paar Männer herum, die eine Art Uniform trugen: blaue Russenhemden mit weißem Kragen und weißen Manschetten und auf dem Kopf eine rote Schirmmütze mit einem blanken Messingschild, auf dem „Express" stand. Eigentlich hieß die Gesellschaft so, die sie beschäftigte, aber im Sprachgebrauch war das Wort längst auf die Männer übergegangen. Man holte sich einen Express, wenn man Gepäck zum Bahnhof zu schaffen hatte, wenn man Helfer beim Umzug brauchte usw. Kurz: der Express war ein Dienstmann, der darauf wartete, gerufen zu werden.

Die bunten Deckel der Korporationsstudenten sah man

Platz vor dem Kaufhof in Dorpat.

selten, sie wurden auf der Straße nur an Festtagen getragen und sonst nur im Conventsquartier. Noch seltener war die schönste Uniform, die es überhaupt geben konnte. Das in Dorpat stationierte Reiterregiment trug als Paradeausstattung Husarenuniformen mit roten Hosen. Silberne Tressen waren quer über der Brust genäht. Das Lederzeug war weiß und der lange Säbel klirrte an der Seite. Und wenn die Soldaten erst auf ihren Pferden saßen und die Rosse nervös tänzelten, dann wollte ich am liebsten gleich bei den Husaren einrücken.

Was mir gerade noch in den Sinn kommt? Der Große Markt, zwischen Rathaus und Steinbrücke, hatte teilweise schwedisches Pflaster, d. h. rechteckig behauene Granitsteine, während es in allen anderen Straßen nur Katzenköpfe (Kopfsteinpflaster) gab. Der Embach (estnisch: Emajögi = Mutterfluß), etwa 200 Kilometer lang, kommt aus dem Wirzsee und fließt durch Dorpat in den Peipus. In

29

Dorpat gab es drei Brücken. Am weitesten stromauf die Holzbrücke. Sie brannte eines Abends ab, und Bruder Friedel führte mich an der Hand zu dem imponierenden Schauspiel. Später wurde die Holzbrücke durch die Freiheitsbrücke aus Beton ersetzt. Die Steinbrücke, ein stattlicher Bau mit zwei Torbögen, hatte Katharina die Große der Stadt geschenkt, und dann gab es noch die Pontonbrücke, irgendwann mal als Provisorium errichtet, dann aber einfach stehengeblieben. Zwischen Stein- und Pontonbrücke lag der Viktualienmarkt. Die Bauern kamen mit ihren Wagen oder Schlitten vom Land und fuhren dicht nebeneinander auf. Stände brauchten sie nicht, sie verkauften vom Gefährt aus. Im Sommer lagerte ein intensiver Geruch von Beeren, Obst und Gemüse über dem Platz. Ich liebte die „Lodjen", die am Ufer festgemacht hatten: Es waren dickbäuchige Frachtkähne, aus Spanten zusammengesetzt wie riesige Ruderboote. Ein Inbegriff von Solidität. Sie kamen mit Gemüse vom Peipus und rochen immer nach Teer. Die Schiffer waren Russen und hatten alle lange Bärte. Stromab ließen sie ihre Lodjen treiben, stromauf segelten sie bei gutem Wind oder wurden von einem Dampfer geschleppt.

Von den Lodjen komme ich wieder auf Haselau, das ich schon erwähnt habe. Von Dorpat aus fuhr man mit dem Dampfer den Embach abwärts. Eine Stunde oder etwas mehr. Wo das Schiff anlegte, gab es nur einen Steg. Dort warteten Bauerngespanne, um die Feriengäste abzuholen. Die Fahrt ging einige Kilometer landeinwärts rüttelnd über Feldwege mit tiefen Wagenspuren. Haselau war kein Dorf im mitteleuropäischen Sinn. Es bestand, wie die meisten Dörfer in Estland, aus weit auseinanderliegenden Einzelhöfen. Typisch bei dieser Siedlungsart ist das nächtliche Geheul der Hofhunde, wobei einer anfängt, ein anderer ihm antwortet und manchmal alle miteinander den Mond anheulen.

Die Familie verbrachte den Sommer auf einem Bauernhof, wobei es nicht ausbleiben konnte, daß sich Bilder unauslöschlich in die Kinderseele eingruben, die zum länd-

Die Steinbrücke mit einer „Lodjen".

lichen Alltag gehörten. Ich sehe das Schwein mit dem Messer in der Gurgel quieckend über den Hof rennen, gejagt von Männern und Frauen, die es schließlich mit Hallo einfingen und die Blutschüssel herbeiholten.

Der Schweinehirt war mein Freund. Er nahm mich mit zum Wiesenufer am Bach, wo sich seine Tiere den ganzen Tag suhlten. Einmal rieb er mir den Kopf mit Schweinemist ein. Später habe ich gelesen, daß Schweinemist im Mittelalter ein ebenso beliebtes Waschmittel war wie Urin, aber das wußte meine Mutter nicht, und ihre Verzweiflung war groß. Noch jahrelang, behauptete sie, habe mein Kopf jedesmal entsetzlich gestunken, wenn die Haare naß wurden. Seitdem mußte ich zu Beginn der warmen Jahreszeit zum Friseur, der mir den Schädel auf Nummer Null, d. h. ratzekahl, schor.

Carl Ludwig, mein Vater, war Vertreter, wofür, weiß ich nicht. Er hatte auch auf dem Lande und in kleinen Städten

Kunden. Einmal nahm er Mutter und mich nach Petschur mit. Das Petschurgebiet ganz im Südosten Estlands, nach dem Zweiten Weltkrieg von Estland abgetrennt und der Russischen Föderation zugeschlagen, hatte schon immer eine überwiegend russische Bevölkerung. Auch Papas Kunde war Russe – und sein Pferd, eine Fuchsstute, hieß Mira. Das sage ich nur, weil ich es lustig finde, daß ich mich daran erinnere.

Petschur war ein recht berühmtes Kloster. Carl Ludwigs Geschäftsfreund versäumte nicht, es uns zu zeigen. Die Zwiebeltürmchen leuchteten grün und blau. Im Hof stand ein großer Glaskasten, in dem eine Kutsche ausgestellt war, die eine große Schlange überfuhr. Es soll die Kutsche Peters des Großen gewesen sein, hieß es. Ein langbärtiger Mönch führte uns in die Katakomben, die von den Kerzen eines kleinen Altars spärlich erleuchtet wurden. Hier begruben die Mönche einander, wenn die Zeit gekommen war, und unser Mönch zeigte uns einen in die Sandsteinwand gegrabenen Schacht, wo er selbst seine letzte Ruhe zu finden gedachte. Zuletzt gingen wir in die Klosterkirche, deren dunkelblaues Gewölbe mit goldenen Sternen übersät war. Ich setzte mich in eine Ecke und starrte nach oben. Es war wunderschön. Als nächstes erinnere ich mich, unter einem dicken Federbett aufgewacht zu sein. Meine Eltern hatten mich, unter dem Sternenhimmel schlummernd, vergessen. Erst als Mira schon ein Stück Weges getrabt war, fiel ihnen ein, daß irgend etwas fehlte, und sie kehrten um, mich zu holen.

Um die große Wohnung halten zu können, mußte meine Mutter Untermieter aufnehmen. Ein Schüler, wahrscheinlich zehn oder elf Jahre alt, lebte als Pensionär bei uns. Seinen Vornamen weiß ich nicht mehr, aber sein Familienname war Jänes. Vater Jänes (zu deutsch: Hase) war Kaufmann und hatte ein gutgehendes Stoffgeschäft im Kaufhof. Der Kaufhof war ein eigenartiges Gebäude aus dem Anfang des 19. Jahrhunderts, das sehr russisch wirkte. Es hatte einen Hof, der auch als Ausspann für auswärtige Kaufleute diente, die über Nacht in Dorpat blieben. Die Rückseiten der Läden standen im Geviert um diesen Hof, die Vorderseiten hinter einem Säulengang. „Gostjynnij Dwor", Fremdenhof, heißt das große Vorbild des Dorpater Ablegers in St. Petersburg direkt am Newski Prospekt.

Warum Jänes junior bei uns wohnte, hatte einen einfachen Grund. Er sollte Deutsch in einer Familie lernen. Gut Deutsch sprechen zu können war immer noch ein Bildungsziel für viele Esten.

In diesem Land, in dem sich die Kulturen mischten, feierten alle Nationalitäten Ostern auf russische Art, das heißt mit viel Essen und Trinken.

Zu den Kinderfreuden gehörten das Kicksen und das Kullern. Kicksen hieß, die hartgekochten, bunt lackierten Eier gegeneinanderzuschlagen, Spitze auf Spitze und Rundung auf Rundung; und wessen Ei heil blieb, der bekam das angeschlagene Ei und suchte sich den nächsten Gegner, bis er selbst sein Ei verlor. Zum Kullern brauchte man eine große Fläche, am besten einen Teppich. Auf ihm wurden begehrenswerte Sachen ausgelegt. Schokoladeneier, sonstige Süßigkeiten, aber auch kleine Spielsachen. Es gab eine eigens nur dafür angefertigte Kullerbahn. Das war eine schräge Holzrinne. Darauf ließ man die Ostereier abrollen (kullern), und wenn das Ei einen Gegenstand traf, hatte man ihn gewonnen. Vater Jänes pflegte einen großen Teil der Preise zu stiften.

Unangenehm als Untermieter waren dagegen die finnischen Studenten. In Finnland bestand Prohibition. Mancher estnische Fischer wurde damals durch Alkoholschmuggel reich, wenn er nicht in einem finnischen Gefängnis landete. Die Finnen, die nach Estland kamen, glaubten, alles nachholen zu müssen, was sie bisher versäumt hatten, und sich außerdem einen Vorrat für die Zeit nach dem Studium antrinken zu müssen. Blutlachen im Treppenhaus und in den Zimmern waren Mamas ständiger Kummer. Manchmal stammten sie von Stürzen, manchmal von Schlägereien, manchmal sogar von Messerstechereien.

Das Kindermädchen hieß Fräulein Blauberg. Ja, es gab

ein Kindermädchen, und da meine Geschwister schon vierzehn und zwölf waren, wird es wohl für mich dagewesen sein. Ich habe eine deutliche Erinnerung an Fräulein Blauberg, aber mehr an ein Foto von ihr als an ihre leibhaftige Person. Auf diesem Foto steht sie neben meinem Rodelschlitten im Schnee und hat eine weite Pelerine mit einer spitzen Kapuze an.

Sie hat mich sicherlich auch angezogen, als ich es noch nicht selbst konnte. Die Untertaille (ein dickes Baumwolleibchen) war ein mir unangenehmes Stück; sie wurde um den Körper geknöpft, um die langen Strümpfe daran zu befestigen. Kinder wie Erwachsene trugen Galoschen, Gummiüberschuhe, um das Lederschuhzeug gegen Schlamm und Schneematsch zu schützen. Das Nuckeln hat mir Fräulein Blauberg nicht abgewöhnen können. Den Daumen habe ich nie gelutscht, dafür aber den Zeigefinger bis zum elften Jahr.

Was mir gerade noch einfällt, würde ich gern verschweigen, aber da ich es schon mal erzählt habe, fürchte ich Tines (Christine – Tine – ist meine Frau) Vorwurf, Peinlichkeiten zu unterschlagen.

Peinlich ist es in der Tat, und Tat ist das richtige Wort. Schwester Trudy saß an ihrem Pult und machte Schulaufgaben. Ich schlich mich von hinten heran und schlug ihr einen Hammer auf den Kopf. Ich habe keine Ahnung warum, vielleicht hatte Klein-Jänes mich dazu animiert? Der Hammer war nur ein Hämmerchen, aber die Tracht Prügel war nicht von schlechtem Vater und blieb so unvergessen, daß kein Zweifel daran bestehen kann, daß ich die Tat wirklich begangen habe. Die Wahrscheinlichkeit ist sehr gering, daß ich in meinem jetzigen Alter noch wegen eines Gewaltverbrechens vor Gericht kommen werde, aber wäre ich jemals Angeklagter gewesen, dann hätte der Staatsanwalt drauf hinweisen können, daß ich schon mit vier oder fünf Jahren meine wahre verbrecherische Natur gezeigt habe.

Die Verwandtschaft, zahlreich war sie nicht, lebte auch in Dorpat. Onkel Eduard, Carl Ludwigs Bruder, hatte zwei Söhne, Helmut und Arthur, die beide viel älter waren als ich, ich glaube, schon erwachsen. Die Tochter Senta hatte Schwindsucht in fortgeschrittenem Stadium, und ihr Sohn Gunnar, in meinem Alter, auch. Senta ernährte sich mühsam durch Nähen für andere Leute. Meine Mutter las viel von Selma Lagerlöf, und im Hinblick auf die wenig repräsentative Familie zitierte sie, und zwar so oft, daß es mir deutlich in Erinnerung blieb: „Nackt ist des Bruderlosen Hintern."

Onkel Eduard wohnte in der Neumarktstraße, und das erinnert mich an die drei für mich wichtigsten Geschäfte in Dorpat. In der Neumarktstraße lag die Konditorei Boening, berühmt für ihre Pfefferkuchen. Nicht weit davon, in der Rigaschen Straße, lag die Konditorei Lill, wo Mama Kuchen kaufte, wenn sie mit mir zu ihrer Freundin Olli Mathiessen ging. Die Konditorei Werner war nur wenige Schritte von unserer Wohnung entfernt in der Johannisstraße. Dort spendierte mir Mama, wenn ich lieb und sie gut aufgelegt war, eine Portion Schlagsahne, denn das war mein sehnlichster Wunsch, aber aufessen konnte ich sie niemals, die Sahne war mir viel zu mächtig. Im Schaufenster von Werner gab es zu Weihnachten bewegliche Figuren. Der Weihnachtsmann und sein Pferd (kein Rentier) mit seinem Schlitten zogen durch die Schneewatte, oder es gab auch mal ein Märchenbild. Die Hexe nickte mit dem Kopf.

Zwischen einem und fünf Jahren war ich zu der Zeit alt, aus der die Erinnerungen dieses Kapitels stammen. Man ist berechtigt, daran zu zweifeln, ob alles wirklich so war. Und sicher klingt es unwahrscheinlich, was ich hier als letztes erzähle, aber ich lasse mich nicht davon abbringen, daß es die reine Wahrheit ist: Ich habe über den Begriff „ich" nachgedacht. Ich bin „ich". Ich möchte mal ein anderes „ich" sein, um zu wissen, wie das ist. Ich möchte zum Beispiel als Friedel „ich" denken.

Rotkäppchen auf Polnisch

Als wir nach Wilna* kamen, war es polnisch und hieß Wilno. Es muß im Frühling 1925 gewesen sein, denn während der Fahrt kniete ich, wie immer bei Eisenbahnfahrten, auf dem Fenstertischchen, und ich erinnere mich, daß die Landschaft sehr grün war.

Mama machte die Reise mit ihren drei Kindern. Carl Ludwig war schon seit einiger Zeit in Wilna und holte uns am Bahnhof ab. Friedel und Trudy bekamen zur Begrüßung jeder einen Briefumschlag mit polnischem Geld, ich auch, aber entsprechend weniger.

Carl Ludwig hatte in Wilna den Posten des Direktors einer Omnibusgesellschaft angenommen. Sie hieß „Auto Ruch" (Auto-Verkehr) und hatte zehn Busse: sechs Ford, drei Fiat und einen Peugeot. Bei den Ford-Bussen war der Einstieg nur hinten, bei den anderen auch an der Seite. Die Busse waren dunkelgrün. Das unterschied sie von der Konkurrenz, die himmelblaue Busse fahren ließ. Und außerdem gab es noch knallrote. Wenn man bedenkt, daß ich in Dorpat gerade die Einführung des ersten Automobils erlebt hatte, war dieser Straßenverkehr schon sehr aufregend. Aber Wilna war ja auch eine sehr große Stadt. Es hatte damals schon fast 200 000 Einwohner, von denen zwei Fünftel, also fast die Hälfte, Juden waren, die andere knappe Hälfte Polen und Litauer, und dazu noch ein kleinerer Anteil Russen.

Wenn ich in der Stadt einen grünen Bus bestieg, sagte Carl Ludwig, bräuchte ich nur zu sagen „Syn direktora" (Sohn des Direktors) und hätte dann freie Fahrt. Aber wieso sollte ich als Sechsjähriger allein in der Stadt herumfahren? Weil wir in der ersten Zeit außerhalb des Zentrums wohnten (Letupyo galvé 3 fand ich später irgendwo aufge-

---

* Wilna: seit 1343 Hauptstadt des litauischen Großfürsten Gedimin. 1795 russische Gouvernementshauptstadt. 1919 Hauptstadt der litauischen Republik. 1920 von Polen besetzt. 1940 Hauptstadt der Sowjetrepublik Litauen, seit 1. Mai 1990 der wieder unabhängigen Republik Litauen. (Litauischer Name: Vilnius)

schrieben, so daß ich das Haus suchen konnte). Es stand in einem Obstgarten, und der Brunnen war vor dem Haus. Über dem Schacht war ein Holzdach mit Deckel gestülpt. Es sah einer Hundehütte ähnlich. Wenn man Wasser brauchte, versenkte man den Eimer, an einer langen Stange befestigt, in den Schacht und zog ihn mit eigener Armeskraft wieder hoch. Einen schweren Balken als Hebel, wie bei Ziehbrunnen üblich, gab es nicht. Im Winter, wenn dicke Eisgebirge den Brunnen umgaben, war das Wasserholen nicht nur mühsam, sondern auch gefährlich. Ich habe mich verplaudert, weil ich gerade das Bild von Haus und Brunnen vor mir habe, ich wollte ja nur sagen, wieso ich als Kind allein in die Stadt fuhr.

Es zog mich zu Carl Ludwigs Firma. Dort parkten immer ein paar der Busse auf dem Hof. Ich durfte in ihnen nach Herzenslust herumklettern, und manchmal fand sich auch ein Chauffeur, der mich auf den Schoß nahm und mich lenken ließ, während er ein bißchen hin und her fuhr.

Ich mache hier einen Zeitsprung von 37 Jahren, aus dramaturgischen Gründen sozusagen. 1962 machte ich eine Reise durch die baltischen Hauptstädte nach Reval, Riga und zuletzt nach Wilna. Jakob Berowicz, ein jüdischer Intouristführer, nahm sich meiner an. Er zeigte mir die Stadt, wie er sie jedem Fremden zeigen würde, nicht ohne Stolz auf die vielen schönen Bauwerke zwischen später Gotik, Barock und Klassizismus. Ich sah nicht nur, ich erinnerte mich auch – oder auch nicht.

Daß Wilna eine malerische Altstadt mit verwinkelten Gassen hat, wußte ich nicht. Daß es sich rühmte, die 1578 gegründete und damit älteste Universität der Sowjetunion zu haben, wußte ich auch nicht. Als wir durch die hügelige Umgebung fuhren, erinnerte ich mich daran, daß die Eltern mit uns auf dem Fluß Dampferausflüge gemacht hatten: Neris nannte Jakob den Fluß. Ich kannte ihn als Wilija (größter Zufluß des Njemen oder, auf deutsch, der Memel).

Durch solche Bemerkungen von mir, die ein wenig Gemeinsamkeit schufen, zu „unserem" Wilna, wurde unser Kontakt lockerer, wärmer, freundlicher. Das war ja gar nicht selbstverständlich: Ich war der erste Westdeutsche, mit dem Jakob zu tun hatte. DDR-Touristen wurden in Busladungen angekarrt. Es war ihnen wahrscheinlich egal, wo sie waren, wenn sie nur reisen konnten, aber warum kam ein einzelner Westdeutscher 1962 nach Litauen?

War er als Besatzungssoldat hier gewesen? Das wäre ja noch gut, aber in Wilna hatten die Mordkommandos fürchterlich unter den Juden gewütet, vielleicht wollte da einer die Stätten seiner Untaten wiedersehen, so was gab es ja. Ich gehörte zur Generation der Massenmörder, vielleicht waren meine Kindheitserinnerungen nur ein Vorwand? Er fragte natürlich nicht. Zu meiner Erleichterung merkte ich, daß die anfängliche pflichtgemäße Freundlichkeit gegenüber dem Kunden recht schnell einer offenen Herzlichkeit wich.

In der Hauptstraße zeigte Jakob mir das Café Neringa (die Nehrung). Nirgendwo anders wäre dieses mit Möbeln der Fünfziger, einschließlich Nierentischen, ausgestattete Lokal für sehenswert gehalten worden, aber für die Sowjetunion war es eine Sensation. Schon in Reval hatte man mir davon erzählt, das müßte ich mir unbedingt ansehen. Es war auch am hellichten Tag voll mit jungen Leuten.

„Ungefähr an dieser Stelle", sagte ich, „müssen damals zwei Lokale gewesen sein. Das eine war auf Straßenniveau und hieß die ‚Grüne Hölle', das andere war im Keller und wurde ‚Rote Hölle' genannt." Mein großer Bruder hatte mich einmal in die „Grüne Hölle" mitgenommen, und andächtig hörte ich zu, wie er Tee bestellte. Es war der erste polnische Satz, den ich mir merkte „Prosba panie, jedna herbata".

Die Hauptstraße mündete auf den Gedimin-Platz mit der klassizistischen Kathedrale und dem freistehenden Glockenturm. Damals standen auf dem Giebel drei Engelsfiguren, erzählte ich, aber Jakob hatte sie nicht mehr gesehen. In der Mitte, an der höchsten Stelle, stand einer, der die Arme zum Himmel erhoben hatte, rechts kniete einer, der seine Arme flehend dem Mittleren entgegenstreckte, und der rechte Engel kniete ebenfalls, hatte aber den

Kopf ergeben gesenkt. Ich wußte das nicht deshalb so genau, weil ich mich der Kunstwerke erinnerte, sondern weil ich die Sprüche noch kannte, die der Volksmund (also wohl durch die Eltern oder Friedel auf mich gekommen) den Engeln zugeschrieben hatte. Der rechte fragt: „Kannst du mir geben ein paar Zloty?" Sagt der Mittlere: „Gott, du Gerechter, woher soll ich nehmen Zloty?" Und der rechte: „Woher soll Gott nehmen Zloty."

Eine schmale Straße führte auf das „scharfe Tor" zu. Als ich es sah, erinnerte ich mich, daß es damals Menschen gegeben hatte, die nicht aufrecht durch das Tor gingen, sondern auf Knien hindurchrutschten. „Beinahe dasselbe tun sie auch heute noch", sagte Jakob, „sie rutschen nicht auf Knien durch das Tor, aber sie knien davor nieder und verrichten ihr Gebet, denn über dem Tor liegt die Wallfahrtskapelle, in der das Bild der Schwarzen Madonna von Wilna aufbewahrt wird." Wir stiegen die Treppe hinauf. Die Kapelle war voller Gläubiger, und da Jakob kein Katholik war, störte es ihn nicht, daß ich pietätlos fotografierte.

Unser „Arbeitstag" näherte sich seinem Ende. Eines fehlte mir noch. Ich hätte gerne meine erste Schule wiedergefunden, eine lutherische deutsche Schule. Da konnte Jakob überhaupt nicht helfen, er hatte nie von solch einer Einrichtung gehört. Nun ja, dann war wohl nichts zu machen. Wir fuhren zum Hotel. Ich hatte mich entspannt zurückgelehnt, aber plötzlich fuhr ich hoch. „Hier!" schrie ich, damit der Fahrer nur ja sofort anhielt. „Hier ist sie gewesen." Das war sehr unglaubhaft. Ich meinte, einen Torweg erkannt zu haben, aber solche Torwege gab es zu Dutzenden in der Altstadt, und der Hof dahinter war von einer Regenpfütze überschwemmt und sah ganz gewiß nicht aus wie der einer „Lehranstalt". Ich beharrte. Jakob klopfte an mehrere Türen. Die Leute schüttelten die Köpfe, nur eine alte Frau konnte sich erinnern, daß hier wohl mal eine Schule gewesen war, vor langer, langer Zeit.

Ich wußte es genau: ganz hinten rechts war der Aufgang zu den Klassenzimmern und links, wo jetzt ein Sandkasten und ein paar Bänke standen, war die Eingangstür zu unserer Wohnung im ersten Stock. Über den langen Hof hatte ich mal in einer Pause mit einem Mitschüler einen Wettlauf gemacht. Als es klingelte, waren wir gerade am Tor, also weit weg von der Klasse. Wir kamen zu spät und wurden zur Strafe in eine enge dunkle Kammer gesperrt, wo wir bereuen sollten. Ich war dort schon einmal eingesperrt gewesen. Da hatte ich Rotkäppchen auf polnisch nacherzählen sollen und konnte es nicht. Es war zwar eine deutschsprachige Schule, aber Polnisch war vom ersten Tag an Pflichtfach.

Unsere Wohnung, sie gehörte der lutherischen Gemeinde, war sehr primitiv. Die Möbel hatte Mama in Dorpat auf den Speicher gegeben, denn der Ausgang des Abenteuers Wilna war ja noch sehr ungewiß. Mein Bett stand im Schlafzimmer meiner Eltern. Es war schon spät, und sie waren wohl sicher, daß ich längst schliefe. Aus ihrem Gespräch glaubte ich herauszuhören, daß sie sehr verzweifelt waren und daß ihnen nichts anderes übrigbliebe, als sich umzubringen. Und mich könnten sie ja nicht allein auf der Welt zurücklassen. So habe ich es jedenfalls verstanden.

Ich war hellwach geworden. Ich würde mein Leben verteidigen! Ich besaß einen Karton mit vertrockneten harten Kastanien. Als ich glaubte, daß die Eltern eingeschlafen waren, schlich ich mich durchs Zimmer und holte mir zwei Handvoll Kastanien. Sie sollten nur versuchen, mir etwas anzutun, ich würde ihnen die Kastanien an den Kopf werfen.

Vielleicht hat mich Mama gefragt, was ich mit den Kastanien im Bett wolle, und wahrscheinlich habe ich es ihr auch ehrlich gesagt. Abschreckungspolitik sozusagen.

Von nun an sprachen die beiden immer Russisch miteinander, wenn ich es nicht verstehen sollte. Nie wieder habe ich einer fremden Sprache so aufmerksam zugehört. Ich glaube, daß die Grundlagen für meine Russisch-Kenntnisse aus dem Wilnaer Schlafzimmer stammen.

Polnisch lernte ich in meinen ersten Schultagen, Polnisch sprach ich mit den Kindern auf der Straße, aber es war so schnell vergessen wie angeeignet.

40

Als ich 1958 nach Polen kam, wußte ich kein Wort mehr, außer der unvergeßlichen Teebestellung meines Bruders in der „Grünen Hölle". In der vierten Woche in Warschau saß ich beim Friseur, dem ich mit Zeichen klargemacht hatte, wie ich meine Glatzenbeschneidung gern hätte. Ich sah stumm in den Spiegel und sah mich plötzlich lächeln. Und dann wußte ich auch, warum ich lächelte. Es hatte jemand etwas Komisches gesagt, und ich hatte es verstanden. Ich verstand alles, was sie sagten, jedenfalls dem Sinne nach. Das Polnische war aus dem Unterbewußtsein aufgetaucht, wie das Wissen, daß ich hinter jenem dunklen Tor meine erste Schule wiederfinden würde.

Der Darmbach als Mississippi

In Wesenberg wohnten wir seit 1926 in der Revaler Straße (Tallinna tänav) Nummer 7. Das Holzhaus lag in einem „riesigen" Garten, in einem unendlich weiten Land, das vom Mississippi durchflossen wurde. An seinem Ufer baute ich ein Indianerdorf aus Blockhütten. Dazu brauchte ich gleichmäßig lange und gleichmäßig dicke Stöckchen. Paarweise drückte ich sie senkrecht in die Erde, das gab die Eckpfeiler für die dazwischen querliegenden „Balken". Am Ufer des Dorfes lagen Bötchen aus Borke geschnitzt oder auch Dampfer, aus Brettstücken zusammengenagelt. An einer Schnur gezogen, fuhren sie stromauf oder trieben stromab.

Wo der Garten in die weiten Wiesen überging, lag ein umgestürzter hohler Baum. In ihm hatten sechs Kinder Platz. Abends saßen wir darin und fuhren nach Amerika, und wenn am Horizont ein erleuchteter Eisenbahnzug vorüberfuhr, dann winkten wir diesem „anderen Schiff" zu und riefen Ahoi!

Spielzeug brauchten wir nicht, wir fanden es oder machten es uns selbst. Eiserne Faßreifen, mit einem Stock zum Rollen gebracht, waren unsere Autos; hatte jemand ein

Wesenberg.

altes Vorderrad eines Fahrrads, womöglich gar mit Speichen, aufgetrieben, dann war das ein Rolls Royce. Obgleich es in Wesenberg nur drei Autos gab, einen Peugeot mit dem Nummernschild R (für Rakvere) 1 und zwei Ford- T-Modelle (R 2 und R 3), wußten wir doch, was ein Rolls Royce ist: ein Auto, das fünf Millionen kostet und das nur mitsamt englischem Chauffeur verkauft wird.

Mit unseren Autos rasten wir durch die Stadt, z. B. zum Wallberg, auf dem die Ruine der Ordensburg steht, in deren Gemäuern man so schön herumklettern konnte, bis auf den Turm. Zur Schule in der Langstraße mußten wir zu Fuß gehen, aber an der Schule vorbei, bis zum Tammik, einem Eichenwäldchen am Rand der Stadt, ging es wieder mit „brumm, brumm" und täuschend echtem Hupengekrächz.

Im Winter kamen die Bauern mit ihren Schlitten in die Stadt. Meistens waren es reggis. Ein reggi ist ein ganz niedriger Schlitten, die Ladefläche ist nur etwa zwei mal einen Meter groß. Darauf liegt Heu zum Sitzen und liegen Felle,

um sich gegen die Kälte zu schützen. Wenn ein reggi vorüberfuhr, riefen wir dem Kutscher zu „Kas sõita saab?"
(Kann man fahren?) und sprangen hintenauf, ehe er antworten konnte. Es kam nur selten vor, daß einer uns weg-
scheuchte. Der Bauer rief „Njöh!", was estnische Pferde
als „hü!" verstehen, und im schnellen Trab ging es zur Stadt
hinaus. Wie weit? Eine Werst*, zwei oder auch drei? Irgendwann sprangen wir wieder ab, und wenn wir Glück
hatten, kam einer, der in die Stadt wollte, sonst konnte es
ein langer Marsch werden.

Gelangweilt habe ich mich auch im Hause nicht. Damals
fing ich an, mir Papiersoldaten zu schneiden. Wer es mir
beigebracht hatte, weiß ich nicht mehr. Ich faltete ein Stück
Papier einmal und schnitt dann die Konturen eines halben
Menschen (Soldaten) aus, aufgeklappt ergab das einen
ganzen. Wenn ich mehrere Papierblätter übereinanderleg-
te, so konnte ich gleich fünf oder sechs Soldaten auf einmal
produzieren. Da wurde nichts daran verfeinert, bezeichnet
oder bemalt, das kam erst später, in Wesenberg kam es mir
nur auf die große Zahl an. Hunderte ließ ich auf dem Fußboden antreten, „anliegen" müßte es heißen, denn sie standen nicht aufrecht, und dann machte ich die Marschmusik
dazu: Oberlippe leicht unter die Unterlippe geklemmt und
geprustet „prumpa, prumpa, prumpa". So war ich stundenlang mit mir selbst beschäftigt und brauchte niemanden, der mich unterhielt.

Mit anderen, zum Beispiel mit dem Sohn des Hauswirts
Kuusler, konnte ich mit diesen Soldaten auch Krieg spielen. Dann wurden die Heere einander gegenüber aufgereiht. Die einzelnen Soldaten rückten vor, indem der Spie-
ler sie jeweils um die Spanne zwischen Daumen und Zeigefinger vorschob. Erreichte der Zeigefinger einen Gegner,
galt der als gefangen und schied aus dem Spiel aus, wie die
Steine beim Damespiel oder die Figuren beim Schach.

Die Marschmelodien kannte ich von den richtigen Para-

---

* Werst – russisches Längenmaß = 1,07 Kilometer. Das metrische
System wurde in Estland erst 1929 eingeführt.

den auf dem Marktplatz, auf dem auch das Denkmal für die Gefallenen des Freiheitskrieges stand. Natürlich war ich bei der Parade immer als Zuschauer dabei, auch am „vabariigi aastapäev", dem Gründungstag der Republik, dem 24. Februar, an dem es fast immer besonders kalt war. Die Soldaten der Garnison defilierten und der Kaitseliit, der Selbstschutz, in dessen Reihen ich meist ein oder zwei Bekannte entdeckte, mit geschultertem Gewehr und patriotischer Armbinde, ich glaube, Bruder Friedel war auch dabei. Am besten gefiel mir aber die Feuerwehr mit ihren auf Hochglanz polierten Messinghelmen und ihren Spritzenwagen.

Am Rande des Feldes, an der Revaler Straße, Kreuzung Bahnhofstraße, hatte mein Vater seinen Lebensmittelladen. „C. L. Werg" stand in großen schwarzen Lettern auf weißem Grund über der Eingangstür und kleiner darunter „Koloniaalkauplus", Kolonialwarenladen. Drinnen war es ein bißchen düster. Es roch nach Salzheringen und Petroleum und nach Sackleinen und Gewürzen. Auf den Regalen standen Glasgefäße, Burken sagte man auf baltischdeutsch, mit bunten Lutschbonbons, die Monpensier genannt wurden. Es gab alles, Schokolade und Zwirn, Wurst und Stiefelwichse und sogar Schneeschaufeln. Gewogen wurde nach Lot (ungefähr 16 Gramm) und russischem Pfund (400 Gramm) und schwere Lasten, wie Säcke, nach Pud (40 Pfund oder 16,38 kg). Bezahlt wurde in estnischer „marka" (Mark), damals die einzige und kleinste Geldeinheit.*

Wenn Mutter im Laden half, bekam ich mittags 35 Mark und ging in den „Speisesaal". Ich hätte mir das Geld auch sparen können, aber dann hätte ich auf die „Selbständigkeit" verzichten müssen, mich da ganz allein an einen Tisch zu setzen und zu bestellen wie ein Herr. Und außerdem

---

* Die estnische Mark war ein Überbleibsel der deutschen Besatzungszeit von 1918. Sie hatte in einigen Jahren so viel an Wert verloren, daß die kleinere Einheit (penni) verschwunden war. Die estnische Krone zu 100 sent, wurde, wie auch die Gewichte (Kilo und Gramm), erst 1929 eingeführt.

brauchte ich kein Geld. Süßigkeiten gab es im Laden und ich bekam sie, wenn ich danach fragte und nicht unmäßig war.

Ich nahm aber auch ungefragt, nicht nur Süßigkeiten, sondern Sachen, die ich gar nicht brauchen konnte. Im großen Garten gab es eine ungenutzte Apfelkammer, ein kleines Häuschen für sich. Da richtete ich mir eine „Schatzkammer" ein mit dem, was ich so nach und nach aus Carl Ludwigs Laden klaute. Ich zeigte meine Schatzkammer auch meinen Freunden, und sie waren sehr beeindruckt. Aber einmal entdeckte einer von ihnen, im Zweifelsfall war es sicher Boris Iwaschkin, daß es da auch Zigaretten gab, und er überredete mich, eine Packung freizugeben.

Normalerweise rauchte man in Estland damals „papirossi", russische Zigaretten, mit langem, hohlem Pappmundstück, oft selbstgestopft. Zigaretten waren etwas Neues, sie enthielten doppelt soviel Tabak. Die Sorte, es war die billigste, hieß „Aednik" (der Gärtner), und die Packung war giftgrün. Zu dritt setzten wir uns auf die steinerne Treppe vor Kuuslers Haus. Es war niemand daheim. Um uns als Große vorzukommen, setzten wir beim Spielen eine eins vor unser Lebensalter. Ich war also 18, Freund Beck 17 und Iwaschkin 19. In der Packung waren 20 Zigaretten, sieben für jeden, und wir rauchten sie alle hintereinander weg. Danach waren wir grün wie die Packung, und für eine ganze Weile versuchten wir es mit dem Rauchen nicht wieder.

Boris Iwaschkin war für meine Mutter der Inbegriff des schlechten Umgangs, und wahrscheinlich hatte sie damit gar nicht unrecht. In der Nähe seiner Wohnung gab es ein Feld mit zarten Möhren (Burkanen sagte man bei uns). Wir hockten uns zwischen die Furchen und fingen an, die Wurzeln zu ziehen. Plötzlich stand der Besitzer über mir, packte mich und verhaute mich, wie es sich gehörte. Iwaschkin hatte ihn kommen sehen, war aber, ohne mich zu warnen, davongelaufen.

Ein anderes Mal spielten wir Kriegen. Ich jagte ihn über das Feld. Er lief immer am Rand einer viereckigen Fläche

entlang, die etwas heller war als die schwarze Erde rings-
um. Ich wollte ihm den Weg abschneiden und versuchte,
diagonal über die hellere Fläche zu laufen, kam aber nicht
weit, denn ich stand buchstäblich bis zum Hals in der
Scheiße. Es war eine Klärgrube, was er natürlich gewußt
hatte. Nach Hause konnte ich mich quer durch die Wiesen
trollen, ohne eine Straße benutzen zu müssen. Ich tauchte
zuerst im Mississippi unter, bevor ich mich meiner Mutter
zeigte. Sie war bei meinem Anblick und Duft nicht erfreut,
um es gelinde auszudrücken.

Doch wahrscheinlich brauchte ich gar keinen schlechten
Einfluß, denn auf schlimme Sachen verfiel ich auch von
ganz allein. Ich klaute meiner Schwester 100 marka aus
dem Portemonnaie und lud meine Freunde zum Taxifah-
ren ein. (Alle drei Wesenberger Autos waren Taxis oder Ta-
xameter, wie man damals sagte). Ich klaute auch ihre Arm-
banduhr, ohne zu wissen, was ich damit anfangen sollte.
Gerade in diesen Tagen wurde ein „Dieb" von der Schule
verwiesen. Da legte ich Trudys Uhr ganz schnell an einen
Ort, wo man sie bald finden mußte, und machte ein un-
schuldiges Gesicht.

Für die beiden Wohnungen im Haus gab es nur ein Klo.
Es lag in der Wohnung der Kuuslers. Elektrisches Licht
gab es nicht, und im Plumpsklo war es besonders eng und
dunkel. Auch am Tag mußte man eine Kerze mitnehmen.
Während ich mit der Kerze in der Hand saß, machte ich eine wunderbare Entdeckung. Wenn ich die Flamme der
Kerze an die Tür hielt, warf die Ölfarbe Blasen, kleine und
auch ganz große. Das machte ich nun jedesmal, bis eines
abends die Tür in Flammen stand und ich vor Angst das
Haus zusammenschrie. Irgend jemand hat das Feuer
gelöscht, und ich kriegte von Carl Ludwig eine Tracht Prügel, was sehr selten geschah und von mir deshalb als verdient akzeptiert wurde.

Ich liebte meinen Vater. Als er einmal am Weihnachtsabend nach Hause kam, sprang ich so heftig an ihm hoch,
daß ich mit dem Kopf sein Kinn traf. Wenn ich mich recht
erinnere, verlor er dabei einen Zahn.

46

Was ich von meinem Vater an Eigenschaften geerbt habe, weiß ich nicht so genau, eines aber bestimmt, obgleich man nicht glauben sollte, daß so etwas erblich sein kann: das „Kramen".

Wenn alle schon schliefen, hatte er immer noch damit zu tun, irgendwelche Sachen von einer Stelle zur anderen zu räumen oder einfach ein- und auszupacken. Mir hatte er eine mit Stanniolpapier ausgeklebte Sperrholz-Teekiste für meine Habseligkeiten geschenkt. Da warf ich alles hinein, und wenn sie voll war, räumte ich sie sorgfältig aus, um alles wieder hineinzuwerfen, und ähnlich mache ich es heute noch. „Müllern" nennt Tine solch sinnloses Räumen. Es besteht z. B. darin, ausgerechnet dann, wenn man es eilig hat, aus dem Haus zu kommen, eine Bücherreihe neu zu ordnen oder die Ecken der Taschentücher im Schrank sorgfältig übereinanderzuschichten. „Müllern" ist übrigens nicht immer nutzlos. Wenn ich z. B. mit einer schriftlichen Arbeit nicht in Gang komme, „müllere" ich ein wenig, und dann geht's plötzlich. Wenn Marlene Dietrich ihren Freund Hemingway anrief und sich beklagte, daß sie mit dem Schreiben ihrer Memoiren nicht vorankomme, fragte er: „Hast du schon den Kühlschrank abgetaut?" Das ist bei uns ein geflügeltes Wort geworden.

In einem schweren Kampf um den stärkeren Willen blieb ich einmal gegen meine Mutter Sieger. Ich war ein Mäkler, ich aß vieles nicht, aber bei Spinat versuchte ich es nicht einmal, so zuwider war er mir. Eines Tages, es sei ihr verziehen, kam meiner Mutter die Idee, mir nichts anderes zu essen zu geben, bis ich meinen Spinat aufgegessen hatte. Ich aß ihn nicht. Nach einem Tag blieb ich im Bett und behauptete, zum Aufstehen zu schwach zu sein. Am zweiten oder dritten Tag begann ich grüne Galle zu erbrechen. Da packte meine Mutter das Entsetzen, und ich bekam Rührei – ohne Spinat.

Meine Geschwister Trudy (Gertrud) und Friedel (Gottfried) wohnten noch bei uns. Trudy hatte zwei jüdische Freundinnen schräg gegenüber in der Revaler Straße. Ein-

mal nahm sie mich zu den hübschen Schwarzhaarigen
mit.

Trudy rühmte sich, daß sie mir die neuesten Schlager
beigebracht habe, die ich sehr schön singen könne. Ich war
viel zu verlegen, um mich zu produzieren, aber als die
Mädchen gemeinsam darauf bestanden, kroch ich unter
das Bett und sang: „Ja der Sonnenschein, der Sonnenschein
hat's fein. Jedes Mägdelein läßt Sonnenschein herein."

Bruder Friedel hatte einen Radiodetektor gebastelt, und
der funktionierte sogar. Freunde und Nachbarn kamen,
um sich die Kopfhörer ein paar Minuten ans Ohr zu halten
und den kratzigen Geräuschen zu lauschen.

Ich liebte Friedel mehr als Trudy. Er muß 19 oder 20 gewesen sein, als er aus dem Haus ging. Wir begleiteten ihn
zum Bahnhof. Ich heulte den ganzen Weg, besonders, als
der Zug abfuhr. Carl Ludwig führte meine Mutter und
mich in ein Restaurant in der Breitstraße. Ich durfte zum
Schweinebraten ein paar Schluck Bier trinken. Ich habe
den Geschmack noch im Mund, so intensiv, als sei es das
einzige Bier meines Lebens gewesen.

Friedel war verschwunden. Aus Finnland meldete sich
nach geraumer Zeit ein Eino Rausko, finnischer Bürger,
den Estland nicht zur Ableistung seiner Militärdienstzeit
zurückholen konnte.

Die kleinen Begebenheiten, von denen ich in diesem Ka-
pitel erzählt habe, hätten sich überall zutragen können.
Nicht austauschbar aber sind der endlos große Garten, der
Mississippi, der Kolonialwarenladen . . .

Was wäre, wenn ich wieder hinkäme? „Die Erinnerung
ist das einzige Paradies, aus welchem wir nicht getrieben
werden können", sagt Jean Paul. – Es sei denn, man ver-
treibt sich selbst, indem man die Erinnerung mit der Rea-
lität konfrontiert.

Was würde ich vorfinden, wenn ich wieder nach Wesenberg käme? Das verlorene Paradies bestimmt nicht. Der
endlose Garten, wenn es ihn noch gibt, wäre klein geworden, der „Ozeandampfer", der umgestürzte hohle Baum,
wäre nicht mehr da, und beim Anblick der Türme der

Wesenberg, Ruine der Ordensburg und „Mississippi".

Burgruine würde ich feststellen, daß ich über diese wacke-
ligen Steine niemals bis nach oben geklettert sein kann, wie
es so deutlich in meiner verklärten Erinnerung aufgehoben
ist. Der „Mississippi" ist überbaut und fließt durch Kana-
lisationsrohre unter den Straßen, und wo Vaters Laden
stand, steht jetzt ein modernerer, östlich schäbig, vielleicht
auch nach Salzhering und Petroleum stinkend, aber ohne
das Schild: „C. L. Werg".

Mein „Mississippi", ein kleiner Bach, den ich an schmalen Stellen sogar als Kind mit etwas Anlauf überspringen
konnte, hatte natürlich auch einen richtigen Namen. Er
hieß Soolikas, zu deutsch Darm. Die Balten witzelten: In
Deutschland gibt es sogar eine große Stadt, die Soolikalinn
heißt, Darmstadt. Das war gar nicht so abwegig. In Fi-
schers Lexikon steht: „Um eine Wasserburg am Darmbach
entwickelte sich die Siedlung. Darmstadt erhielt 1330
Stadtrecht." Wesenberg schon 28 Jahre früher, am 13. Juni
1302, vom Dänenkönig Erich Menved.

Pseudologia phantastica

In Wesenberg gab es einen Flugplatz. Zwei, drei Doppeldecker standen auf einer Wiese. Wahrscheinlich gehörten sie dem Militär. Wir Kinder durften uns dort tummeln, zusehen und mithelfen. Das Helfen bestand darin, daß wir die Flugzeuge anschoben, wenn der Propeller angeworfen war. Wir schoben an den Flügeln. Wenn die Maschine dann schon aus eigener Kraft rollte, ließen wir uns mitziehen und hielten uns noch eine Zeitlang an den Drahtverstrebungen fest, wenn die Kiste sich schon in die Luft hob.

Ich träumte mehr als einmal davon, daß ich nicht rechtzeitig losgelassen hatte und schon hoch in der Luft hing, als die Hände die Kraft verloren und ich in die Tiefe stürzte. Nach langem Sturz fand ich mich dann, aufgewacht, vor dem Bett...

Es machte Spaß, auf den Rangiergleisen zu spielen. Wenn ein Güterwagen abrollte, setzten wir uns auf die Puffer und fuhren mit. Am Ende des Gleises stand ein Prellbock. Der Anprall war nur noch leicht. Einmal fiel ich vom Puffer auf das Gleis. Der Wagen rollte nochmal ein Stück zurück, und dann kam eines der Räder riesengroß auf mich zu und schnitt mir die Kinnhaut auf. Blutüberströmt lief ich nach Hause.

Schon einige Jahre früher hatte es ein ähnlich schreckliches Erlebnis gegeben. Alles Gepäck der Kinder aus dem Ferienheim Haselau bei Dorpat war auf einem großen Pferdewagen verladen worden, um es zur Dampferanlegestelle zu fahren. Die Kinder saßen obendrauf. Der Kastenwagen hatte keinen Bock. Ich durfte neben dem Kutscher auf seinem Heusack sitzen. Wahrscheinlich war ich wieder einmal zappelig, jedenfalls rutschte ich von meinem Sitz und fiel zwischen Pferd und Wagen. Eines der mit Eisenreifen beschlagenen Räder rollte über meine Knie und gleich darauf auch noch ein Hinterrad.

Natürlich weiß ich heute, daß keine dieser Geschichten passiert sein kann. Die Flieger hätten keinem Kind erlaubt, sich an die Tragflächen zu hängen, wahrscheinlich bin ich mit dem Kinn auf die Schiene gefallen, und das Wagenrad stand längst still, als es geschah, und wenn zwei Wagenräder über meine Knie gerollt wären, hätte ich nie wieder gehen können. Aber ich erzählte diese Geschichte noch jahrelang, ohne zu lügen, denn dem Achtjährigen hatten sie sich als erlebte Wirklichkeit eingeprägt.

Den Begriff Pseudologia phantastica, der so gut darauf paßt, lernte ich erst Jahrzehnte später als Gerichtsreporter kennen.

Noch drei Kinderjahre in Dorpat

Nach dem Weggang aus Wesenberg zogen wir in Dorpat in die Botanische Straße 8, Erdgeschoß. Das war eine günstige Lage. Zur Schule war es nah und zu den weiten Spielgründen des Dombergs auch.

Die Schule hatte zwei Gebäude. Das Haupthaus, damals noch aus Holz, lag an der Jakobstraße, die ersten Grundschulklassen waren in einem steinernen Haus am Anfang der Techelferschen Straße untergebracht. Die Schule hieß nach ihrem Gründer Pantenius'sches Neuhumanistisches Gymnasium, die Grundschule hieß offiziell 13. Städtische (deutsche) Grundschule. Zu meiner Zeit begann man sich schon umzugewöhnen und sagte, nach dem neuen Direktor, Zeddelmannsche Schule. Unsere Schulmütze war ein grüner Deckel mit goldenen Litzen.

Als die Revaler Deutsche Oberrealschule 1981 in Heidelberg ihr 100jähriges Jubiläum feierte, begrüßte mich bei meiner Ankunft im Parkhotel Haarleß Hardy Engelbrecht und gab mir ein Foto. Hardy Engelbrecht war Dorpatenser, Sohn unseres Turnlehrers. Er war als Gast nach Heidelberg gekommen. Das Foto zeigte meine dritte Klasse. Noch im Stehen vor dem Hotel konnte ich 33 Namen der abgebildeten 35 Kinder nennen. Wenn ich zum Vergleich das Foto dieser Kinder als Abiturienten sehe, erkenne ich sie nicht wieder.

Es war eine große Klasse. In Wesenberg waren wir nur zu viert gewesen. Auf dem Foto sieht man mich unten in der ersten Reihe ganz links. In der Mitte des Bildes thront die Klassenlehrerin, Fräulein Gertrud Lezius, sie muß damals 30 Jahre alt gewesen sein. Neben ihrem linken Knie, mit gekreuzten Beinen und großer Schleife um den Hals, sitzt mein Freund Napoleon Bergmann. Als er bei uns zu Hause einmal von seinem Bruder Rurik und seiner zweijährigen Schwester Kleopatra erzählte, fragte Mama, wieso alle Bergmann-Kinder so schöne Namen hätten. Darauf Napoleon: „Mein Vater liebt alles, was groß ist. Er selbst heißt auch Alexander."

In der Reihe über mir, rechts und links von Fräulein Lezius, sitzen die Mädchen. Gisela Berg, die erste von links, nannte ich heimlich „meine Braut", wovon sie nichts wußte, mal war es aber auch Asta Sander und auch mal Flora Hopp.

In der oberen Reihe steht Günther Westberg. Seine Eltern waren strenge Vegetarier. Er bekam Obst als Schulbrot mit und war ganz begierig darauf, es gegen Wurst und Schinken zu tauschen.

Bernd und Rolf Kröger kamen aus einer sehr armen Familie. Ich bin einige Male bei ihnen zu Hause gewesen; es war dunkel und stank nach Elend. Es ergab sich ganz von selbst, daß bei allen kleinen Untaten die „Asozialen" zuerst in Verdacht gerieten, so auch, als es einmal im Klassenzimmer sehr penetrant stank. Die Lehrerin blickte in Richtung Kröger und fragte gedehnt: „Bernd?" Er stand ängstlich auf und sprach den mir unvergeßlichen Satz: „Fräulein Lezius, ich hab' nicht gefurzt." Das war ungeheuerlich, denn bei uns sagte man, wenn man denn überhaupt eine Vokabel benutzen mußte, „pumpsen". Seitdem – und das bis heute – kann ich „Furz" oder „furzen" nicht hören, lesen oder sagen, ohne prustend lachen zu müssen.

Arm war auch, wenn ich mich recht erinnere, der Träger des erlauchtesten Namens unserer Klasse, Alexander (Baron) von Vietinghoff. Daß auch Bernd von Bock adlig war, war uns gar nicht bewußt.

Dorpat. 3. Grundschulklasse (1930).

Ralf Bettac war der Sohn unseres Schulinspektors, so nannte man den stellvertretenden Direktor. Waldemar Tulmets war der Sohn des Krämers an der Ecke Jakob- und Botanische Straße, bei dem wir in den Pausen für einen sent zwei Lutschbonbons kauften oder fünf getrocknete Erbsen, die man in der Stunde krachend kauen konnte.

Mein zweiter enger Freund war Harry Treufeldt. Eine eigene Sprache verband uns drei. Wir sprachen die Wörter rückwärts und hatten uns dabei eine solche Fertigkeit und Schnelligkeit angeeignet, daß Außenstehende, vor allem Erwachsene, verständnislos zuhörten. „Chi essieh Rannug Grew dnu run Yrrah thetsrev chim." (Ich heiße Gunnar Werg und nur Harry versteht mich.)

Einmal mieteten wir uns ein Ruderboot am Embachufer. Der Vermieter fragte, ob wir damit umgehen könnten, was wir natürlich bejahten, obgleich keiner von uns jemals mit solch einem Gerät selbst hantiert hatte. Wir gerieten in die Strömung, jeder ruderte mit seinem Riemen drauflos, aber das Boot ging nicht dahin, wohin wir wollten. Wir trieben auf die Steinbrücke zu, und weil sich das Wasser dort zwischen den Pfeilern staut, wurde die Strömung immer stärker. Die von der Zarin gestiftete Brücke trug die stolze Inschrift: „Siste hic impetus flumen, catharina II. jubet. 1783" (Strom hemme deinen Lauf, Katharina II. gebietet es.) Aber der Strom dachte nicht daran. Unser schmales Boot trieb querliegend auf die Pfeiler zu. Der Vermieter hatte das Unheil kommen sehen und war im letzten Augenblick mit einem Motorboot zur Stelle, nahm uns in Schlepp und brachte uns – ganz klein und grau waren wir – zum Bootssteg zurück.

Die Freundschaft zu Harry bekam einen Riß, als er mich treulos im Stich ließ. Zu zweit waren wir mit einem Motorboot nach Quistenthal gefahren, einem Ausflugslokal etwa zehn Kilometer stromauf, und, da wir kein Geld für die Rückfahrt hatten, mußten wir den Heimweg über die Revaler Chaussee zu Fuß machen. Ein Fuhrwerk überholte uns. Harry sprang auf, ich schaffte es nicht, weil der Kutscher in diesem Augenblick das Pferd in Trab setzte. Verlassen von meinem besten Freund mußte ich heulend den weiten Weg allein gehen. Die glühende Sonne trocknete meine Tränen.

Carl Ludwig, mein Vater, arbeitete zu jener Zeit als Versicherungsvertreter. Ich weiß es daher, weil er neben der Haustür ein blaues Emailleschild angebracht hatte, auf dem in weißen Buchstaben „Polaris" und „Agent" stand. Er war sehr viel unterwegs, Kopf und Hals waren dunkelbraun gebrannt, aber wenn sein Hemd offenstand, sah man die schneeweiße Körperhaut. Wenn er seine Notizen machte, nahm er für wichtige Eintragungen den „dokumentenechten" Anilinstift. So nannten wir die Stifte, deren Farbe sich in ein leuchtendes Lila verwandelte, wenn man sie anfeuchtete: Wir Kinder wurden gewarnt, daß diese Farbe sehr giftig sei – so schmeckte sie auch –, aber ich habe oft gesehen, daß Papa den Stift in den Mund steckte, um eine besonders deutliche Schrift zu erzielen.

Meine Mutter brachte mir bei, wie man angeblich erreichen könne, was man sich vorgenommen hat. Sie glaubte an die „Methode Couè". Man müsse nur beharrlich immer wieder vor sich hinsagen: „Es geht mir von Tag zu Tag besser" oder „Ich werde nicht mehr krank", dann würde diese Autosuggestion ihre Heilwirkung nicht verfehlen. Ich habe wohl nicht genug daran geglaubt. Ich hatte immer wieder „Drüsenfieber", und das machte Mama besorgt.

Sie ging mit mir ins Universitätskrankenhaus zur Untersuchung. Der Doktor meinte, um der Sache auf den Grund zu gehen, müßte er mich ein paar Tage zur Beobachtung dabehalten. Mama wurde zur Aufnahme gebeten, um die Formalitäten zu erledigen. Ich höre noch, wie meine Stiefel die steinernen Treppen hinunterpolterten, und sehe mich über den Domberg nach Hause keuchen. Mama mußte kapitulieren.

Vielleicht konnte sie mich ja ohne Krankenhaus „groß und stark" päppeln, damit ich gegen Krankheiten gefeit sei. Eine ordentliche Portion Haferbrei, dick mit Zucker bestreut und einem Klecks Butter darin, und das jeden Morgen, wäre doch eine gute Basis. Sie hat mir diese Idee regelrecht „verkauft". Für jeden Teller „Herkulo", so hießen Haferflocken bei uns, sollte ich fünf sent bekommen, als Grundstock für die Anschaffung eines Fahrrads.

Die Wohnung hatte Ofenheizung. Große Steinöfen beheizten jeweils zwei Zimmer. Abends wurde ein meterlanger Holzklotz in den Ofen geschoben, der „Schieber", die Zugklappe, geschlossen und dann brannte er die ganze Nacht. Zwischen Ofen und Zimmerwand war ein ungefähr 40 Zentimeter breiter Zwischenraum, in dem man Speisen warmstellen konnte. Wie ein tiefer Schacht sah er aus, dessen Ende im Dunkeln verschwand. Da hinein, ganz tief, bis ans Ende, beförderte ich mit kräftigem Schwung meinen Herkulobrei, sobald ich allein im Zimmer war. Es merkte niemand, denn in der Hitze trockneten die Flocken schnell aus, ohne einen Geruch auszuströmen.

Zu Mamas „Lehren fürs Leben" gehörte es, daß nirgends, auch nicht in der Küche, Messer offen herumliegen durften. In meinen Gerichtsberichterjahren habe ich oft daran gedacht, wenn es bei einem Prozeß darum ging, daß ein Täter nur zugestochen hatte, weil das Messer gerade „dalag". Und die zweite Regel: immer von sich wegschneiden. So tat sie es auch mit Brot, und jedesmal, wenn ich im späteren Leben Hausfrauen sah, wie sie das Brot auf ihre Brust zuschnitten, lief es mir kalt den Rücken hinunter.

Das mag daran liegen, daß ich in Bezug auf Messer mein Lehrgeld bezahlt hatte. Ich saß in kurzen Hosen im Hof und versuchte, aus einem Brett einen Schiffsrumpf zu schnitzen. Von mir weg, wie es sich gehörte. Aber Holz ist härter als Borke, und das Messer war wohl auch nicht sehr scharf, so daß ich stark drücken mußte, jedenfalls rutschte es aus und traf mein Bein oberhalb des rechten Knies. Fleischwunden wurden damals, jedenfalls bei uns, noch nicht genäht. Die sieben Zentimeter lange Narbe ist heute noch zu sehen.

Ich weiß noch, daß dieses kleine Unglück während der „Kleisterferien" geschah. Das waren drei schulfreie Tage im Oktober, an denen, vor Einbruch des Winters, Doppelfenster eingesetzt und die Fensterritzen mit Papierstreifen zugekleistert wurden. Bis zum Frühling konnte man danach nur noch ein kleines „Klappfenster" in der oberen Fensterecke öffnen.

Wir hatten immer Untermieter, meistens waren es sogar „Pensionäre", das heißt, sie aßen auch mit uns. Einen Medizinstudenten warf Mama hinaus, weil er lebende Mäuse sezierte.

Ein anderer Mediziner pflegte entsetzt aufzuschreien, wenn einer von uns sich eine zweite Tasse Tee eingoß: „Sie töten sich ja!" Er vertrat die Ansicht, daß der Mensch sich mit dem äußersten Minimum an Flüssigkeit begnügen müsse.

Eine stattliche Erscheinung war Professor Sabler, mit schneeweißem Haar und Bart. Nach dem Abendessen blieben wir bei Tisch sitzen, manchmal fanden wir uns auch schon nachmittags zusammen, und Professor Sabler las vor. Ich erinnere mich gut an den Roman über den

Hamburger Brand von 1842 „Der fünfte Mai" (Carl Reinhold) mit der eindrucksvollen Szene, in der die Feuerwehrleute in einem Keller statt zu löschen die Fässer aufschlagen und sich betrinken, bis sie sich nicht mehr retten können und in Wein und Feuer umkommen. Mama und der Professor trauten sich aber auch an Fritz Reuter heran, und ich konnte sie verstehen, wahrscheinlich weil sie das Plattdeutsche so baltisch-hochdeutsch falsch aussprachen.

Was sollte man abends besseres tun als vorlesen. Es gab kein Fernsehen, Radio und Grammophone gab es zwar, aber wir hatten beides noch nicht. Ein Grammophon kam erst in Reval ins Haus, und eine der ersten Platten, die Mama anschaffte, war die Toselli-Serenade. So oft hat Mama den Text mitgesungen, daß ich ihn noch kann: „Fern in weitem Land, dort unten im Süden, lebt ein Musikant, der dient nur seiner holden Kunst. Spielte hier und spielte dort, war er satt, so zog er fort . . ." Das Lied war bei vielen Damen beliebt, weil ihm eine romantische Klatschgeschichte zugrunde lag. Der 23jährige italienische Pianist Enrico Toselli hatte 1906 eine Affäre mit der Königin von Sachsen, die vorübergehend mit ihm durchgegangen war.

Mama hatte eine reichsdeutsche Freundin. Sie kam aus Köln und hieß deshalb bei uns einfach die Kölnerin. Richtig hieß sie zu dieser Zeit Anna Kirsipuu (estnisch für Kirschbaum). Sie hatte auf eine Anzeige hin einen estnischen Bauern geheiratet. Die Ehe war gescheitert, teils überhaupt und teils weil der Mann zur Zeit im Gefängnis saß. Er hatte zum Schutz seines Hauses eine Selbstschußanlage konstruiert, und die hatte leider funktioniert. Er wurde wegen fahrlässiger Tötung verurteilt. Von der Kölnerin lernte ich reichsdeutsche Aussprache, jedenfalls etwas, was ich dafür hielt.

Den Sommer 1929 verbrachte ich am Rigaschen Strand. Eine Freundin meiner Mutter betrieb eine Pension in Dzintari, das auf deutsch Edinburg hieß. Unterwegs hatten wir in der Stadtwohnung der Freundin Station in Riga gemacht. Das mehrstöckige Haus stand in der Nähe der Oper und hatte einen Lift (Fahrstuhl). Obgleich das Abenteuer lockte, ihn zu benutzen, taten wir es nicht, denn man hatte uns erzählt, daß kurz vor unserer Ankunft ein Hausbewohner zwischen Fahrstuhl und Schachtwand zerquetscht worden sei. Riga war noch größer als Wilna. Eine so große Stadt hatte ich noch nie gesehen, ich war ja noch nicht einmal in Reval gewesen.

Ich blieb nicht bei Mama in Edinburg, sondern kam zu einer Großmutter und den Kindern der Familie in Assern. Der Rigasche Strand (Rigas Jurmala) bestand aus einer langen Reihe von Strandorten. Der Sandstrand war sehr breit, dahinter lagen Dünen und Kiefernwald und im Wald lagen die Villen. Das waren zweistöckige Holzhäuser mit großen Veranden. Wasserleitungen gab es nicht. In der Nähe der Häuser standen Pumpen oder Ziehbrunnen. Kiefernhalt (Priedaine), Bilderlingshof (Bulduri), Assern (Asari) waren stille Orte, Majorenhof (Majori) war dagegen mondän, mit Musikmuscheln und Cafés und Geschäftsstraße und reichen Kurgästen.

Der Mann von Mamas Freundin war Fiat-Vertreter in Riga. Er hatte einen offenen Zweisitzer mit Notsitzen für die Kinder. Er raste mit uns einmal von Riga nach Edinburg und öfter von Edinburg nach Assern oder wieder zurück, in so atemberaubendem Tempo, daß wir glaubten, die Chausseebäume kaum einzeln erkennen zu können. Um uns zutiefst zu beeindrucken, nannte er uns die Geschwindigkeit: 60 Kilometer pro Stunde.

Der Zirkus Medrano gastierte in Dorpat, und Mama ging mit mir in eine Vorstellung. Die Tigernummer machte besonders großen Eindruck auf mich. Die großen Katzen wurden aus ihrem Gitterkäfig gelassen, schlichen auf leisen Pranken in die Arena und sprangen auf Peitschenknall des Dompteurs auf Hocker, die im Kreis standen.

Ich machte mir eine Peitsche. Ich machte Knoten in die Schnur und versuchte, sie durch einen entsprechenden Schwung zum Knallen zu bringen. So richtig knallte es nicht, aber Bimbo war ja auch kein richtiger Tiger. Ich sperrte den Kater in den Holzverschlag, stellte einen Hocker vor die Tür, öffnete sie und ließ die Peitsche knallen, aber Bimbo hielt nichts vom Zirkus und stob verängstigt davon. Wochenlang ließ er sich nicht mehr von mir anfassen.

Jeden Sonntag bekam ich Kinogeld. Am liebsten sah ich Wildwest-Filme. Die Helden waren zum Nachträumen, d. h. ich konnte mich in der Phantasie mit ihnen identifizieren. Ken Maynard war mein Idealtyp, nicht Tom Mix, der berühmteste Cowboystar der Zeit. Er war mir zu dick und auch zu alt. Ich habe jetzt im Lexikon nachgeschlagen: er war tatsächlich Jahrgang 1880.

Ich erzählte Mama den Inhalt der Filme möglichst genau. Einige Filme zeichnete ich auch, das gab pro Film bis zu 30 oder 40 Szenen. Ich klebte die Zeichnungen aneinander und zog den langen Streifen dann durch ein Pappgestell, in das ich ein Viereck in der Größe der Bilder geschnitten hatte.

Zwischentexte brauchte ich nicht zu schreiben, denn inzwischen war der Tonfilm erfunden worden. Der erste war „Der singende Narr" (The Singing Fool) mit Al Jolson, der als Neger geschminkt aussah wie das Negativ eines Weißen, bzw. wie ein Sarotti-Mohr. Bald kamen auch die ersten deutschen Tonfilme zu uns. Mama schwärmte für den Sänger Richard Tauber in Lehárs „Land des Lächelns". Es kann sein, daß wir den Tauber-Film erst in Reval sahen, genaue zeitliche Einordnung fällt etwas schwer, sicher dagegen ist, daß wir „Im Westen nichts Neues" in Dorpat gesehen haben.

Erich Maria Remarques Buch und der Film danach gelten als Musterbeispiele der Antikriegsliteratur. Bei uns kleinen Jungs war die Wirkung ganz anders. Er versetzte uns in Kriegsstimmung. Wir zogen auf den Domberg, ahmten pfeifende und zischende Granaten nach, warfen uns zu Boden oder stürmten mit Hurra gegen einen nicht vorhandenen Feind. Die Lieder, die wir in der Schule lernten (vor 1933!), waren ja auch dazu angetan, Heldenbewußtsein zu erzeugen: „Morgenrot, Morgenrot, leuchtest mir zum frühen Tod" oder: „Siegreich woll'n wir Frankreich schlagen, sterben als ein tapfrer He-e-eld".

Mein wahres Heldentum bewies ich als einzelner mit meinem Rennwolf. Der Rennwolf ist ein Stuhlschlitten. Die Stuhllehne dient zum Lenken, aber ebenso wichtig sind die langen Eisenkufen, auf denen der Stuhl steht. Sie stehen hochkant und sind biegsam, und damit man darauf überhaupt stehen kann, ist wenigstens auf einer Kufe eine waagerechte Eisenschlange als Tritt befestigt.

Ich fuhr mit dem Rennwolf nicht nur abschüssige Straßen und normale Abfahrten, ich vollbrachte auch Kunststücke während der Abfahrten. Ich machte zum Beispiel eine Rolle über die Stuhllehne oder stellte mich auf den Sitz. Aber die größte Tat war die Abfahrt in die Katzengrube.

Die Katzengrube war eine tiefe und große ehemalige Sandgrube in der Nähe unserer Wohnung. An allen Seiten gab es Rodelabfahrten verschiedenen Schwierigkeitsgrades. Von der Straße aus aber ging es ganz steil in die Grube hinunter, so steil, daß sich an der Böschung kein Schnee hielt und der Hang mit einer spiegelblanken Eisfläche bedeckt war. Es gehörte schon Mut dazu, sie mit dem Rodelschlitten abzufahren, aber ich nahm sie mit dem Rennwolf, und ich kann mich nicht erinnern, daß ich jemanden gesehen hätte, der das auch wagte.

Wenn der Schnee schmolz, verwandelte sich die Katzengrube in einen See. Kniend auf dem Rodelschlitten oder sitzend auf dem Stuhl des Rennwolfs und mit einem Stock staksend, spielte ich Polarexpedition und durchquerte den See, bis ich wie Fritjof Nansen oder Roald Amundsen im Eis steckenblieb und dann ans Ufer watete. Zum Ofen zu Hause hatte ich es ja nicht weit.

Die Grundschule hatte keinen eigenen Hof. In der großen Pause gingen wir hinüber zum Hof des Hauptgebäudes in der Jakobstraße, in den kleinen mußten wir uns auf den Korridoren herumdrücken.

Das war langweilig und verführte zu Übermut. Als die Kinder nach einer Pause wieder in die Klassen gingen, stellte ich mich auf den obersten Treppenabsatz und pinkelte in hohem Bogen in die Tiefe.

Viele hatten es gesehen, leugnen hätte nichts geholfen. So etwas war noch nie passiert. Fräulein Lezius war ratlos. Sie führte mich zum Direktor im Haupthaus. Er schimpfte nicht, sprach nicht viel, bestellte mich nur für zwei Uhr, nach der Schule, in seine Wohnung, die am Jakobsberg zwischen beiden Schulgebäuden lag.

Direktor Karl von Zeddelmann wirkte immer sehr vornehm. Er war korrekt gekleidet, und ein Duft von feinem Zigarettenrauch umgab ihn. So duftete es auch in seiner Wohnung. Er befahl mir, die die Hose herunterzulassen und mich bäuchlings quer über seine Knie zu legen. Und dann versohlte er mir mit der Leine seines Dackels den Hintern. In der Schule hätte er das nicht gedurft. Als ich mir heulend die Hose wieder hochzog, führte er mich an seinen Bücherschrank und gab mir einen „Tarzan"-Band zum Lesen mit nach Hause. Es waren zehn oder zwölf Bände, die ich mir nach und nach bei ihm holte. Deshalb habe ich Karl May nicht kennengelernt, ich hatte mit Edgar Rice Bourrough genug zu tun und mit Tarzan statt Old Shatterhand.

Wir blieben in Dorpat, bis ich die vierte Grundschulklasse beendet hatte, denn im Herbst 1931 trat ich in Reval in die Sexta der Oberrealschule ein, und davor verbrachten wir den Sommer in Brigitten bei Reval. Dafür gibt es ein gesichertes Datum, auf das ich gleich komme.

Papa hatte schon eine Stellung in Reval. Wir hatten, mit wenig Gepäck und Kater, zunächst für die Sommerferien eine möblierte Etage in einer Villa ganz nah vom Strand gemietet. Vor jedem Quartierwechsel hatte Mama uns eingebleut, daß wir die Türen ein paar Tage immer geschlossen halten müßten, bis die Katze sich an die neue Umgebung gewöhnt hat. Diesesmal klappte das nicht. Bimbo entfloh am ersten Tag – und kam nie wieder.

Papa kam jeden Abend mit dem Schiffchen aus der Stadt, nur bei Sturm nahm er den Bus. Wenn ich das Schiff in die Mündung des Brigittenflusses einbiegen sah, ging ich zum Anleger und holte ihn ab.

Ich war oft stundenlang allein am Strand. Ein Gewitter

zog auf, die ersten Blitze zuckten im grau gewordenen Himmel über der Stadtsilhouette. Ich lief ins Haus und überraschte Mama mit dem dramatischen Ruf: Die Olaikirche brennt! Der Blitz ist in den Turm geschlagen. Ich hatte das nicht gesehen, aber es hätte ja sein können. Der Olaiturm war mit 139 Meter Höhe Revals Stolz.

Als Papa nach Hause kam, erzählte er als erstes, daß der Blitz in den Olaiturm geschlagen habe. Turm und Kirche brannten nicht ab. Mit Hilfe einer kühnen Konstruktion konnte eine Motorspritze im Turminnern bis zur halben Höhe gehievt werden, und es gelang in zwei Tagen den Schwelbrand unmittelbar unter Kreuz und Kugel zu löschen.

Ich habe in Werner Winters Chronik das Datum gefunden: 27. Juli 1931, zwei Tage nachdem das Luftschiff „Graf Zeppelin" auf seiner Nordpoltour Reval – und Brigitten – überflogen hatte.

Aus dem vorigen Jahrhundert

Zur Selbstbestätigung Jugendlicher gehörte es wohl schon immer, daß sie von Vater und Mutter als der oder die „Alte" sprechen. Meine großen Geschwister hatten etwas Tiefer Treffendes, und manchmal sagten sie es Vater und Mutter auch ins Gesicht: „Ihr seid ja noch aus dem vorigen Jahrhundert." Das war 1928. Das neue Jahrhundert war noch keine 30 Jahre alt. Das war so, als wenn heute jemand sagen würde: „Das kannst du nicht verstehen, du bist ja noch aus den Sechzigern."

„Wäre ja auch ganz treffend", würde mein Sohn Martin heute sicher dazu sagen.

Trudys Tod

Meine Schwester Gertrud hatte Lungentuberkulose. Nach
Darstellung meiner Mutter hatte alles damit angefangen,
daß Trudy im Vorfrühling des vorvorigen Jahres, 1927, in
einem zu dünnen Mantel von Wesenberg nach Dorpat gefahren war. Dieser Mantel war beige mit schwarzen Groß-
karos, ohne Taille, an den Schultern und Knien eng, wie es
damals Mode war, er war neu und stand ihr gut. Wer konnte es einer Siebzehnjährigen verdenken, daß sie zu dem
Fest in Dorpat, bei dem sie ihre Freunde und Freundinnen
treffen wollte, nicht im dunkelgrauen Winterpaletot gefahren war.

Sie kam mit einer schweren Erkältung wieder. Das Fie-
ber flaute zwar nach einer Woche ab, aber es kam nach einiger Zeit wieder und danach in immer kürzeren Abstän-
den. Nachdem wir Ende 1928 nach Dorpat umgezogen
waren, durfte sie kaum noch aufstehen. Der Arzt diagno-
stizierte „Schwindsucht", was mir aber nicht gesagt wurde.
Ich sollte es wohl nicht in der Schule erzählen.

Mutter saß oft an Trudys Bett, sprach mit ihr oder las ihr
vor. Manchmal saß ich dabei. An dem Abend, an den ich
mich so deutlich erinnere, hatte Mutter die Petroleumlampe gelöscht. Eine Kerze brannte auf dem Nachttisch. Ich
starrte in die flackernde Flamme und dachte: Wenn die
Kerze niedergebrannt ist, wird Trudys Leben zu Ende
sein. Wir saßen eine Weile schweigend im Dunkeln, dann
sagte meine Mutter: „Jetzt ist Trudy tot." Das war am 3.
Februar 1929. Trudy war 19 Jahre alt geworden.

Sie wurde im Saal aufgebahrt. Der Sarg stand in der Mitte des Zimmers, die braungoldenen Plüschsessel und das
Sofa an den Wänden. Der Raum war mit sehr vielen Blumen geschmückt und die Freunde, die den ganzen Tag zum
Abschiednehmen kamen, brachten immer noch mehr Blumen mit. Trudys wächsernes Gesicht, umrahmt vom
schwarzen Haar, sah wohl tot aus, aber nicht so, daß es
Angst einflößte, wie ich befürchtet hatte, sondern eher
schöner als sonst.

Draußen lag tiefer Schnee, und die Temperatur lag bei Minus 20 Grad. Für einen Neunjährigen war das zu kalt. Deshalb brauchte ich nicht zur Beerdigung mitzugehen. Mutter erzählte, daß die Trauergemeinde Trudys Lieblingschoral „So nimm denn meine Hände" gesungen habe. Erst ein paar Tage später führte mich Mama zum Friedhof. Er lag weit draußen, jenseits des Embachs auf einer Höhe. Ich weiß, daß mich der Anblick des Grabes sehr erschreckt hat. Es war ein riesiger Haufen hartgefrorener Erdbrocken, auf dem die Blumen recht unordentlich lagen. Ich war dem Weinen nahe. Mutter tröstete. Wenn Tauwetter einsetzt, werde man das Grab schön herrichten, so wie alle anderen. Ich bin nie wieder dort gewesen.

Weihnachten, Essen und Trinken

Die Vorweihnachtszeit begann schon im Oktober, denn dann wurde der Pfefferkuchenteig angesetzt. Es roch nach Sirup und geriebenen Apfelsinenschalen und Kardamon. Hirschhornsalz als Treibmittel mußte im Haus sein. Gut geknetet und in Tücher gerollt, wurde der Teig weggestellt bis Mitte Dezember. Beim Backen half ich. Mama rollte den Teig aus, und ich durfte die Figuren ausstechen, Sterne und Halbmonde, Rhomben und Dreiecke und auch Tiere. Von den Teigabfällen steckte ich mir immer etwas in den Mund, ohne daß die angedrohten Magenschmerzen sich als Strafe einstellten. Und dann duftete das ganze Haus nach den frischgebackenen, knusprigspröden dunkelbraunen Küchlein.

Der Weihnachtsbaum mußte bis an die Decke reichen. Leute brachten ihn und stellten ihn auf. Das Schmücken besorgten Carl Ludwig und ich gemeinsam. Mit Ausnahme der selbstvergoldeten Walnüsse war der Schmuck gekauft, angeblich stammte er noch aus Pleskau: bunte Kugeln und Glasfiguren. An einen weißen Storch mit rotem Schnabel und roten Beinen erinnere ich mich besonders.

Wir mußten auf eine Leiter steigen, um Schmuck und Kerzen bis ganz oben anbringen zu können. Meine Aufgabe war es, Engelshaar und Lametta in den Baum zu hängen oder zu werfen.

Am späten Nachmittag wurden Carl Ludwig und ich aus dem Haus geschickt. Es lag tiefer Schnee. Es war selten, daß Weihnachten nicht weiß war. Wir gingen zum Gottesdienst in die Nikolaikirche. Der Rückweg führte durch die tiefverschneite Schmiedestraße am Schaufenster eines Spielwarengeschäfts vorbei. In einem Jahr stand dort eine graulackierte hölzerne Kanone, nicht so eine „Hampelmannkanone", sondern eine wunderbare, echt aussehende, wie die richtigen, die ich von den Paraden kannte. Ich wußte, daß sie dort im Fenster stand, denn mein Schulweg führte durch die Schmiedestraße, und wenn wir zu mehreren gingen, spielten wir Wünschen. Vor jedem Fenster blieben wir stehen, und jeder durfte, nein mußte, den Gegenstand nennen, den er am liebsten haben würde. Kein Schaufenster durfte ausbleiben, nicht einmal eines mit Damenwäsche.

Wünschen konnte ich mir die Kanone natürlich, auch an diesem Heiligen Abend, aber ich wußte, daß ich sie nicht bekommen konnte, denn sonst wäre sie ja nicht mehr im Schaufenster. Meine Geschenke lagen längst irgendwo versteckt in der Wohnung.

Als wir nach Hause kamen, hatte Mama noch im Weihnachtszimmer zu tun. Man hörte es rascheln und knistern, und dann verschwand auch Papa im Saal, und ich blieb ausgesperrt im Dunkeln, und nur unter der Tür drang ein Lichtschein zu mir, bis ein Glöckchen läutete und ich hineindurfte in die strahlende Helle des, wie wir sagten, brennenden Lichterbaums. Es duftete wunderbar, denn Mama hatte, bevor sie die Tür öffnete, einen Tannenzweig angesengt.

Früher, als Trudy noch lebte und Friedel noch im Haus war, war es sicher spannender gewesen, denn dann mußte ich versuchen, schnell herauszufinden, welcher Platz und welche Geschenke für mich waren, jetzt gab es nur ein

Tischchen, und der rote Einband von Auerbachs Kinder-
kalender wies mir wie ein Leuchtturm den Weg.

Nach der Bescherung gab es das Abendessen. Was auf
dem Tisch zu stehen pflegte, weiß ich nicht mehr genau,
aber ganz sicher kein Gänsebraten, den gab es auch am ersten Feiertag nicht. Es gab wahrscheinlich ein kaltes
Abendessen, aber an diesem Tag mit besonderen Leckerei-
en. Skumbria wahrscheinlich. Das war zwar nichts anderes
als Makrelenstückchen in Tomatensauce, aber sie waren
aus Rußland importiert, erinnerten die Eltern an alte Zeiten und genossen entsprechende Hochachtung. Und sicher gab es Rigaer Sprotten, kleine geräucherte Fischchen
in Öl eingelegt, und Revaler Killos, wahrscheinlich die
gleiche Fischart, aber roh in einer violett-braunen Lake mit
Lorbeerblättern und Pfefferkörnern mariniert, die ich
nicht besonders mochte, aber immer noch mehr als die
Neunaugen, von denen ich gar nicht wußte, wie sie
schmecken, denn sie sahen so gräßlich aus, daß ich sie nie
probiert habe. Und es gab hausgemachte Bouillon mit
selbstgebackenen Piroggen und wahrscheinlich Leberpa-
stete und Rossol. Rossol oder Rossolje sieht aus wie roter
Heringssalat und ist es auch, aber angereichert mit Braten-
stücken, saurer Sahne, gehacktem hartgekochtem Ei und
Stückchen saurer Gurke. Als Jugendliche sagten wir
pietätlos Fuhrmannskotze dazu.

Im Rossolje-Rezept heißt es: „Man nehme Fleischre-
ste...", ganz selbstverständlich davon ausgehend, daß immer vom letzten Braten noch einiges übriggeblieben sein
müßte. Und das gibt mir den Übergang zum Thema Essen
und Trinken.

Man spottet, daß in einem baltischen Kochbuch folgen-
der Satz gestanden haben soll: „Wenn unverhofft Besuch
kommt und Sie haben überhaupt nichts im Haus, dann
nehmen Sie den kalten Kalbsbraten aus der Handkammer..." Dieses Pratchen (Anekdote) soll auf den Überfluß
hinweisen, der in baltischen Häusern angeblich herrschte.
Das muß schon lange vor meiner Zeit gewesen sein.

Große Feste wurden bei mir zu Hause nicht gefeiert,

und ich war auch als Kind bei keinem (außer russischen Ostern) zugegen; sonst aß man auch in den Häusern meiner wohlhabenderen Freunde gut und nahrhaft, aber nicht üppig und ohne zu prassen.

Geld war im allgemeinen knapp, aber Lebensmittel waren billig. Besucher aus Deutschland staunten immer wieder über den Markt in Reval. Jeden Morgen fuhren die Bauern mit ihren Wagen auf dem Platz zwischen Deutschem und Estonia-Theater dicht nebeneinander auf, ihre Fuhrwerke als Verkaufsstand benutzend. Dazwischen setzten sich auch Kleinhändler mit ihren Waren einfach auf den Boden. Ich habe schon vom Viktualienmarkt in Dorpat erzählt, aber in Reval war alles noch größer, das Angebot noch reichhaltiger.

Butter türmte sich zu Bergen, Körbe voller Eier standen da, die paarweise verkauft wurden und lächerlich wenig kosteten. Große Kästen voller Beeren aller Art waren ausgebreitet, darunter solche, die man in Deutschland gar nicht kennt, wie die Kronsbeeren, sauer und saftig, aus denen man ein Getränk preßte, die Kjlukwa, ohne die ein baltisches Fest nicht denkbar war, oder Strickbeeren, aus denen die Mütter eine bitterliche Konfitüre als Beilage zu Fleisch kochten.

Beeren selbst einzukochen war wohl in jedem Haus üblich, aber nicht als Marmelade mit Geliermittel und dergleichen, sondern ganz dick mit gewichtsmäßig ebensoviel Zucker wie Früchten. Konfitüre wäre wohl das richtige Wort dafür, aber bei uns hieß es Saft oder mit dem russischen Wort Warenje. Man brauchte das Eingekochte nicht nur als Brotaufstrich, sondern auch zum Teesüßen, verrührt oder in winzigen Portionen vor jedem Schluck Tee in den Mund genommen. Die Gläser, in denen das Eingekochte aufbewahrt wurde, hießen Burken.

Und Gemüse türmte sich auf dem Markt, frisch und duftend. Wir benutzten Namen, die kein Deutscher verstand, wie Burkanen für Mohrrüben oder Schnittkohl für Steckrüben. Auch Fisch und Fleisch gab es auf dem offenen Markt, aber auch in der Markthalle, vor allem im Sommer, wenn die Fliegen in Schwärmen über dem Markt hingen.

Unter die Käufer mischten sich umherwandernd die Bublitschki-Verkäufer. Bublitschki sind Ringe aus Laugenteig, außen knusprig, innen weich. Tschernuschki dagegen sind kleine Ringe mit Mohn bestreut und hartgebacken. Sie werden, an einer Schnur aufgereiht, in Ringen oder Ketten verkauft.

Das konnten wir uns alles leisten, aber irgendwo gab es sicher eine Grenze, die Mama nicht überschreiten konnte. Kaviar hat es bei uns nie gegeben, Geflügel war rar und an Wild kann ich mich überhaupt nicht erinnern. Zu so gut wie allen Mahlzeiten, vor allem abends, gab es Tee. Wein war so teuer, daß auch wohlhabendere als wir ihn sich nicht täglich leisteten. Nicht bei uns, aber auf den Abendbrottischen bei Kameraden stand manchmal eine Karaffe Wodka, aus der sich der Hausherr ein oder zwei Gläschen genehmigte, was nichts darüber aussagte, daß er bei Festen durchaus reichlich fließen konnte.

Mama kochte wohlschmeckend. Oft gab es Kohlrouladen mit Fleischfüllung, Falschen Hasen oder Komm-morgen-wieder, das waren Hackfleischtaschen in Pfannkuchenteig, knusprig gebraten. Der Beef á la Stroganoff war wahrscheinlich nicht unbedingt aus Filetspitzen zubereitet, wie das Rezept es vorschreibt, und es gab auch ganz einfache Sachen, die genauso gut schmeckten, wie z. B. Heringspfännchen, ein Auflauf aus Hering, Fleisch und Kartoffeln oder Strömlingspfännchen mit Rührei überbacken oder ganz einfach Flickerklops (Hackfleischsauce) oder Kartoffeln mit Specksauce oder Borschtsch und manchmal auch nur Hering mit Kartoffeln und Butter.

Strömlinge nannte man eine kleine Heringsart. Auf dem Markt bekam man sie ganz frisch geräuchert, noch warm. Am köstlichsten schmeckten sie zu frischem Franzbrot. Das ist wieder solch ein irreführender Begriff. Franzbrote waren die einzig übliche Art nichtsüßer Brötchen. Sie waren größer als deutsche Semmeln und hatten eine knackige, oben aufgeplatzte Kruste.

Franzbrote holte ich für das Sonntagsfrühstück beim Kolonialwarenhändler in der Rußstraße an der Ecke Heiligengeiststraße. Er durfte den Laden sonntags nicht öffnen, aber die ganze Nachbarschaft wußte, wie man durch seine Wohnung und Küche von hinten in den Laden ging. In der Küche saß meist der Polizist bei einem Klaren und einem Stück Wurst. Nur weil das so selbstverständlich war, konnte der Kaufmann auch am Sonntag frische Brötchen vorrätig haben. Wenn mich später im Krieg mal der große Jieper nach etwas besonders Wohlschmeckendem überkam, dann dachte ich an Franzbrot mit Strömling oder mit Rauchwurst. Dann floß mir das Wasser im Mund zusammen.

Dafür genügte aber auch die Erinnerung an die anderen Brotsorten meiner Kindheit, an das gesäuerte Schwarzbrot, das am besten schmeckte, wenn es, noch ofenwarm, dick mit Butter bestrichen und mit Salz bestreut war, oder das Seppik, das duftende Grobweizenbrot. Als drittes gab es noch das sogenannte Feinbrot, süßsauer schmeckend, aus feinem Roggenmehl mit Kümmel gebacken. Es gab außerdem noch Weißbrot und Gelbbrot. Gelbbrot war Weißbrot mit Safran-Zusatz, und wenn man noch Rosinen, Zucker und gehackte Mandeln in den Teig knetete, hatte man das Material für den traditionellen Geburtstagskringel, der, mit Puderzucker bestreut und mit Kerzen umsteckt, auf jeden Geburtstagstisch gehörte.

Für Herd benutzen wir das vergessene niederdeutsche Wort Pliete. Die Pliete war ein mächtiger, innen mit Schamott ausgekleideter gußeiserner Kasten, der mit Holz befeuert wurde, Briketts waren bei uns nicht bekannt. Runde Öffnungen in der Herdplatte konnte man mit Eisenringen vergrößern oder verkleinern. In jeder Wohnung stand solch ein Monstrum.

Da es lästig und unwirtschaftlich war, wegen jeder Kleinigkeit die Pliete anzuheizen, und man in kleinen Familien das Feuer auch nicht durchgehend erhalten konnte, gab es zwei Arten „moderner" Kochapparate. Der Primus war ein Petroleumgaskocher, wie ihn Camper auch heute noch benutzen. Auf einem konkaven Eisenring zündete man Brennspiritus an. Wenn der verbrannt und der Eisenring rotglühend geworden war, pustete man mit einer eingebauten Pumpe das Petroleumgas gegen den glühenden Ring, und fauchend stob eine blaue Flamme gegen Kessel oder Pfanne.

Primus war ein (schwedischer) Fabrikatsname, ebenso wie Graetz. Der Graetz-Kocher glich eher einer ruhig brennenden Petroleumlampe. Über den Brenner war ein Metallschacht gestülpt, mit einem Fensterchen darin, damit man sehen konnte, ob man den Docht höher- oder tieferdrehen sollte. Auf dem zylindrischen Schacht war ein Rost, auf den man die Kessel und Pfannen stellte.

Die Plieten hatten auch Backöfen. Darin, oder auch im ausgebrannten Zimmerofen, entstand die Ofengrütze. Buchweizengrütze wurde zuerst in einer Pfanne braun geröstet, dann in einen Stein- oder Eisentopf geschüttet und mit kochendem Wasser übergossen. Wenn sie ausgequollen war, wurde sie mit Butter und Salz gewürzt im Ofen ausgebacken, bis sie eine ganz knusprige rotbraune Kruste bekam. Mit kalter Milch war das ein köstliches Gericht. Die meisten aßen die Ofengrütze mit saurer Milch (Dickmilch), mit Zucker und Zimt bestreut, aber saure Milch konnte ich nicht leiden.

Wenn ich aufzählen sollte, was ich alles nicht mochte, so würde die Liste sehr lang werden. Ich mochte das meiste nicht: Fettes Fleisch und Speck, Zwiebeln und Tomaten und die meisten gekochten Gemüse usw. Ich habe in schlechten Zeiten fast alles essen und vieles davon sogar mögen gelernt, aber auch der größte Hunger könnte mich nicht lehren, Milchhaut zu schlucken. Schon der Anblick verursacht mir bis heute einen nicht unterdrückbaren Brechreiz.

Eine Zeitlang half Mama mittags in der Küche des Estländischen Hilfsvereins und brachte das dort gekochte „Armenessen" mit nach Hause. Die Graupensuppe muß so gräßlich gewesen sein, daß mich noch heute selbst ein appetitlich klingendes Rezept für Schottische Graupensuppe nicht in die geringste Versuchung bringt, es zu probieren.

Jeder, der als Kind im Baltikum gelebt hat, erinnert sich an Schmantbonbons und Goggelmoggel. Schmantbonbons, eine ziehig süße braune Masse, konnte man beim Kolonialwarenhändler kaufen. Dann waren sie in Papier gepackt, auf dem eine rote Kuh zu sehen war. Man konnte sie aber auch im Milchladen kaufen, wo die Masse als Platte auf einem Backblech lag und je nach Bedarf stückchenweise abgeschnitten wurde. Man konnte sie schließlich auch selbst machen. Am einfachsten in der Pfanne, in der man Zucker schmelzen ließ.

Statt Goggelmoggel könnte man auch Zuckerei sagen, aber wonach klingt das schon! Zum klassischen Goggelmoggel rührte man das Eigelb mit Zucker im Glas so lange, bis der Zucker nicht mehr körnig war. Wer es weniger mächtig und gleichzeitig ein bißchen gestreckt haben wollte, schlug das Eiweiß zu Schnee und zog es unter die Masse. Man konnte auch noch ein Löffelchen Kakao dazutun. Über die Anzahl der Eier entschied die individuelle Aufnahmefähigkeit. Als Soldat in Rußland habe ich es einmal auf ein Goggelmoggel aus zwölf Eiern gebracht, das aber nur mit Cognac gewürzt eßbar war.

Das weite Feld der Süßspeisen betrete ich lieber gar nicht erst. Es ist ja schnell gesagt, daß Kissel mehr oder weniger dasselbe ist wie eine norddeutsche Rote Grütze, aber auch noch zu erzählen, was Bubbert, Rosa Manna, Schmalunz usw. sind, würde sehr weit führen. In der Fastnachtszeit holte man vom Konditor Stopfkuckel mit Schaumschmant (Heißwecken mit Schlagsahne).

Meine Mutter backte gern Kuchen. Ich erinnere mich an einen Quarkkuchen, auf russisch Watruschka genannt, von dem ich nach einem Mittagessen so viel in mich hineinstopfte, daß ich mich von meinem Platz auf dem Sofa zur Seite fallen ließ und in der nächsten Stunde nicht mehr aufzustehen bereit war.

Sollte das vor Ostern gewesen sein, so hatte Mama ein gutes Gegenmittel im Haus: die Matzen. In ihrer Kindheit in Riga war sie mit jüdischen Kindern aufgewachsen, und als Erwachsene holte sie jedes Jahr, Wochen vor dem Passahfest, aus der Synagoge große Pakete mit Matzen (hauchdünn gebackene Schichten aus ungesäuertem Teig zur Erinnerung an die Wanderung der Kinder Israel mit Moses durch die Wüste). Wir aßen sie wie Leckerbissen. Am liebsten mit nicht koscherer Butter.

Krixaduljen und Fintifluschken

Professor Sabler, unser Dorpater Untermieter, erzählte, es habe eine internationale Sprachen-Schönheits-Konkurrenz stattgefunden. Italienisch sei dabei zur schönsten Sprache gewählt worden, Estnisch aber zur zweitschönsten. Die Esten präsentierten zwei Sätze: „Poiss sõida tasa üle kivi silla" und „Taevas oli sininine". Das heißt nichts anders als: „Junge, fahr langsam über die steinerne Brücke" und „Der Himmel ist blau." Aber auf den Klang kam es an.

Die Deutschen seien mit Goethe in den Wettbewerb gegangen: „Kennst du das Land, wo die Zitronen blüh'n, im dunklen Laub die Goldorangen glüh'n."

Auf welchen Platz Deutsch kam, wußte der Professor nicht.

Aber ich will nicht von goetheischem Deutsch schreiben, sondern über baltisches. Baltisch ist kein Dialekt, es ist Hochdeutsch, durchsetzt mit einer Menge, nein, Unmenge eigener Ausdrücke und eigenwilliger Formen. Viele der Worte sind im Laufe der Zeit aus dem Niederdeutschen, Russischen, Estnischen oder Lettischen übernommen worden, bei anderen ist die Herkunft schwer oder gar nicht festzustellen.

Im letzten Kapitel habe ich über das Essen und Trinken bei uns zu Hause erzählt. Darin kam manches baltische Wort vor. Und das läßt sich noch vergnüglich ergänzen.

Wenn die Suppe auf den Tisch kam, nahm sich jeder mit dem Kulp (Schöpflöffel) selbst vor (legte sich auf) und bemühte sich dabei, nicht zu schülpern, um das Tischtuch nicht zu verschmaddern bzw. zu versolkern.

Wenn es Koteletten gab, so waren das nicht Scheiben aus dem Rippenstück, sondern gebratene Hackfleischklößchen. Darüber lag ein Ochsenauge (Spiegelei), und als Gemüse gab es vielleicht gestovten (in Mehlsauce gekochten) Schnittkohl (Steckrüben), man benutzte auch das estnische Wort kaalikas dafür, wie man zu Mohrrüben Burkanen (aus dem Schwedischen) sagte. Es blieb nichts nach (nichts übrig).

Dann baten die Herren um eine pereriwka oder peregorodka (beides russisch für Pause), um eine Papyros (Zigarette mit Pappmundstück) rauchen zu können.

Wenn der Kuchen klintschig (nicht durchgebacken) war, schmeckte er mir um so besser. Im Februar gab es Fastnachtskuckel (Hefebrötchen mit Rosenwasser gebacken) mit Schmantschaum bzw. Schaumschmant (Schlagsahne) gefüllt. Man legte sie sich mit der Kuchenschaufel (Tortenheber) *vor*.

Derweilen blubberte das Wasser in der Teemaschine (Samowar). Zum Tee gab es Strickbeerensaft (Preiselbeerkonfitüre). Der Hausherr holte eine Butelje (Flasche) von der Etagere, aus der er jedem ein Schlubberchen Bocksbeerenlikör (schwarze Johannisbeeren) ansetzte (ausgab). Niemand pichelte so viel, daß *er* übel (daß ihm . . .) wurde und er kolchen (sich übergeben) mußte.

Das Essen hatte *schön* geschmeckt. Mit den Adjektiven und Adverbien trieb es das Baltische recht eigenwillig: Sie saß mit *zuen* Augen im Sessel. Er ging mit kahlen (nackten) Füßen nach draußen, obwohl es pladderte. Er war nun mal obstinaksch (trotzig). Danach waren seine Panzken (sein Zeug) ganz krunschelig (faltig), und er sah aus, wie durch die Wand gezogen.

Adjektive ließen sich steigern. Zum Beispiel so: es war wüst gemütlich, sie ist schrecklich nett, er ist aasig klug. Er ist ein haarig forscher Kerl.

*

Kehren wir ins Haus, in die Wohnung zurück. Man betrat sie durch die Paradentür. Manche Wohnungen hatten nämlich noch einen Hintereingang, den man Küchentür nannte und als Dienstboteneingang ansah, auch wenn man längst keine Dienstboten mehr hatte. Durch die Paradentür kam man ins Vorzimmer, wo man seine Galoschen (Gummiüberschuhe) abstellte und seinen Paletot (Mantel) und andere Kledaschen an die Knaggen (Kleiderhaken) hängte.

Jede Wohnung hatte einen Saal (gute Stube). Zu Weihnachten stand dort der Weihnachtsbaum. Er reichte von der Diele (Fußboden) bis zur Lage (Decke). Er wurde angezündet, abgebrannt und gelöscht. Im Wannenzimmer nahm man die Wanne (Bad). Neben der Küche gab es die Handkammer. An der Tür war mit Wanzen (Reißnägeln) der Einkaufszettel angepiekst. Manchmal gab es in der Küche auch Tarakane oder Prussaken. Das waren keine Metallstifte, sondern ganz gemeine Küchenschaben.

Der Kran (Wasserhahn) war über dem Ausguß. Wenn er tilkerte oder tilkste (tropfte), stellte man einen Spann (Eimer) darunter, und wenn er überlief, nahm man einen Lupatt oder Kalts und wischte das Wasser auf. Küchenabfälle kamen in den Solkspann. Den stellte man draußen in einen Schauer (Scheune) oder in eine Buttka (kleine Bude). Der Hauskerl oder Dwornik (russisch) oder Kojamees (estnisch) schaffte sie weg. Übrigens: Bude heißt auf Baltisch jedes Ladengeschäft, auch das feinste.

Und dann gab es in der Wohnung natürlich noch den Raum, den man besonders eilig aufsuchte, wenn man losen Magen (Durchfall) hatte. Das war das Kämmerchen oder Kabus'chen oder Örtchen. Man konnte auch ganz vulgär Peldik (estnisch) sagen oder ganz vornehm, wie mein Vater, Retirade (französisch).

*

Wenn jemand ein neues Kleidungsstück anhatte, beklopfte man es und sagte Neuschlag! Andere beliebte Ausrufe waren: Ach du Draht!, ebenso Ausdruck der Überraschung wie: Hotz! Nu wot! steht für: da siehst du es und: Ach Strunt! für dummes Zeug. Mach, daß du gewesen bist! ist der gute Rat, zu verschwinden, kürzer sagt man es auf Russisch: Pascholl! Wenn einem jemand *vor* steht (im Wege steht), ruft man: Vorweg!

Solange man nicht auf Du und Du mit jemand ist, itzt (siezt) man ihn. Zur Begrüßung gibt der Herr der Dame einen Handkuß und macht einen Kratzfuß (Verbeugung). Man stellt natürlich niemand einen Krummfuß (Bein stellen). Am Neujahrsmorgen ging man in der Nachbarschaft Visite kratzen (Anstandsbesuche machen). Man malt keine Krixaduljen (Kritzeleien) und macht keine Fintifluschken oder Menkenken (Fisimatenten).

*

Besondere Redensarten: ich *bin* übel. Ich *hab* kalt. Laß das Fenster *los* (offen). *Leg* (stell) die Vase auf den Tisch, aber: Stell die Wäsche in den Schrank.

Was ist die Uhr? Ich werde dich um Viertel acht (Viertel nach sieben) antelefonieren. Er piesackt, kujonniert, murchelt (quält) die Katze. Wie gut, daß er sie nicht abmurchelt (tötet). Sie pirrt (heult), wenn man ihr Schaden gemacht (weh getan) hat. Sie ist ein richtiger Pirrpott (Heulsuse). Sich gekratzt (geschmeichelt) fühlen. Die Pajufte knicken (Pointe verderben).

Ein toller Bursche ist ein Wunz (estnisches Wort für Schnurrbart). Das Gegenteil ist ein migerricher Schlapps oder Pirz. Ein „Hans-Dampf in allen Gassen" ist ein Tegelinski (estn. tun, machen). Wenn er Duch (russisch für Elan, Mumm) hat, bringt er es zum hohen Kaks (großen Tier). Dafür muß man kein langer Laban (langer Mensch) und darf kein Schlonks (großer ungelenkiger Mensch) sein.

Ein Plukat (Habenichts) lebt piserig (armselig). Leute, die viel schwuchten (wilde Feste feiern), Karten knuien und ihre Penunse (Geld) verjucheien, enden oft als Suffkas (Säufer).

Für Dummköpfe gab es viele Bezeichnungen: Damm-lak, Dojahn, Dwatschkopf und Toss. Sie waren dammlich, dwatsch und hatten kein Capé.

Ein Schwiet ist ein Geck, und wenn er sich ganz in weiß kleidet, verspottet man ihn als Schmantengel. Umgekehrt ist jemand, dessen Panzken (Kleider) abgekoddert, ver-kankert oder verlosen (mit kurzem o) sind, meist ein Knot oder pätt (estn.)

Wenn er dazu noch unehrlich ist, schmuht (betrügt) klemmt (klaut) und Krutschki (Tricks) macht, ist er ein Schubiak (gemeiner Kerl) oder Schulik (Spitzbube).

*

Ganz gewöhnliche Tätigkeitswörter: schabbern, labbern = schwatzen; verdammeln = vergessen; buttern = fleißig ler-nen; verklatschen = verpetzen; fledern = rausschmeißen, z. B. aus der Schule; ravagieren = toben, verwüsten; pul-kern = stochern; knietschen = quietschen, z. B. eine Tür; ausversuchen = probieren; jemand festbekommen = errei-chen, z. B. am Telefon; aufkramen = Ordnung machen; fin-gerieren = anfassen, betatschen; aufpinkern = z. B. einen verknoteten Bindfaden, zerplusern = kaputtmachen, bren-nen = schlagen; verwichsen = verhauen; pai machen = strei-cheln; fetzen, splittern = schnell laufen; zurjeln = nörgeln; racheln, hinracheln = fallen; veraasen = verderben; alberie-ren = albern sein; tribulieren = jemand lästig sein; plinkern = jemand zuzwinkern; ankleckern = sich an jemand heran-machen; schnurjeln = Nase hochziehen, statt den Schnod-derlappen (Taschentuch) zu benutzen.

*

Genug gewurracht (schwer gearbeitet). Ehe dieses Kapitel zur Rabusche (Durcheinander) wird, hole ich mir ein paar Zießchen (Würstchen), trink ein Wässerchen (Wodka) und gehe mit meinem Kuts (estn. für Hund) nach draußen. Es ist Schlackwetter (Schneeregen). Die Straße ist voller Blott und Kot (Schmutz). Bis die Syringen bzw. Zyrenen (Flieder) wieder blühen, dauert es noch eine Zeit.

Nach den Sommerferien 1931 zogen wir nach Reval um. Meine Revaler Oberschulzeit dauerte acht Jahre. Als Zwölfjähriger kam ich in die Schule, als Zwanzigjähriger verließ ich sie. Ich war ein „gründlicher" Schüler. Zwei Klassen machte ich zweimal. Aber bevor ich von der Revaler Deutschen Oberrealschule erzähle, hier noch zwei Kapitel, die zwar schon in Reval spielen, aber noch eindeutig zur Kinderzeit gehören.

Wie bei Cambrai

An einem Sonntagvormittag stand Klassenkamerad Gert Sander vor der Tür. Er war gekommen, um mir den Krieg zu erklären. Nicht mir persönlich, sondern meinem „Staat", der Papiersoldatenarmee meines Staates. Die Schlacht sollte gleich ausgetragen werden. Er hatte eine große Mappe bei sich. „Wir brauchen viel Platz", sagte er, „in der Wohnung wird das nicht gehen."

Wir hatten einen Dachboden. Der war groß, hatte keine Zwischenwände, und daß lockerer, feiner, grauer Staub zentimeterhoch die Fußbodenbretter bedeckte, störte uns nicht.

Ich packte meine Armee in einen Karton, und wir gingen nach oben. Ich baute meine Soldaten in Schlachtordnung auf und erwartete, daß Gert dasselbe tun würde.

Die „Kriegstechnik" hatte sich weiterentwickelt, seitdem ich in Wesenberg meine ersten Papiersoldaten ausgeschnitten hatte. Damals führten wir Schlachten wie auf einem Brettspiel. Der einzelne Soldat rückte so weit vor, wie die Spanne zwischen Daumen und Zeigefinger des Spielers reichte. Kam er mit diesem Sprung bis an einen feindlichen Soldaten heran, war jener gefangen oder tot. Später erschien es uns reizvoller, mit Federhaltern, in denen spitze

Schreibfedern steckten, nach den Feinden zu werfen und, wenn die Schlacht draußen stattfand, auch mit ausgeklappten Taschenmessern. Im letzten Sommer, in einem verlassenen Obstgarten in Kosch, hatten wir richtige Schützengräben gegraben, zehn Zentimeter tief, und die Gegenspieler bewarfen die feindlichen Truppen mit „Handgranaten". Das waren Streichhölzer, umbunden mit einem Wattebausch oder Läppchen, das, in Petroleum oder Brenn-Spiritus getränkt, angezündet in die feindlichen Gräben geworfen wurde, wo die Papiersoldaten an die Grabenwände angelehnt standen.

Was aber an diesem Sonntag geschah, war etwas ganz Neues. Mit Pokermiene packte Gert „Tanks" aus seiner Tasche. Sie waren aus Blech ausgeschnitten, lagen flach auf dem Boden, wie die Papiersoldaten. Gegen Blech war mit Schreibfedern nichts auszurichten.

Auf die Dimensionen kindlicher Phantasie übertragen, kam ich mir vor, wie die deutschen Frontkommandeure 1917 bei Cambrai, als im Morgennebel des 20. Novembers plötzlich die noch nie gesehenen Stahlkolosse der englischen Tanks auf die deutschen Linien zurollten.

Ich war nicht nur überrascht, sondern beleidigt. Das war einfach gemein! Ich mußte aber zugeben, daß Überraschung der beste Teil der Kriegskunst ist, und mußte mir etwas einfallen lassen, um mich zu verteidigen, während Gert mit den konventionellen Schreibfedern meine schutzlosen Soldaten aufspießte. Ich fand einen vierkantigen Eisenstab, etwa 20 Zentimeter lang und zwei Zentimeter im Durchmesser, und schmetterte ihn mit aller Kraft auf die Blechtanks, die davon immerhin verbeult, manchmal auch durchschlagen wurden. Es verstand sich von selbst, daß Gert das Geschoß dann seinerseits zurückwerfen durfte.

Die Tanks rückten immer weiter vor, und meine Truppen wurden dezimiert, und jetzt erst baute Gert seine Infanterie auf, die im Schutze der Tanks vorrückte, denn um zu siegen, mußte er ja auch mein Territorium erobern.

Mich packte die Wut, und ich bat um eine Gefechtspause. Ich rannte in die Wohnung und holte meine spiritusgetränkten „Handgranaten."

Die Schlacht tobte. Die Staubwolken waren so dicht, daß wir die Ziele kaum erkennen konnten und ständig husten mußten. Dazwischen sah man die Feuerchen der „Handgranaten".

Um die Geschichte abzuschließen: Wir haben keine Staubexplosion zustande gebracht, und es gelang uns auch nicht, das vierstöckige Haus, Große Karrisstraße 4, in Brand zu setzen, was fast ein Wunder war. Es gelang übrigens auch den Bomben des Herbstes 1944 nicht. Das Haus steht heute noch.

Staat spielen

Angefangen hatte es mit dem Ausschneiden von Papiersoldaten in Wesenberg. Dann begann ein „Staat" zu entstehen, als ich meine Papiersoldaten nicht mehr als mein Heer bezeichnete, sondern als das deutsche Heer. Ich fing an, den flachen Papierfiguren Uniformen aufzuzeichnen und sie sogar zu bemalen, so sorgfältig es mir möglich war und so genau wie ich die Abbildungen deutscher Soldaten, einschließlich der Rangabzeichen der Offiziere, kopieren konnte. Dann brauchte ich ein Staatsoberhaupt, bzw. es fiel mir ein, daß ich es brauchte, als ich in einer Zeitschrift, die auf Kunstdruckpapier hergestellt war, die Abbildung eines älteren Herrn im Frack mit weißem Haar und weißem Vollbart sah. Den schnitt ich aus und machte ihn zum Kaiser meines Staates.

Meine Mutter ließ sich per Post aus Deutschland Probehefte aller Zeitschriften kommen, die irgendwo angeboten wurden. Das ging von der „Woche" und „Koralle" bis zur „Eleganten Dame". Sie hortete diese Zeitschriften, und es war sehr schwierig, ihr einen Kaiser oder ein Auto für den Kaiser zu stibitzen, ohne daß sie es merkte.

Die ausgeschnittenen Personen oder Gegenstände mußten in der Größe zueinander passen. Meine Menschen waren ungefähr zehn Zentimeter groß. Riesen und Zwerge, die von diesem Mittelmaß abwichen, waren die Ausnahme.

Als Mama meine Freude an den Ausgeschnittenen entdeckte und die Phantasie sah, die ich bei meinem Spiel entwickelte, trat sie mir ganze Hefte ihrer Sammlung zum Zerschneiden ab. Als Gegenleistung führte ich ihr dann vor, welche Rolle die Ausgeschnittenen in meinem „Staat" spielten.

Lange blieb der „Staat" ein Nebenprodukt der Armee. Mit anderen Jungs konnte ich nur Staat spielen, indem unsere Truppen Krieg gegeneinander führten. Die Wandlung kam durch ein Geschenk. Ich bekam zum Geburtstag einen Bogen Papiersoldaten. Kartonsoldaten müßte man eigentlich sagen, denn der Bogen war aus so festem Material, daß man die Soldaten hinstellen konnte, wenn man die vorgedruckten breiten Fußstützen umklappte. Das paßte gar nicht zu meinem Staat, in dem ja alles flach lag. Die Fußstützen konnte ich abschneiden und die Soldaten damit ihrer Umgebung anpassen, das Problem war ein anderes. Die Soldaten waren zu schön.

Es waren Kürassiere in roten Uniformen unter dem Brustpanzer, dem silbernen Küraß.

Sie hatten silberne Helme mit roten Roßschweifen, sie waren viel zu schade, um in eine Vernichtungsschlacht geschickt zu werden, wie Gert Sander sie mir gerade geliefert hatte. So wurde durch meine Erwägung, daß man seine besten Landeskinder nicht verheizen lassen darf, ein „Staat des Friedens" geboren. Schade, daß wirkliche Staatslenker nicht so logisch denken wie ein Dreizehnjähriger.

Fortan begann ich, Bilder auszuschneiden oder mir selbst zu malen, die möglichst alles darstellten, was es meiner Meinung nach in einem Gemeinwesen geben mußte: vor allem Frauen, die bisher ganz gefehlt hatten, aber dann auch Schlösser, Rathäuser, Fabriken, Schulen, Bahnhöfe, Eisenbahnen, Schiffe, Autos . . . Bei Gebäuden, und erst recht bei Stadtansichten, mußte die Größe natürlich nicht der Größe der Menschen entsprechen, denn das war ja alles aus der Ferne gesehen, aber ein Auto mußte schon zu den Menschen passen.

Nun hatten die Fotos, die ich ausschnitt, ja auch Bildunterschriften, und da stand dann nicht einfach: „Das Schloß", sondern: „Das Königsberger Schloß". Dieses Bild klebte ich auf eine Zigarettenschachtel, die bei uns tatsächlich Schachteln aus Pappe mit festen Wänden waren. In diese Schachtel kam nun alles, was mit Königsberg zu tun hatte. Den Namen der Stadt schrieb ich auf die Seite der Schachtel, so daß ich ihn auch im Stapel finden konnte. Große Städte brauchten bald mehrere Schachteln, und dann enthielt eine z. B. nur noch das Berliner Schloß und darin den Kaiser, die Hofleute, die Garde, z. B. meine kostbaren Kürassiere und vielleicht noch das Foto eines Prunkraums.

Im Sommer 1932 wurden neben der Nikolaikirche in Reval Ausgrabungen vorgenommen. Ich war zufällig dabei, als die Arbeiter auf ein Pestgrab aus dem 16. Jahrhundert stießen. Eine ganze Grube voll dunkelbrauner Schädel, Becken-, Arm- und Beinknochen. Die Schädel weckten meine Begehrlichkeit. Als die Arbeiter Mittagspause machten, ließ ich einen unter meinem Hemd verschwinden und zog mit Unschuldsmiene ab.

Aber wohin mit dem braunen Prunkstück? In der Wohnung hätte es Mama nicht geduldet, auch nach stundenlangem Auskochen nicht. Ich durchstöberte den Keller nach einem Versteck und stieß dabei auf eine Schatzkammer. In einem Verschlag lagen Hunderte bildschöner rotbrauner Blechkisten mit Goldbeschriftung. Der Verschlag war zwar verschlossen, aber die Bretter waren so lose, daß ich mich hindurchzwängen konnte.

Im Erdgeschoß unseres Hauses in der Großen Karristraße lag das Café Heinemann mit eigener Pralinenherstellung, und für die Pralinen waren die schönen Schachteln bestimmt. Es waren so viele, daß es auf ein paar weniger nicht ankam. In der Hoffnung, daß die Heinemann-Leute die Schachteln von vorne nehmen würden, grub ich mir hinten eine Höhlung, in die mein Beute-Schädel paßte, und nahm die Schachteln, die nun keinen Platz mehr hatten, mit. Zum Glück fragte mich Mama, die ein Faible für schöne Dosen und Schachteln hatte, nicht, wie ich zu ihnen gekommen war.

In diese Pralinenkästen kamen nun die wichtigsten und umfangreichsten Teile meines Staates, wie etwa Berlin. Und dann kam mir der Gedanke, daß die Schachteln ja nicht willkürlich gestapelt werden dürften, sondern in ihrer geographischen Ordnung. Und so stapelte ich sie also in ein Regal: Hamburg nach oben, München nach unten, Königsberg nach rechts, Köln nach links und Berlin in die Mitte. Andere Städte und Landschaften, die dank des Zufalls, daß ich gerade den Dom zu Speyer zum Ausschneiden fand, auftauchten, wurden entsprechend eingeordnet. Ich lernte viel über Deutschland.

Im Grunde brauchte ich keine Spielgefährten. Mit „Staat"-Spielen konnte ich mich stundenlang allein beschäftigen, aber lieber war es mir doch, meinen Kaiser bei einem anderen einen Staatsbesuch machen zu lassen oder die Minister zu internationalen Konferenzen zusammenzubringen. Wenn ich einzelnen Freunden die Einrichtungen meines Staates zeigte, erweckte ich bei ihnen durchaus Interesse und Bereitschaft, ebenfalls einen Staat zu gründen. Die Sache hatte nur einen Haken: Deutschland gab es schon, das war ich, und es war nicht leicht, Begeisterung für Frankreich oder England anzufachen, und da gab es ja auch viel weniger zum Ausschneiden.

Ein Staat braucht natürlich auch Geld. Ich hätte Geldscheine zeichnen oder malen und mit einem bestimmten Wert auszeichnen können. Nur wäre es fraglich gewesen, ob diese Werte im „Außenhandel" anerkannt worden wären.

Also führte ich die Silberwährung ein. Ich drückte ein Stückchen Stanniolpapier zu einer festen Kugel zusammen und schlug mit dem Hammer darauf. So entstand eine runde „Münze". Da Stanniol knetbar ist, konnte man die Ränder glattdrücken, notfalls auch beschneiden.

St. Nikolai zu Reval.

Damit jeder wußte, daß es das Geld meines Staates war, mußte es geprägt werden. Auf den Zündhütchen leerer Patronenhülsen gab es ein Firmenzeichen. Mit einem zweiten Hammerschlag bekamen die Münzen ihre Prägung.

Dann tauchte eine Schwierigkeit auf, die alle wirklichen Staaten in ihrer Geschichte auch einmal bewältigen mußten: Volumen und Gewicht des Silbergeldes waren hinderlich, wenn es sich um Transaktionen mit größeren Summen handelte. In der Hansestadt Hamburg war z. B. 1619 eigens zur Lösung dieses Problems eine Bank gegründet worden. Die Kaufleute lagerten ihr Silber in der Bank (Mark Banco) und bekamen dafür schriftliche Bestätigungen, die so gut wie Geld waren (Mark Courant).

Ich überredete meine Mitspieler zur Einführung des „Silberstandards". Wenn ich etwa von Gert Sander ein Auto kaufen wollte, gab ich ihm ein unterschriebenes Papier, auf dem der Preis stand. Er durfte sich jederzeit davon überzeugen, daß die entsprechende Silbermenge auch tatsächlich in meiner „Bank" vorhanden war (Deckung), und, wenn er wollte, konnte er auch Zahlung in Silber verlangen.

Und noch eines: Wechselkursprobleme hatten wir nicht, denn ich hatte mit den anderen vereinbart, daß das Stanniolblatt zur Herstellung einer Münze immer drei mal drei Zentimeter groß sein mußte. Wenn einer dickeres Stanniol hatte und deshalb vielleicht ein bißchen weniger nahm, fiel das nicht auf. Notfalls hätte man ja mit einer Apothekerwaage die Gewichte vergleichen können. Die Mark war im Mittelalter ein Silber-Münz-Gewicht, aber das wußte ich damals noch nicht.

Ich habe noch sehr lange „Staat" gespielt, mindestens noch bis fünfzehn, und wann und wie ich aufhörte, weiß ich ebensowenig, wie ich weiß, wann ich aufhörte, den Zeigefinger zu lutschen.

RDOR –
Revaler Deutsche Oberrealschule

Wir waren also nach den Sommerferien 1931 nach Reval umgezogen. Vor Beginn des Wintersemesters stellten mich meine Eltern Arthur Spreckelsen, dem Direktor der RDOR, vor. Während er uns allerhand Fragen stellte, strich er sich den Spitzbart. Wegen dieses Bartes nannten ihn die Schüler „Kits", was auf estnisch Ziege heißt.

Er muß schon sehr alt gewesen sein, denn erstens ging er schon ein Jahr nach meinem Schuleintritt in Pension und zweitens zeigt ihn das einzige Foto, das ich von ihm auftreiben konnte, auch nicht mehr ganz jung im Jahre 1918. Es ist ein historisches Foto. Es zeigt ihn bei der Rede, in der er dagegen protestierte, daß der Unterricht fortan in Estnisch abgehalten werden sollte, und in der er alle Schüler aufforderte, die an einer deutschen Schule bleiben wollten, sich in eine Liste einzutragen.

„Seine" Schule war 1881 von der Revaler Kaufmannschaft gestiftet worden. Im Gegensatz zu den zwei anderen Gymnasien der Stadt, der 1319 gegründeten Ritter- und Domschule und dem Gouvernementsgymnasium, sollte die Petri-Realschule (benannt zu Ehren des 200. Geburtstages Zar Peters des Großen), einen naturwissenschaftlich-mathematischen und einen kaufmännischen Zweig haben.

Die Petri-Realschule bekam das erste in Reval eigens als Schulhaus errichtete Gebäude.

Deutsch war an allen Gymnasien Unterrichtssprache. Erst 1887 entstand das russische Alexander-Gymnasium für die Söhne der Beamtenschaft. Im selben Jahr begann aber auch die allgemeine Russifizierung ohne Rücksicht darauf, ob und wieweit Lehrer und Schüler der Staatssprache mächtig waren.

Die Petri-Realschule konnte sich noch bis 1891 erfolgreich wehren, dann aber wurde auch in ihr Russisch nicht nur Unterrichts-, sondern auch Umgangssprache. Wer in der Schule dabei ertappt wurde, deutsch oder estnisch zu sprechen, erhielt einen strengen Verweis. Während des

Ersten Weltkrieges war es auch außerhalb der Schule verboten, in der Öffentlichkeit deutsch zu sprechen.

1918 wurde Estland von deutschen Truppen besetzt. Sie führten die preußische Schulordnung für Real- und Oberrealschulen ein und nannten die Petri-Realschule Oberrealschule. Nach Gründung des estnischen Freistaates (Proklamation 24. 2. 1918) wurde die Oberrealschule in ein estnisches und ein deutsches Realgymnasium geteilt. 1929 bekam die deutsche Schule ein eigenes Gebäude und nannte sich jetzt Revaler Deutsche Oberrealschule. (Die offizielle estnische Bezeichnung hieß: Städtische Deutsche Mittelschule und Knaben-Realgymnasium.)

Als die Schule 1881 gegründet worden war, gab es in Reval noch 13 000 Deutsche, 27,8 Prozent der Bevölkerung. Jetzt war ihre Zahl auf 6575 zusammengeschmolzen, und das waren nur 4,8 Prozent der 137 792 Einwohner (Zahlen von 1934). Aber dank der Tradition und auch der großzügigen estnischen Minderheiten-Gesetze hatten diese sechseinhalbtausend Menschen 1931 vier deutsche Gymnasien, zwei für Jungen, zwei für Mädchen, und eine Handelsoberschule.

Das estnische Staatsvolk leistete sich auch nur vier Gymnasien in Reval, die aber an Schülerzahl natürlich viel größer waren als die deutschen mit ihren knapp je 300 Schülern.

Bildung hatte in Estland, wie man heute sagen würde, einen hohen gesellschaftlichen Stellenwert. Außer den estnischen und deutschen und einem kleineren russischen Gymnasium gab es in den Dreißigern noch ein English College und ein Lycée Française mit entsprechender Unterrichtssprache und getragen vom British Council bzw. der Alliance Française.

Daß meine Eltern gar nicht erwogen, mich auf die private Ritter- und Domschule zu schicken, verstand sich von selbst. Das war die Schule der „alten Familien", auch wenn sie nicht adlig waren.

Jedes Gymnasium hatte eine eigene Schülermütze. Zu Zeiten der Petri-Realschule hatte es noch Schuluniformen

Reval. Blick auf Altstadt und den Domberg.

gegeben: Schwarze Jacke mit goldenen Knöpfen. Das estnische Realgymnasium übernahm Schwarzgold als Müt-
zenfarben. Da die Schulfahne der Petri-Realschule, die auf
die RDOR übergegangen war, den rotweißen Danebrog
zeigte, sollte die Schulmütze rot mit weißen Streifen werden, das ging aber 1919 nicht, denn Rot galt als revoluti-
onsverdächtig, und so entschied man sich für ein ganz un-
verbindliches Grünweiß.

Das erste und wichtigste für den neugebackenen Real-
schüler war es, die Schülermütze zu kaufen. Ehrlich gesagt,
ich hatte sie schon mit, in Mamas Handtasche versteckt, als
ich zur Vorstellung ging, und kaum hatte „Kits" mich mit
Handschlag aufgenommen, setzte ich sie mir auf. Sie war
noch ganz neu und hatte leuchtende Farben. Daß sie so
nicht sein durfte, erfuhr ich schon in den ersten Schultagen.
Die Schülermütze mußte alt aussehen und sich lappig der
Kopfform anpassen, eine Seite keß heruntergezogen. Das

RDOR: Revaler Deutsche Oberrealschule.

erreichte man, indem man sie für ein paar Stunden ins Wasser legte und dann mindestens einen Tag in der Sonne ausbleichen ließ.

Das zweite große Fest für die Schulanfänger war das Einkaufen von Schreibmaterial und Büchern. In dem großen Schreibwarengeschäft gegenüber dem Deutschen Theater gab es einen Anspitzer in Globusform oder einen besonders hübschen Bleistift als Zugabe. Die Bücher konnte man von den älteren Schülern kaufen, aber das machte natürlich nicht halb so viel Spaß, wie sie nagelneu in den deutschen Buchhandlungen Kluge & Ströhm oder Wassermann in der Langstraße zu besorgen. Ich log unverschämt, daß ausgerechnet das Buch, das ich brauchte, auf dem Binnenmarkt der Schule nicht mehr zu haben gewesen sei, und meine Eltern mußten tief in die Tasche greifen.

Unvergessene Lehrer

Direktor Spreckelsen war seit 1891, seit 40 Jahren, Lehrer an dieser Schule bzw. ihrer Vorgängerin gewesen, davon 14 als Direktor. Das muß man sich vorstellen, vor allem, wenn man selbst erst 13 ist. Als Geschichtslehrer habe ich ihn nicht mehr erlebt.

Sein Nachfolger als Direktor wurde Jacob Hansen. Ich hatte ihn als Physiklehrer, und als solcher blieb er für mich Vertreter einer fernen unverständlichen Welt, aber als Direktor erschien er auch mir ein Inbegriff von Korrektheit und Gerechtigkeit.

In meiner Schulzeit waren wir keinen Experimenten ausgesetzt, es wurden nicht ständig neue Schulformen ausprobiert, es tummelten sich keine Sozio- oder Politologen, keine Sozial- oder Sexualpädagogen an der Schule. Von Schulstreß sprach niemand. Als 1938 erstmalig ein Psychologe (v. Hippius) eine Berufseignungsprüfung mit allen Schülern veranstaltete, machten wir die Testspiele gern mit, aber kein Schüler hatte das Gefühl, nun besser zu wissen, was er einmal werden sollte.

Inspektor, das hieß bei uns Stellvertreter des Direktors, war Dr. Karl Steinberg. Er lehrte die mir ebenfalls unerreichbare Mathematik samt ihren Nebenzweigen. Ich erinnere mich wenig daran, um so mehr aber an seine Eigenheiten, die sich über Jahre gleichblieben.

Er kam in die Klasse, trat zu einem der zur Begrüßung noch ehrerbietig stehenden Schüler, senkte ihm den Daumen in die Schlüsselbeingrube und fragte „16 mal 21?" oder „19 mal 13?". Wenn der Schüler nicht gleich zu antworten wußte, drückte Steinberg fester zu, und wenn auch dann keine Antwort kam, gab es eine Kopfnuß mit dem Radiergummi. So hieß ein schmerzhaftes Hochziehen des Radiergummis vom Nackenende bis zum Hinterkopf, wobei alle Haare kräftig gezerrt wurden.

„17 mal 18 ist 306." Das weiß ich heute noch, aber keineswegs kannte ich das ganze große Einmaleins. Eine Steigerung der Strafe, auch bei anderen Vergehen, hieß „Geist

Lehrer: Steinberg, Hansen, Bresinsky.

des Glaubens", zwei, drei oder auch alle sechs Strophen des Chorals. Ich kannte alle sechs auswendig, wie ich auch den Anfang der Odyssee (in deutschen Hexametern) ohne zu Stocken hersagen konnte.

Mein erster Klassenlehrer war Alexander Fuchs, Fachlehrer für Chemie, Biologie und Naturkunde. Die Erinnerung an ihn hat drei Teile, die zum Unterricht selbst gar nicht gehören.

Erstens: Jägerlatein, Geschichten, die er von seinem Vater, der Förster im Litauischen gewesen war, gehört oder angeblich als kleiner Junge selbst miterlebt hatte. Beispiel: Vater Fuchs reitet durch die finstere Winternacht. Er merkt, daß er von Wölfen verfolgt wird. Eine Weile reitet er bei Schneetreiben weiter, dann hält er es für sicherer, stehenzubleiben und die Wölfe durch ständiges Schreien und Fuchteln fernzuhalten. Als es Tag wird, merkt er, daß Pferd und Reiter die ganze Nacht vor der eigenen Stalltür gestanden haben.

Zweitens: seine Drohsprüche: „Wie man in den Wald ruft, so hallt es wider!" –„Du sägst an dem Ast, auf dem du sitzt!" – „Das Netz zieht sich zusammen, mein Sohn!"

Drittens: die Winke fürs Leben, denen die letzten zehn Minuten jeder Unterrichtsstunde vorbehalten waren. Diese Winke waren oft sehr beherzigenswert, wie zum Beispiel: „Ehe Sie sich verloben, machen Sie mit Ihrer Auserkorenen eine Segelpartie bei Sturm, mindestens 24 Stunden. Wenn Sie sie danach noch haben wollen, dann ist sie die Richtige." Winke fürs Leben gab er manchmal aber auch außerhalb der vorgesehenen zehn Minuten, z. B. als er einmal im Labor darauf aufmerksam machen wollte, daß der Versuch nicht ganz ungefährlich sei: „Also, meine Herren, immer die Hand vor Augen und ein Gummi in der Tasche haben. Man weiß nie, was einem passiert."

Dr. Paul Wilhelm Thomson hatte zwei Dinge mit Alexander Fuchs gemeinsam: die Unterrichtsfächer und die Bereitschaft, sich am Ende der Stunde mit uns zu unterhalten. Wir nutzten das schamlos aus, wenn wir den Unterricht abkürzen wollten. Er merkte es gar nicht, wenn jemand zum zehnten Mal die Frage stellte, welche Skibindung wohl die beste sei. Er beantwortete aber auch kompliziertere Fragen. Ich fragte einmal, warum es angenehmer sei, ein Mädchen zu berühren als meinen Banknachbarn. Die Antwort war naturwissenschaftlich.

Früher hatte man ihn einfallslos „Tommy" genannt, später bürgerte sich das liebevollere „Onkel Paul" ein. Onkel Paul war ein Wissenschaftler mit Leib und Seele. Als Gastprofessor hielt er Vorlesungen über Paläontologie (Wissenschaft von den Lebewesen vergangener Erdzeitalter) an der Universität Königsberg, hielt Vorträge vor verschiedenen gelehrten Gesellschaften in Reval, Dorpat oder auch in Deutschland, war als Lehrer auch noch am Mädchengymnasium tätig. Er wirkte immer übermüdet und war es wohl auch. Es kam vor, daß er im Unterricht einnickte. Niemand störte ihn. Wenn er aus seinem Kurzschlaf erwachte, aber auch manchmal ganz unvermittelt, rieb er sich heftig das Gesicht und wußte nicht so recht, wo er war. Dann aber faßte er sich, verlangte nach meinem Mitteilungsheft und schrieb hinein: „Werg beschäftigt sich ostentativ mit Nebendingen."

Edgar von Wahl war in seiner Jugend zaristischer Marineoffizier gewesen und als solcher weit in der Welt herumgekommen. 1892, zur 400-Jahr-Feier der Entdeckung Amerikas, war er mit seinem Schiff sogar in New York gewesen. Seine Hauptfächer waren dementsprechend Geographie und Kosmographie (Weltbeschreibung), aber auch Physik, Mathematik und Zeichnen.

Bei Klassenarbeiten tat er, als läse er Zeitung. Er hatte aber ein Loch ins Papier gebohrt und beobachtete genau, oft mit zwei Brillen übereinander, ob jemand „spickte" (abschrieb). Daß alle Schüler diesen Trick kannten, half uns gar nichts, denn durch die Zeitung konnte man nicht sehen, auf wen sein Blick gerichtet war.

Edgar von Wahl hatte eine Weltsprache erfunden: das Occidental. Man findet dieses Stichwort noch heute in größeren Konversationslexika, und es gab Philologen, die dem Occidental eine größere Logik und bessere Erlernbarkeit zuschrieben als dem Esperanto, aber von Wahl hatte keine Lobby im Völkerbund.

Er ist 1939 nicht umgesiedelt. Seine eigenwillige Begründung: „Der Hitler ist verrückt. Überall, wo er einmarschiert, verbietet er meine Sprache." Von Wahl soll den Tod seiner Frau und die schlimmen Zeiten, die über das Baltikum hereinbrachen, nicht ertragen haben und in geistiger Umnachtung aus dem Leben geschieden sein.

Mein nächster Klassenlehrer war Bruno Hamann (Geschichte, Bürgerkunde, Deutsch, Latein). In Geschichte war ich ein guter Schüler, und Hamann nahm es mir nicht übel, wenn ich mich mit ihm heftig über die Frage erzürnte, ob jener Karl (768–814) als „der Große" oder als „der Sachsenschlächter" zu sehen sei.

Reichsdeutsche Geschichtsbücher durften nicht benutzt werden, so verlor Hamann viel Zeit damit, den ganzen Unterrichtsstoff zu diktieren. Er holte die Zeit in Deutsch ein, indem er Schillers „Glocke" (wir lernten sie

Im Lehrerzimmer. Stehend Otto Hoffmann.

noch vollständig auswendig) nach der Stoppuhr aufsagen ließ.

Unvergeßlich bleibt mir aus der Bürgerkunde die Art, wie er uns erklärte, daß die Republik Estland der einzige Staat der Welt sei, in dem die Verfassung jedem Bürger garantiert, seine Nationalität selber bestimmen zu können: „Wenn Sie wollen, können Sie Chinese sein." Als es in alter Geschichte um das Wahlalter in Sparta ging, das 30 Jahre betrug, fügte er hinzu, „damit niemand Wahlstimmen kaufen konnte, indem er seinen Wählern Bonbons versprach."

Als wir älter wurden, erschien uns diese einprägsame Methode albern, und wir haben ihn sehr beleidigt, wenn es nach solch einer Bemerkung totenstill in der Klasse wurde und jemand fragte: „Sollte das ein Witz sein?", worauf alle in verkrampftes Gelächter ausbrachen. Es war nicht fair, aber mischen sich in Lehrergeschichten, die von Schülern erzählt werden, nicht immer ein bißchen Triumph mit Hochachtung und Verehrung? Hamann genoß viel Verehrung.

Julie Jasykowa, die Englischlehrerin, war eine Respektsperson. Sie kam nie anders als in schwarzem Kleid in die Klasse. Daß wir sie „Julla" nannten, war schon der Gipfel der Dreistigkeit ihr gegenüber, und wahrscheinlich hat sie nie gehört, daß sie überhaupt einen Spitznamen hatte. Sie hatte das Smolny-Institut in St. Petersburg absolviert, wo zur Zarenzeit die Töchter der russischen Oberschicht erzogen wurden. Sie hielt sich stets kerzengerade, war hochgeschlossen, korrekt dunkel angezogen, sprach leise, aber bestimmt, und daß sie mit einem männlichen Kollegen angeblich in den Ferien gemeinsam verreiste, wagte man kaum zu flüstern.

Ihre Nachfolgerin in Englisch war ein ganz anderer Typ. Charlotte Bresinsky war korpulent, mütterlich, ohne viel Bedacht auf ihre Kleidung, freundlich und daher auch durch die grausamen Schüler angreifbar.

Einmal hatten wir versäumt, das Skelett, das wir im Biologieunterricht gebraucht hatten, während der Pause ins Naturkundezimmer zurückzubringen. Als es läutete, stellten wir es schnell in den Klassenschrank. Frau Bresinsky setzte sich ans Katheder und wunderte sich über die Stille in der Klasse: Wir hatten nichts verabredet, aber plötzlich kannte jeder seine Rolle für das böse Spiel. Wir starrten auf den Klassenschrank. Frau Bresinsky folgte unseren Blicken und wollte wissen, was sich im Klassenschrank verberge. Sie bekam keine Antwort. Vielleicht hatten wir Tertianer ja einen kleinen Sextaner eingesperrt? Sie befahl einem Schüler, den Schrank zu öffnen. Der druckste herum, tat es aber nicht. Mit anderen hatte sie ebensowenig Glück. Schließlich riß sie selbst die Tür auf, und das Skelett fiel ihr in die Arme.

Leicht hatten es die Lehrer auch vor einem halben Jahrhundert nicht mit „Teenagern". Die Estnischlehrerin Helene Patrick hatte mal wieder allen Grund, einen von uns aus der Klasse zu weisen. Aber der ging nicht, blieb einfach sitzen und ließ sich von der Patrick auch nicht von seinem Sitz ziehen. Die arme Frau versuchte in ihrer Verzweiflung, den Delinquenten mitsamt seiner Pultbank aus der Klasse zu ziehen und zu schieben, was wir mit Freudengeheul begleiteten. Direktor Hansen kam hereingeeilt und las uns gehörig die Leviten. Eine Delegation mußte am Nachmittag zu Frau Patrick in die Wohnung gehen und mit einem Blumenstrauß um Vergebung bitten.

Zu Beginn jedes Semesters suchte Musiklehrer Walter Sewigh, im Hauptberuf Organist und Dirigent, sich einen Schulchor zusammen. Die Ausgesuchten hatten jede Woche zwei zusätzliche Stunden Chorgesang, und da wollte ich nicht dazugehören. Beim Vorsingen bzw. beim Nachsingen einzelner auf dem Flügel angeschlagener Töne „konnte" ich keinen einzigen Ton richtig treffen. Es war wirklich unverschämt. Natürlich wußte Sewigh, daß man so falsch gar nicht singen konnte, aber er entschied weise, daß ein Schüler, der keine Liebe zur Musik mitbringt, nicht in seinen Chor paßte.

Zu den jüngeren Lehrern gehörte Axel Plath (genannt Aki). Es imponierte uns gewaltig, wenn er während der Turnstunde in die Halle kam und im Straßenanzug einen

Handstand auf dem Barren machte. Aki unterrichtete Deutsch und Kunst.

Er gab sich alle Mühe, uns Bühnendeutsch beizubringen, was unserer baltischen Sprechweise nicht leichtfiel. Mit Pathos deklamierte Heinz Pielbusch (nach dem Krieg wurde er Schauspieler am Theater in Saarbrücken) „Oooo Määdchen, main Määdchen, wie lieb ich dich . . ." Aki fand das gut, aber man konnte es auch übertreiben. Ein Klassenkamerad bekam eine Rüge in Akis Notizbuch, als er sich so entschuldigte: „Ich habe maine Aufgabe laider nicht machen können, diewail ich laidend darniederlag."

Plath hat uns nicht nur die Klassiker nahegebracht, wie es im Lehrplan stand, sondern uns methodisch arbeiten gelehrt. Die Semesterarbeiten in Deutsch, deren Themen sich jeder selbst wählen konnte, waren Vorübungen zum Bücherschreiben, und Aki verdanke ich es, daß ich auch als Journalist keinen großen Artikel angefangen habe, ohne mir vorher einen Plan (Exposé) zu machen.

Wir mußten ein Heft führen, in dem wir über „Gelesene Bücher" referierten. Das zwang zum Überdenken, Begreifen und Werten des Gelesenen.

Ich erinnere mich an zwei typische Aufsatzthemen.

1. Kants „Kategorischer Imperativ" („Handle so, daß die Maxime deines Willens jederzeit zugleich als Prinzip einer allgemeinen Gesetzgebung gelten könnte.")

2. Fichte: „Und handeln sollst du so, als hinge von dir und deinem Tun allein das Schicksal ab der deutschen Dinge, und die Verantwortung wär' dein."

Ich würde meine Aufsätze gerne heute lesen, oder auch lieber nicht. Vielleicht würden sie mir heute zu phrasenreich erscheinen. Nach Plaths Meinung müssen sie gut gewesen sein, so gut, daß ich seit etwa 1936 beim Aktus zum Abschluß des Schuljahres einen Buchpreis für gute Leistungen im Deutschen überreicht bekam, selbst dann, wenn ich bei der Verlesung der Versetzten (in alphabetischer Reihenfolge) zittern mußte, ob ich dabei war – oder auch nicht.

Aber das will nicht sehr viel heißen, die Denkungsweise

war durch meine außerschulische Lektüre ja vorgegeben. „Goethe und wir", „Schiller und wir" hießen die Schriften, die mich indoktrinierten, was gut zu nennen sei.

Axel Plath hatte immer Ideen. Als die städtische Müllabfuhr die Schneemassen von den Straßen auf unserem Schulhof ablud, übernahm er die künstlerische Leitung für den Bau der ägyptischen Kolosse Sphinx und Memnon. Die Sphinx wurde sechs Meter lang und drei breit, der Memnon acht Meter hoch. Fotos dieser Kunstwerke erschienen in der Lokalpresse, nicht nur in der deutschen Zeitung.

Feste, Sport und anderes

Höhepunkte des Jahres waren die zwei Schulfeste im Frühling und im Spätherbst. Da wurden alle Räume dekoriert, die Turnhalle, die auch als Aula diente, wurde zum Tanzsaal. In einigen Klassenzimmern waren Buffets aufgebaut, mit Kuchen und leckeren Sakuski (Häppchen), zu denen allerdings der Wodka fehlte. Alkohol gab es nicht, statt dessen „kljukva" (Kronsbeerensaft). In anderen Klassenräumen standen Tische und Stühle zum Unterhalten und Ausruhen, vorwiegend von den Eltern benutzt, während die Schüler mit ihren Mädchen auf den Fluren lustwandelten.

Für die Vorbereitung war ein Festkomitee zuständig. Man erkannte die Mitglieder an den grünweißen Bändern, die sie an den Revers ihrer dunkelblauen Konfirmationsanzüge trugen.

Jeder Schüler durfte die Eltern und ein Mädchen einladen. Die Listen wurden beim Festkomitee eingereicht. Es bürgte dafür, daß nur ehrenwerte Damen eingeladen wurden. Bei den Schülerinnen der deutschen Gymnasien wurde nicht weiter geprüft. Andere brauchten einen Fürsprecher beim Direktor, der die Einladungsliste abzeichnete. Als ich im Frühjahr 1939 ein Festkomitee präsentierte, strich ich eigenmächtig alle nichtdeutschen Mädchen von der Liste. Ob dieser Eigenmächtigkeit wurde das ganze Festkomitee von der Schule verwiesen. Zum Glück wurde dieser Rausschmiß nach wenigen Tagen rückgängig gemacht. Aber für den Bestand der Schule war er wohl politisch notwendig gewesen.

Mein Motiv war die simple Maxime gewesen: „Mit estnischen Mädchen geht man nicht!" Also konnte man sie ja auch ohne Debatte vom Schulfest fernhalten.

„Man" ging wirklich nicht mit estnischen Mädchen, aber einige taten es doch, und es gab auch Dramen, die vielleicht deshalb noch tragischere Formen annahmen, weil die Partner sich näher gekommen waren, als das bei den Jugendlichen unserer Volksgruppe üblich war.

Klassenkamerad Eugen Bankmann, 17 Jahre alt, erschoß sich, weil sein estnisches Mädchen ihn verlassen hatte. Offiziell hieß es, er habe mit Vaters Pistole hantiert, von der er nicht wußte, daß sie geladen war. Er sollte ja schließlich ein christliches Begräbnis haben. Mit der Schülermütze auf dem Kopf hielten wir zweimal 24 Stunden Totenwache. Das Mädchen kam zur Beerdigung und weinte, wie es sich gehörte.

Zurück in den Tanzsaal. Ein gemietetes Orchester spielte, was gerade modern war: „Regentropfen", „Tango Violetta", „Penny Serenade" usw.

Es gab kein Fest ohne den Tourenwalzer. Das war eine fröhliche, wilde und sehr anstrengende Polonaise, immer wieder unterbrochen durch Walzereinlagen, mindestens eine halbe Stunde lang, die durch alle Räume führte und an deren Ende eine größere Pause fällig war. Man brauchte einen „maître de plaisir" dazu, der sie anführte – auf französisch natürlich. Erst später, als ich auch darin die Führung übernommen hatte, führte ich mit deutschen Kommandos, und die alten Herrschaften fügten sich, als gehöre auch das unvermeidlich zur neuen Zeit.

Das Schulfest im Frühling hieß auch Abiturientenfest, es war der Abschied der Oberprimaner von der Schule. Die Unterprimaner dichteten auf jeden der Abgänger ein Cou-

Reval. Domkirche, Kirchenschiff.

plet auf irgendeine gängige Melodie. Als meine Klasse an der Reihe war, das Abiturientenfest auszurichten, glaubte ich, etwas Neues machen zu müssen. Ich faßte die Texte zum Manuskript einer Rundfunksendung zusammen, und möglichst allen Texten waren Wilhelm-Busch-Verse, ergänzt durch eine Goethe-Faust-Zeile, zugrunde gelegt. (1938 hatte Wilhelm Busch 30. Todestag.)

Zum Herbstfest gab es eine Theateraufführung. Ein ehemaliger Schauspieler des Deutschen Theaters führte Regie, unterstützt von den Deutschlehrern Plath und Hamann. Die jüngeren Lehrer übernahmen manchmal die Hauptrollen. Die weiblichen Rollen waren bis 1937 auch von Schülern gespielt worden, dann wurden Schülerinnen des Mädchengymnasiums „ausgeliehen". Gespielt wurde z. B.: 1935 Die „Räuber" (Schiller), 1936 „Wallensteins Lager" (Schiller), 1937 „Egmont" (Goethe), 1938 „Wilhelm Tell" (Schiller), nach dem Schulfest am Deutschen Theater öffentlich wiederholt, und 1939 „Götz von Berlichingen" (Goethe).

Lange hatten sich die Lehrer überlegt, wie man die Peinlichkeit der berühmten Szene im dritten Akt mildern könnte. Schließlich war die Lösung gefunden. Wenn Götz (Klassenkamerad Leo Krupp) ans Fenster tritt, um seinen klassischen Satz hinauszuschleudern, sollte hinter der Bühne so lauter Trommelwirbel aufbrausen, daß die Worte darin untergingen. So war dem Dichter genüge getan, ohne das Publikum zu schockieren. Bei der Generalprobe (mit Publikum) war es den Trommlern, die nichts anderes zu tun hatten, als auf ihren Einsatz zu warten, zu langweilig geworden, und sie benutzten die Kalbfelle der Landsknechtstrommeln als Unterlage für ein Kartenspiel – und verpaßten das Stichwort. Leo trat ans Fenster und brüllte: „Sag deinem Hauptmann: Vor Ihro Kaiserliche Majestät hab' ich, wie immer, schuldigen Respekt. Er aber, sag's ihm, kann mich im Arsche lecken!"

Totenstille. Dann setzte, noch lauter als geplant, Trommelwirbel ein. Bei der Premiere klappte es ohne Panne. Aber Leo brach vorsichtshalber den Text an der Stelle ab, wo auch in verschämten Goetheausgaben drei Striche stehen.

Zu jedem Schulfest erschien eine Schülerzeitung. Um nicht mit dem Pressegesetz über periodische Schriften in Konflikt zu kommen, bekam sie jedesmal einen neuen Titel. Verantwortliche Oberaufsicht führte Deutschlehrer Axel Plath, die praktische Redaktionsarbeit machte ich seit 1937 fast allein und schrieb auch die meisten Artikel selbst. Das waren sorgfältig recherchierte Begleitartikel, z. B. zur Entstehungsgeschichte des „Götz von Berlichingen", aber auch Meinungen, die auszusprechen mir am Herzen lag, z. B. „Blauer Dunst der Männlichkeit" – gegen das Rauchen.

In einem der Jahre suchte ich Material über Absolventen und Lehrer unserer Schule, die es zu etwas gebracht hatten. Schulsekretärin Erna Blosfeld half mir, die Archivalien zu finden. Sie hatte glattes, dunkles Haar, dunkle, braune Augen, war zwar schon Ende der Zwanziger (Jahrgang 1909), aber der Schwarm aller Schüler. Ich erinnere mich nicht mehr, wen ich alles fand, nur an zwei: Georg Lurich wurde 1901 in Hamburg Weltmeister im Ringen und, so um die Zeit des Ersten Weltkrieges, war Alfred Rosenberg Zeichenlehrer. Später schuf er die ideologische Grundlage für die nationalsozialistische Rassenlehre und wurde 1946 in Nürnberg hingerichtet.

*

Der Sport war eine gute Möglichkeit, nach außen für die Schule einzutreten. Im Sportverband der Revaler Schulen (TKSÜ) stand die RDOR gut da. Besonders glänzte sie im Basketball, aber auch in der Leichtathletik.

Ich hatte mit dem Schulsport nicht viel im Sinn. Für Basketball war ich zu klein, und als ich einmal bei einem Sportfest in der 4x1000-Meter-Staffel mitlief, verdarb ich der Schule die Siegeschance, weil ich mit einem Schwächeanfall aus der Bahn taumelte.

Das hieß nicht, daß ich keinen Sport trieb, aber am liebsten allein. Auf dem Platz des deutschen Sportvereins stand ziemlich verlassen ein Rhönrad herum. Ich übte, bis ich es fahren konnte, und rollte dann begeistert Kurven und Achter. Auf der Schlittschuhbahn trainierte ich das Überspringen von nebeneinandergestellten Bänken. Ich brachte es auf zehn und freute mich, wenn ich anerkennende Zuschauer hatte. Kurz: lauter individuelle Kraftübungen. Auch beim Geräteturnen war ich bei Mut fordernden Übungen am besten, wie Grätschen über das Langpferd oder Hechten über zwei Pferde.

Einmal im September war ich ganz allein nach Brigitten geradelt und mietete mir ein Paddelboot. Das Boot war ein mit Leinwand bezogenes Gerippe mit einem Holzkasten, um darin zu sitzen. Es war Sturm, aber statt den Brigittenfluß aufwärts zu fahren, paddelte ich aufs Meer hinaus. Der Sturm warf das Boot einigemal so hoch, daß es nach hinten überzukippen drohte. Das war eine Herausforderung, die mir Spaß machte. Plötzlich merkte ich, daß trotz der Brecher kein Wasser in meinem Sitzkasten war. Der Kasten hatte ein Loch, und das Wasser floß ins Bootsinnere. Das Boot sank tiefer und tiefer. Ohne den Sturm wäre es unter mir weggesackt, aber ich drehte es um, und nun warfen mich die Wogen zurück zur Flußmündung, wo ich es aufs Ufer setzen konnte.

*

Man kann den Standpunkt vertreten, daß ein kleines Land mit etwas mehr als einer Million Einwohnern und einer Armee von 27 000 Soldaten keine Chance hat, sich im Ernstfall zu verteidigen. Solche pazifistischen Gedanken kamen in der estnischen Republik gar nicht auf. Stolz erinnerte man sich des erfolgreichen Freiheitskrieges 1918/20 und war darauf bedacht, die damals erworbene Selbständigkeit zu erhalten.

Ein Überbleibsel jenes Krieges war der Kaitseliit. Die richtige Übersetzung wäre Schutzbund gewesen, aber auf Deutsch sagte man meistens „Selbstschutz", was dem ursprünglichen Namen Omakaitse entsprach.

Reval. Langer Domberg.

103

Die Gymnasiasten der deutschen Schulen bildeten einen eigenen Zug im Kaitseliit. Zugführer war unser Lehrer Karl Steinberg. Im Kaitseliit wurden nicht nur militärische Übungen (einschließlich Ski-Patrouillenlauf) abgehalten, und es wurde nicht nur scharf geschossen, es hatte auch jedes Mitglied ein Gewehr und dreißig Schuß Munition zu Hause, wie es sonst wohl nur noch bei den Wehrmännern des Schweizer Heeres üblich ist.

Wichtiger für die Verteidigungsbereitschaft des Landes als dieses Schutzkorps war sicher die vormilitärische Ausbildung in den letzten drei Klassen der Gymnasien, vor allem aber ein Kasernenaufenthalt von vierzehn Tagen am Ende eines jeden Schuljahres.

Der Militärunterricht (estnisch: Staatsschutzunterricht) wurde von Offizieren abgehalten, die zum Lehrerkollegium gehörten. Während der 14 Kasernentage wurden die Gruppen hauptsächlich von Offiziersaspiranten der Kriegsschule Dunten (Tondi) ausgebildet. Das estnische Militär sicherte sich auf diese Weise seinen Offiziersnachwuchs, denn Abiturienten wurden automatisch Offiziersanwärter.

Das Spektakulärste am Militärunterricht waren die Abschlußparaden auf dem Freiheitsplatz vor dem Oberkommandierenden. Bei diesen Paraden wurde die Schule ausgezeichnet, die den exaktesten Vorbeimarsch zustandebrachte. Zweimal in den letzten Jahren, 1936 und 1938, gewann die RDOR den Siegespreis und die Erwähnung im Tagesbefehl des Oberbefehlshabers General Johan Laidoner.

*

Halt. Ich bin mit meiner Erzählung schon am Ende meiner Revaler Schulzeit angekommen, aber es fehlt noch ganz Entscheidendes, was in diesen Jahren geschah, aber vor allem mit mir geschah, zeitgleich mit meinen Oberschuljahren, aber eine ganz andere Entwicklung nehmend.

Ich greife einfach zurück bis 1932 und fange dort wieder an.

II.
Jahre der Begeisterung

Reval, Rußstraße, vorne rechts Nr. 1, hinten das Rathaus.

106

Das Gründerjahr

Mein Vater nannte mich einen Stubenhocker, weil ich, stundenlang mit „Staat"-Spielen beschäftigt, in der Wohnung saß. Der Vorwurf, sowieso nicht sehr ernst gemeint, berührte mich nicht, denn ich wußte, was für mich Priorität hatte, und außerdem stimmte es gar nicht.

Schon im ersten Winter in Reval (1931/32) ging ich daran, die Stadt per Rennwolf systematisch zu entdecken. Das ging so vor sich: ich schob den Stuhlschlitten zu einem Ausgangspunkt, z. B. dem Freiheitsplatz oder dem Russischen Markt, wählte irgendeine von ihm abgehende Straße und fuhr los, bis zur nächsten Querstraße rechts, in diese hinein bis zur ersten Querstraße links, dann wieder rechts und so weiter, bis ich entweder wieder zu Hause ankam, oder so weit weg war, daß ich den direkten Rückweg wählte. Auf diese Weise wollte ich *ganz* Reval kennenlernen.

Das war eine große Aufgabe. Es gab 440 Straßen mit einer Gesamtlänge von 191 Kilometern, und bei meiner Methode blieb es nicht aus, daß ich viele Straßen und viele Kilometer mehrmals machen mußte. Der Winter war lang, nicht so lang, wie im Kontinentalklima von Dorpat, aber trotz gelegentlichem Taumatsch oder sogar Regen doch viel länger als in Mitteleuropa.

Wir waren in die Rußstraße 1 umgezogen. Da es ein Eckhaus war, stand der Straßenname daran: Vene tänav/Rußstraße. Beides richtig, denn das eine war estnisch, das andere deutsch. Bei meinen Rennwolf-Expeditionen lernte ich beide Namen aller Straßen. Die mußten auch alle Postboten kennen, denn erst 1934 wurde bestimmt, daß offiziell nur der estnische Name galt.

Als es auf den Frühling 1932 zuging, hatte ich die Idee, einen Radfahrerclub zu gründen. Es gelang mir, etwa ein Dutzend Fahrradbesitzer als Mitglieder zu gewinnen. Vater Carl Ludwig war um jene Zeit als Vertreter für die Leipziger Druckfarbenfabrik Berger & Wirth tätig. Ihr Firmenzeichen waren zwei stilisierte Köpfe, etwas verschoben hintereinander, weiß und rot auf kreisrundem schwarzem Grund. Das sah sportlich aus. Das übernahm ich für den R. C. „Torpedo".

Für die Sommerferien arbeitete ich eine Estland-Rundfahrt aus. Sie sollte bis zum Heiligensee im Süden des Landes führen.

Bei der Deutschen Kulturselbstverwaltung besorgte ich mir ein Verzeichnis der Jugendherbergen. Das waren Adressen von Gutshäusern und Pastoraten, deren Besitzer bereit waren, jugendlichen Wanderern Unterkunft zu gewähren. Ich legte die Fahrtroute so fest, daß wir in drei Wochen immer wieder ein bis zwei Tage in einer der Herbergen Rast machen konnten.

Als die Ferien begannen, war nur noch ein Klubmitglied bereit mitzufahren: mein Freund Werner Althoff. Seinetwegen hatte ich als erste Etappe das Pastorat Joerden gewählt. In diesem Dorf verbrachte seine Angebetete ihre Ferien. Sie hieß Nancy Saar.

Joerden ist 53 Kilometer von Reval entfernt. Weder Althoff noch ich waren jemals eine so weite Strecke geradelt, und so ließen wir uns den ganzen Tag mit vielen Pausen Zeit, ehe wir am späten Nachmittag bei Pastor Brasche ankamen und freundlich aufgenommen wurden.

Werner ging nach Nancy „sehen". Ich setze das Wort in Anführungszeichen, weil ich nicht mehr weiß, ob er sie wirklich gesehen hat, geschweige denn, ob er gewagt hat vorzusprechen, auch nur guten Tag zu sagen. Unsere Beziehungen zu Mädchen waren zeit- und altersbedingt sehr verhalten, gelinde gesagt.

Am nächsten Tag fuhren wir zurück nach Reval, womit unsere Estland-Rundfahrt, aber auch der R. C. „Torpedo" ihr Ende fanden.

Nochmal die Mädchen. Vor Nancy Saar hatte Werner sein Auge auf Joyce Bokownew aus der Elisenschule geworfen. Ich begleitete ihn manchmal, wenn er sie „verfolgte". Das geschah so, daß sie selbst nichts davon merkte, von Straßenecke zu Straßenecke. Einmal ging sie mit einer Schulfreundin in einem Wald außerhalb der Stadt spazieren, und wir „verfolgten" die beiden mindestens zwei

Stunden lang, von Baum zu Baum hüpfend, schleichend, kriechend, wie die Indianer. Joyce Bokownew, die von Werner Althoffs „Liebe" nie erfahren hatte, machte 1938 ihr Abitur mit cum laude.

Ich himmelte ein Mädchen an, das blond und zierlich war und auf den passenden Namen Mary Hold hörte. Ich war so kühn, ihr einmal, als sie die Eisbahn verließ, anzubieten, ihre Schlittschuhe zu tragen, was sie hold gestattete. Sie wohnte in der Kaufmannstraße, knapp einen Kilometer entfernt. Als wir bei ihrer Wohnung ankamen, stellte ich fest, daß ich vor Aufregung die Schlittschuhe verloren hatte. Zurücklaufen und den ganzen Weg absuchen halfen nichts, sie blieben verschwunden. Als Kavalier konnte ich mich nicht mehr empfehlen.

*

Einer meiner Klassenkameraden war der Sohn des Direktors Wachmann der Baltischen Baumwollspinnerei in Ziegelskoppel, einer südlichen Vorstadt von Reval. Die Direktorsvilla lag in einem Park. In diesem Park gab es auch ein leerstehendes Haus mit einem Turmzimmer. Dort trafen wir uns, wenn wir den Mitschüler Wachmann (sein Vorname fällt mir nicht ein) besuchten. Ich witterte schon wieder die Chance für eine Gründung. Wir waren meist acht beieinander, manchmal aber auch zehn oder zwölf. Warum sollten wir unseren Treffen nicht eine festere Form geben, Heimabende mit Spielen im Park, mit Vorlesen und Singen? Wir lasen Felix Dahns „Ein Kampf um Rom", der schon unsere Eltern begeistert hatte. Wir identifizierten uns mit den Helden. Ich war der junge blonde Gotenkönig Totila, ein anderer war Teja, ein dritter Witiges usw.

Das gab den Namen für meine neue Gründung: „Jung-Goten-Schar". Wir kauften uns ein Stück hellblaues Kalikot (40 x 60 Zentimeter), und der Begabteste von uns malte mit Goldbronze einen Wappenlöwen auf beide Seiten. Unser Gotenbanner konnte im Winde flattern.

Den ganzen Herbst vergnügten wir uns in Turm und Park. Die Abende wurden immer länger, und außerhalb der Stadt war es im November schon stockfinster, wenn wir nach dem Heimabend mit der „Tram 3" nach Hause rüttelten. Reval hatte vier Straßenbahnlinien. Eins und zwei waren elektrisch, drei und vier fuhren mit einheimischem Brennschieferöl-Benzin und stanken entsprechend.

*

Gerd Treuhoff war ein „Erwachsener". Er war schon 20. Vielleicht noch älter? Er hatte in Deutschland studiert. Studierte vielleicht noch? Er wohnte, wenn ich mich nicht irre, zur Untermiete bei einer Wirtin in der Endlastraße. Ich kannte ihn nicht, aber er hatte mich gebeten, ihn zu besuchen.

Er zeigte mir Zeichnungen von Uniformen. Er hatte sie selbst entworfen und gemalt. „So wird einmal die Kluft des DBPK, des Deutsch-Baltischen Pfadfinder-Korps, aussehen", sagte er stolz. Er zeigte auch geflochtene Seidenschnüre, die rund um den Kragen und die Schulterstücke genäht werden sollten, und sagte: „Die Farbe kannst du selbst wählen. Was meinst du, was für eine Farbe der Gotentrupp haben sollte?"

Das war eine plumpe Überrumpelung, aber in einem langen Gespräch begann er mich zu überzeugen, daß meine kleine Schar in einem großen Korps, dem bald alle deutsch-baltischen Jugendlichen angehören würden, doch viel besser aufgehoben wäre, als für sich allein. Ich würde der Führer des Gotentrupps sein. (So macht man das wohl immer bei Koalitionsverhandlungen.)

Ich biß in den Köder. Ich überredete meine Goten, die Uniform anzuziehen, aus deren ideologischem Gewebe wir nicht mehr herauskommen sollten, auch wenn die Farbe von Dunkelgrün über Braun bis zum Feldgrau wechselte.

110

Pfadfinder

Das Pfadfinderkorps, von dem Gerd Treuhoff gesprochen hatte, gab es noch gar nicht. Im Spätherbst 1932 gab es nur seinen „Wolfstrupp", in den ich eintrat.

Wir trafen uns in der Kellerwohnung im EKA-Haus am Freiheitsplatz. Das war ein erst wenige Jahre altes Versicherungsgebäude mit ornamentierter Klinkerfassade, sieben Stockwerke hoch. Die Kellerwohnung gehörte dem Hauswart, und der war der Vater von zwei Pfadfindern: Oskar und Reinhard Ehnbohm.

Einmal in der Woche war dort Heimabend. Wir lernten und sangen Fahrtenlieder. Typisch für die Art: „Aus grauer Städte Mauern ziehn wir durch Wald und Feld". Das wollten wir gern, aber es wurde Winter, und wir blieben in unserem Keller und erlebten Fahrtenleben aus zweiter Hand, aus Erzählungen und Vorlesungen.

Zu Weihnachten übergab Gerd jedem ein Buch, eine Spende aus Deutschland, Tagebuchaufzeichnungen und Briefe eines ehemaligen Wandervogels, der 1914 bei Langemarck gefallen war.

Im Reich wurde Hitler am 30. Januar 1933 Reichskanzler. Man nannte das die Machtergreifung oder auch den Beginn der nationalen Revolution. Auf das Pfadfinderkorps, inzwischen doch schon aus mehreren Trupps und auch schon einigen Horsten in Provinzstädten bestehend, wirkte sich das zunächst deutlich erkennbar noch nicht aus. Was wir nachzuahmen versuchten, war erstmal gar nichts Nationalsozialistisches, sondern das, was alle bündischen Gruppen praktizierten, nur daß es uns eben an der Praxis fehlte. Einmal bin ich mit einer Gruppe in den Klosterwald gewandert, nur um zünftig abkochen zu können. Warum es abkochen und nicht einfach kochen hieß, weiß ich nicht.

Es war noch Winter, es lag noch tiefer Schnee. Wir bauten aus Ästen ein Gestell, das den Kessel halten sollte. Wir füllten den Kochtopf mit Schnee und den mitgebrachten Makkaroni, machten Feuer darunter und warteten darauf,

Reval. St. Olaikirche mit Wehrturm.

daß das Gericht fertig würde. An Salz hatte keiner gedacht, und wie lange die Makkaroni kochen mußten, wußte auch keiner, aber wir haben das vermatschte Zeug, mit Tannennadeln reichlich gewürzt, tapfer aufgegessen.

Auf Fahrt, also auf Wanderungen mit wechselndem Quartier, gingen wir kaum, höchstens für ein Wochenende in irgendein Haus, das uns jemand zur Verfügung stellte. Höhepunkte des Pfadfinderjahres war aber das Sommerlager am Anfang der langen Ferien. Es dauerte zwei oder drei Wochen und fand dort statt, wo der Korpsführer, das war nach Treuhoff Turnlehrer Otto (Pitt) Hoffmann, oder die Jugendabteilung der Kulturverwaltung, eine Unterbringungsmöglichkeit für hundert oder mehr Jungen gefunden hatte. Wir schliefen auf Strohsäcken in einem Sommerhaus oder einer Scheune.

Zelte, aus Zeltbahnen zusammengeknüpft, wie in den späteren Jahren, gab es anfangs noch nicht.

Mütter von Pfadfindern oder andere erwachsene Helferinnen bildeten die Wirtschaftsbrigade und leiteten das Kochen. Kartoffelschälen, Butterbrote schmieren und den Brei in großen Töpfen rühren mußten wir selbst. Standardgerichte waren Haferflocken- oder Grießbrei, letzterer meist angebrannt und nur durch viel Zucker und Zimt genießbar gemacht.

Es gab in den ersten Jahren einen Pastor im Lager, aber keine Andachten und Gebete, und jede Mahlzeit begann mit einem Tischspruch, auch mal einem so lästerlichen wie „Jesus sprach zu seinen Jüngern, wer keine Gabel hat, der esse mit den Fingern", oder so ganz burschikosen wie: „Jeder fresse, was er kann. – Ran!" oder beherzigenswert: „Red, was wahr ist, iß, was gar ist, trink, was klar ist".

Standorte der Lager waren meist Orte an der estnischen Nordküste. Die Ortschaften, ob Sommerfrische wie Wainopäh oder Fischerdorf wie Salmistu, hatten keine geschlossenen Zentren, sondern bestanden aus einzeln liegenden Häusern oder Gehöften. So waren wir frei, laut zu sein und in Geländespielen die Gegend unsicher zu machen.

Waschen mußten wir uns im Meer, das Süßwasser reichte nur zum Kochen. Sanitäre Einrichtungen wurden durch selbstgebaute Donnerbalken ersetzt, lauter Umstände, unter denen heute wahrscheinlich kein Lager abgehalten werden dürfte, aber da kam kein staatlicher Revisor mit Verordnungsbuch, wie auch niemand auf die Idee kam, die Lagerteilnehmer gegen Schäden zu versichern oder den Lagerleiter auf Haftpflicht.

Hein Hoffmann erzählt in seinen Erinnerungen von einem Unternehmen, wie es in unseren Lagern schon mal vorkam: Eines Morgens trat die ganze Lagerbelegschaft am Strand an, um einen Marsch zur Insel Pedasaar zu machen. Die Insel lag ungefähr zwei Kilometer von der Küste entfernt. Man konnte sie zu Fuß durch eine Furt erreichen, die aber nicht markiert war. Je nach Körpergröße reichte das Wasser den Jungen bis zur Brust oder bis ans Kinn. Kurz vor der Insel war die Furt durch eine Fahrrinne unterbrochen, dort nahm Pitt in einem Fischerboot die Nichtschwimmer auf.

Als wir nach einer knappen Stunde Watens und Schwimmens auf der Insel ankamen, hatten alle Gänsehaut und schlotterten vor Kälte. Es war ja erst Juni. Zum Aufwärmen gab es nur Bewegung. Also wurde um die Insel getrabt, bis alle sagten, sie seien nun wieder ganz warm. Und dann ging es auf demselben Weg zurück.

*

Zu den schönsten Erinnerungen gehören die Abende am Lagerfeuer. In einem Dünental entzündeten wir das Feuer, saßen rundherum auf den Dünenhängen und sangen als erstes, obligat, aber auch auf Gemeinschaft einstimmend „Flamme empor!"

Der Öselaner Erwin Jacobsen war gerade aus Deutschland zurückgekommen und hatte einen großen Vorrat an neuen Liedern mitgebracht, die er zur Gitarre sang. Wahrscheinlich schien auch noch der Vollmond, um die romantische Stimmung vollkommen zu machen.

Da ließen wir „die bunten Fahnen wehen" und sangen „mit dem Sturm unser Lied", obgleich kein Lüftchen sich bewegte, da fühlten wir uns als „Wilde Gesellen vom Sturmwind durchweht, Fürsten in Lumpen und Loden" oder beteuerten: „Wir sind jung, die Welt ist offen" oder ganz markig: „Wir sind des Geyers schwarzer Haufen und wollen mit Tyrannen raufen."

Jeder Junge jener Zeit, der irgendwo „dazugehört" hat, auch Scouts anderer Nationalität, sogar wie ich später gehört habe, Mitglieder kommunistischer deutscher Jugendgruppen, wird von ähnlichen Jugenderinnerungen erzählen können. Bündische Romantik war das Verbindende der Jugendgemeinschaften und blieb es auch in der Hitlerjugend, wenn auch überdeckt und unterdrückt durch neue Formen und Inhalte.

114

Wir waren ja keine Hitlerjugend. Noch nicht. Aber in unseren Liederschatz schlich sich allmählich ein, was nicht aus dem „Zupfgeigenhansl" (einem Liederbuch der Bündischen) stammte. Zu den Fahrtenliedern gesellten sich immer mehr Kampflieder.

Das Reichsdeutsche, nennen wir es einmal so, breitete sich aus, drang ein. Aus Deutschland kamen, selbst mitgebracht oder per Paket geschickt, Berchtesgadener Jacken und Kletterwesten für die Mädchen, Jungenschaftsjacken oder auch HJ-Fahrtenmesser für die Jungen.

Unsere Pfadfinderkluft bestand aus einem dunkelgrünen Fahrtenhemd, zu dem wir ein dunkelblaues Dreieckshalstuch trugen, das von einem Lederknoten zusammengehalten wurde, und schwarzer kurzer Hose. Soweit durchaus pfadfindermäßig, aber dann kamen die „Accessoires" dazu, die reichsdeutschen Vorbildern nachgeahmt waren: Die Hose wurde, statt von einem Gürtel, von einem Koppel gehalten. Ein Schulterriemen sorgte für martialisches Aussehen. Die kurzen Hosen wurden für die Älteren durch Breeches (Reithosen) ersetzt. Dazu gehörten eigentlich Schaftstiefel, aber die konnten sich die meisten nicht leisten, und so pilgerten wir zum „Lausemarkt" am Fuße des Laksberges und suchten nach Ledergamaschen, wie sie herrschaftliche Chauffeure trugen.

Begriffe veränderten sich. Aus dem Versammeln wurde Antreten, aus Wandern wurde Marschieren, aus Geländespielen wurden Geländeübungen und schließlich Geländedienst. Alles, was mit der Pfadfinderei zusammenhing, hieß Dienst.

Es war gar nicht so einfach, meiner Mutter verständlich zu machen, daß Dienst wichtiger war als alles andere, auch wichtiger als die Schule.

Ausnahmezustand –
keine Ausnahme

Am 16. März 1934 wurde in Estland der Ausnahmezustand ausgerufen. Seit dem Kommunistenputsch von 1924 hatte es fast ständig irgendwelche „Zustände" gegeben, die Not-, Belagerungs-, Kriegs- oder Ausnahmezustand hießen. Die parlamentarische Demokratie stand nicht auf sehr festen Füßen. Sie war oder fühlte sich immer bedroht. Von 1918 bis 1933 hatten sich in Estland 21 Regierungen abgewechselt, ihre durchschnittliche Regierungszeit hatte nur acht Monate und 20 Tage betragen.

Als unter der Regierung Otto Strandmann 1931 die estnische Marine ihre einzigen beiden Torpedoboote nach Peru verkaufte, sagte mein Vater: „Beim nächsten Mal wähle ich wieder Strandmann", und auf die erstaunte Frage meiner Mutter, warum, sagte er: „Der hat sich die Taschen schon vollgestopft. Wenn ein neuer drankommt, muß er erst damit anfangen."

Die Weltwirtschaftskrise hatte auch Estland getroffen. Der Absatz landwirtschaftlicher und industrieller Produkte ging zurück, die Arbeitslosenzahl stieg 1934 auf 32 000 (bei einer Bevölkerung von 1,1 Millionen), die Krone wurde abgewertet, die Unzufriedenheit wuchs. Wie anderswo richtete sich manche Hoffnung nach rechts.

Der Verband der Freiheitskämpfer, ursprünglich ein Kriegerverein der Veteranen des Freiheitskrieges, mauserte sich nach finnischem Vorbild (Lapua Bewegung) zur politischen Organisation, der auch Nicht-Veteranen beitreten konnten. Die „vabsid" (Abkürzung der estnischen Bezeichnung „Vabadussöjalaste Liit") trugen graugrüne Hemden und schwarzweiße Armbinden mit dem Bild eines Schwertes in markiger Faust.

Den vabsid gelang, was die Regierung zweimal vergeblich versucht hatte, die Mehrheit für eine Verfassungsänderung zu bekommen, die dem Staatspräsidenten größere Befugnisse gab (24. Januar 1933). Propagandatrupps der vabsid fuhren mit Lastwagen über Land und hatten er-

Reval. „Drei Schwestern", Handelshäuser in der Lang-straße.

117

kennbaren Erfolg. Bei den Wahlen zu den Stadtverordnetenversammlungen der größten Städte, Reval, Dorpat und Narwa, bekamen sie die absolute Mehrheit.

Aber jetzt schlug die von ihnen durchgesetzte Verfassung ausgerechnet gegen sie zurück. Am 12. März wurde die Organisation der Freiheitskämpfer verboten und 425 ihrer Führer und Förderer ins Gefängnis gesperrt. Vier Tage später wurde der Ausnahmezustand ausgerufen. Als das Parlament nach einem Jahr für die Aufhebung des Ausnahmezustands und für Neuwahlen plädierte, löste Staatspräsident Konstantin Päts das Parlament auf. Auch die Parteien wurden aufgelöst. An ihre Stelle trat ein Vaterländischer Bund (Isamaa Liit). Eine Nationalversammlung, bestehend aus Vertretern der neugeschaffenen Selbstverwaltungsorgane, bestätigte im September 1938 durch eine Wahl den Präsidenten im Amt und legalisierte damit die autoritäre Machtergreifung von 1934. Nun dachte man auch an eine Rückkehr zur parlamentarischen Demokratie, aber dazu kam es bis zum Ende der Selbständigkeit 1940 nicht mehr.

Kaum jemand, außer den politisch direkt Betroffenen, beklagte den Zustand. Die wirtschaftliche Lage hatte sich gebessert. Estland war ein florierender Staat geworden.

Der Ausnahmezustand und was darauf folgte, erregte in der Welt kein Aufsehen, denn er war ja auch weltweit keine Ausnahme. Autoritäre, diktatorische bis faschistische Systeme bestanden schon in der Sowjetunion, in Italien, Brasilien, Portugal, Polen und anderen Ländern. Sie entstanden gerade in Deutschland, Österreich, Lettland, Litauen, Rumänien und noch in vielen anderen Ländern.

Als Karlis Ulmanis in Lettland, am selben Tag wie Konstantin Päts in Estland, den Ausnahmezustand ausrief, richtete er sich gegen eine rechte Organisation, die noch viel militanter war als die Freiheitskämpfer in Estland. Die „Donnerkreuzler" (Pérkonkrusts) trugen graue Uniformmen und schwarze Barette, erhoben den rechten Arm zum Gruß und riefen dazu „Cinai sveiks!" (Kampf Heil).

Von den Faschisten, die die Regierungen durch Verbote

Konstantin Päts, erster estnischer Staatspräsident.

und den Ausnahmezustand in die Schranken gewiesen hatten, übernahmen die Regierungen deren nationalistischen Trend, in Lettland wiederum aggressiver als in Estland. „Lettland den Letten!" und Ausschaltung von Deutschen und Juden aus der Führung des Wirtschafts- und Gesellschaftslebens waren die unverhohlene Tendenz. Chauvinismus sagte man dazu, denn das Wort bedeutete damals nur übertriebenen Nationalismus und hatte mit „Machoismus" noch nichts zu tun.

In Estland ging die Estisierung weniger aggressiv vor, aber sie fand statt.

Auf kulturellem Gebiet säuberten Professor Aavik und seine Mitarbeiter die Sprache von nichtestnischen Wörtern.

Die Neuschöpfungen, die sie an die Stelle setzten, entbehrten oft nicht der Komik.

Als nächstes kamen Verordnungen und Gesetze.

Als erstes wurde verboten, auf Postsendungen nichtestnische Orts- und Straßenbezeichnungen zu benutzen. Es gab kein Reval oder Wesenberg mehr, sondern nur Tallinn und Rakvere, und ich wohnte nicht mehr in der Rußstraße, sondern in der Vene tänav.

Im Oktober 1934 kam ein Gesetz zur Vereinfachung der Formalitäten bei der Estnisierung von Familiennamen. Ab November 1934 genügte zur Festlegung der eigenen Nationalität nicht mehr die freie subjektive Entscheidung; man mußte seine Abstammung nachweisen. Ab 24. Januar 1935 mußten alle Beamten estnischer Nationalität innerhalb eines Monats ihre Familiennamen estisieren. Nichtesten im Staatsdienst wurde es nahegelegt.

Hein Hoffmann erzählt in seinen Erinnerungen, daß Oberst Weiß, der Kommandeur des Baltenregiments im Freiheitskrieg, vor die Wahl gestellt worden sei, sich fortan Valge (estn. für weiß) zu nennen oder aus der Armee entlassen zu werden. Er wurde entlassen. Es gab kaum Deutsche, die dem Druck nachgaben.

Daß meine Kameraden mir antrugen, mich „Viips Pulliste" (Fieps, der Bullige) zu nennen, gehört zum Spott über die Auswüchse der Estisierung.

Ferienkind in Pommern

Zum ersten Mal in Deutschland. Im Eisenbahnabteil, auf den Bahnhöfen, auch auf der Straße sprechen alle Menschen deutsch, und zwar nur deutsch. Verblüffendes Erlebnis, auch wenn es selbstverständlich und selbstverständlich erwartet ist.

Und alle Menschen tragen Uniform: SA, SS, Reiter-SA, Marine-SA, NS Kraftfahrkorps, Politische Leiter, Hitlerjugend, Jungvolk, BdM (Bund deutscher Mädchen), Frauenschaft ... Nicht nur Uniformen der Parteigliederungen, nicht nur von Militär und Polizei, nein auch Eisenbahner, Postbeamte, alles in Uniform.

Auch das ist verblüffend und in diesem Maße nicht erwartet. Und enttäuschend. In Königsberg sehe ich hinter einer Hausecke eine braune Rundung mit Koppelschloß hervorragen, und erst als ich um die Ecke biege, sehe ich, daß ein dicker Bauch dahintersteckt, und ein kleiner runder SA-Mann, der sich gerade seine Wurstfinger betrachtet. Er hat wenig Ähnlichkeit mit den germanischen Reckengestalten, die der Parteizeichner Mjölnir auf seine Plakate malt.

Erste Eindrücke verleiten zur Übertreibung. Ich sah ein ganzes Volk in Uniform, aber nicht jeder einzelne Volksgenosse trug wirklich eine.

Rechtsanwalt Lange in Greifenberg in Pommern, den ich nur in Zivil gesehen habe, war für sechs Wochen mein Pflegevater. Über den VDA, den Verein für das Deutschtum im Ausland, war ich als Ferienkind nach Pommern gekommen.

Greifenberg war eine kleine Kreisstadt an der Bahnlinie Stettin–Kolberg. Zehntausend Einwohner, ein Marktplatz, eine Hauptstraße mit je einem alten Festungstor an den Enden, Kopfsteinpflaster, eine wuchtige Backsteinkirche; außerhalb des Stadtkerns Einfamilienhäuser in Gärten, die schönsten Grundstücke am Flüßchen Rega gelegen. Die meisten kleinen Städte in Ostdeutschland sahen so aus. Ich habe das polnische Gryfice im Herbst 1958 wiedergesehen. Da schien es mir kleiner geworden, verarmt, verkommen, grau in grau, aber das lag wohl auch an meinen westdeutschen Augen.

Familie Lange hatte ein Haus mit Garten. An Frau Lange erinnere ich mich kaum. Der Sohn war 15, genauso alt wie ich. Er war Kameradschaftsführer in der Hitlerjugend. Die Kameradschaft ist die kleinste Einheit, zehn Jungs. Das HJ-Heim war in den Turmzimmern des Hohen Tors. Zum Dienst ging ich natürlich mit in meiner dunkelgrünen Pfadfinderkluft. So hatten früher die katholischen Pfadfinder ausgesehen, aber die gab es ja nicht mehr, und in Pommern hatte es sie wahrscheinlich sowieso kaum gegeben. Also viele Fragen nach meinem Woher.

„Aus Estland."

„Also bist du ein Este?"

„Nein, ein Estländer."

„Ach so, Isländer."

Man gewöhnt sich daran.

Die Langes hatten Verwandte in Leba an der Ostseeküste, fast ganz in der Nordostecke Hinterpommerns, nicht weit vom Polnischen Korridor. Sohn Lange machte mit mir eine Radtour nach Leba. So etwa 170 Kilometer waren es dahin, und wir ließen uns zwei Tage Zeit.

Zwei Erinnerungen: Erstens, wir waren reich. Wir konnten uns zu jeder Mahlzeit süße Schnecken kaufen, zwei für 'nen Groschen. Für das gleiche Geld gab es auch drei Schrippen. Zweitens: Die Reichsstraße 2 (Danzig–Garmisch über Berlin und München). Auf unserer Strecke lagen Schlawe, Köslin, Stolp und Lauenburg in Pommern. Es war wunderschön, durch die schattigen Alleen zu radeln, nur selten störte ein Autofahrer.

Wieder in Greifenberg. 30. Juni. Aufregung in der Stadt. Lastwagen mit aufgesessenen SS-Leuten fahren durch die Hauptstraße. Niemand weiß, was los ist. Dann erst kommen die Nachrichten über den Rundfunk: SA-Stabschef Röhm verhaftet und abgesetzt. Einzelheiten, Wahrheit und Gerüchte durcheinander, kleckern nach. Röhm wollte mit seiner SA die Macht an sich reißen. Der Führer hat die ganze homosexuelle Bande bei einer Orgie in einem Hotel in Oberbayern erwischt. Röhm hat Selbstmord begangen. Viele der höchsten SA-Führer sind erschossen worden ...

Adolf Hitler verkündete: „In dieser Stunde war ich der oberste Gerichtsherr des Reiches." Vom Staatsnotstand war die Rede, und der verehrte Reichspräsident, Generalfeldmarschall Paul von Hindenburg und Beneckendorf, der Sieger von Tannenberg (1914), dankte Hitler dafür, daß er das Reich abermals gerettet habe.

Was da wirklich geschehen war, verstand ich nicht. Über Recht oder Unrecht wußte ich mir kein Urteil zu bilden. Ich nahm die amtliche Version zustimmend hin. Mir schien, das geschah allgemein. Ich kann mich nicht erinnern, von Rechtsanwalt Lange kritische Äußerungen gehört zu haben, aber das besagt nicht viel. Er mußte sie ja nicht in meiner Gegenwart tun.

Einen Monat später, am 2. August, starb der 86jährige Hindenburg. Überall im Reich fanden Trauerfeiern statt, auch in Greifenberg. Ein Fackelzug bewegte sich am Abend zum Kriegerdenkmal; die Parteiformationen, Polizei, Feuerwehr und die alten Herren vom Kriegerverein, in dunklen Anzügen, ordensgeschmückt. Alle schweigend bis zum Lied vom guten Kameraden. Und dann marschierte der Zug zurück in die Stadt, die Feuerwehrkapelle voraus, einen fröhlichen Marsch spielend. Dieser militärische Brauch war mir neu: Der Kamerad ist tot. Das Leben geht weiter!

Noch am gleichen Tag übernahm Hitler das Amt des Staatsoberhauptes. Nicht als Reichspräsident, diese Bezeichnung könne, hieß es, wegen der Größe des Dahingeschiedenen niemand nach ihm tragen. Hitler begnügte sich mit dem Titel „Führer und Reichskanzler".

In Ordnung. Etwa nicht? Will mir heute jemand sagen, ich – der damals Fünfzehnjährige – hätte das nicht in Ordnung finden sollen?

Fünfzehn Jahre. Was für ein Kindskopf war ich! Bei der Rückfahrt sah ich mir die DOK an, die Deutsche Ostmesse Königsberg. Eine Bootsfirma stellte Modelle aus. Und es gab auch Spielzeugboote zu kaufen. Ein Ruderboot, innen rot, außen grün, war besonders schön. Fünfzig Pfennig. Von den zehn Reichsmark, die ich nach Deutschland hatte einführen dürfen, war noch ein bißchen übrig. Ich kaufte das Boot und war glücklich.

Rückfahrt. Langer Aufenthalt in Schaulen (Sjauljai) in Litauen. Da gibt es wirklich nichts zu sehen. Ich bummelte dennoch durch die sonntäglich menschenleeren Straßen. Aus einem Hof dringt köstlicher Backduft. Ich gehe hinein, komme in eine dunkle, schmutzig aussehende Backstube. Aber es duftet, duftet. Ich kaufe einen noch heißen Mohnzopf beim jüdischen Bäcker. Meine Eltern freuen sich sehr. Ich habe ihnen etwas Schönes von meiner Deutschlandreise mitgebracht.

Schritt um Schritt

Volkstum, Volkstumskampf, Volksgemeinschaft, das waren Vokabeln, die das Denken und Tun zu beherrschen begannen. Volkstum, das hieß das Bewußtmachen unseres Deutschseins, Volkstumskampf war nicht gegen andere gerichtet, sondern bedeutete Erhaltung des Deutschtums, und Volksgemeinschaft war die Pflege der Gemeinsamkeit, Brückenschlag über gesellschaftliche Trennungen, Hilfe für sozial Schwächere.

Eintopfsonntage einmal im Monat wurden auch bei uns eingeführt, zuerst gemeinsam und öffentlich im Schwarzhäupterhaus, wo eine kräftige Suppe ausgeschenkt wurde und jeder Haushaltsvorstand dafür so viel in die Kasse tat, wie das Sonntagsessen der Familie zu Hause gekostet hätte. Später wurde das vereinfacht, die „Volksgemeinschaft" vertraute darauf, daß die Familien ihre Ersparnisse auch dann an die Hilfskasse abführen würden, wenn sie ihren Eintopf zu Hause aßen.

Armen zu helfen war natürlich keine Erfindung der neuen Zeit. Es gab den Estländischen Hilfsverein, dessen Küche in der Langstraße für Bedürftige jeden Tag ein Mittagessen kochte, und auch sonstige Unterstützungsleistungen, lange ehe Eintopfsonntag und Winterhilfe eingeführt wurden. Aber jetzt wurde die Hilfe persönlicher. Wir Pfadfinder bekamen Adressen alter, kranker und alleinstehender Personen und schleppten ihnen Kartoffelsäcke ins Haus und hackten Holz für sie.

Nach reichsdeutschem Vorbild (Blut und Boden) begann eine Verehrung des Landstandes, womit nicht die Gutsbesitzer gemeint waren. Im Süden Estlands lag Heimthal, eine kleine Kolonie deutscher Bauern, so etwa dreißig Familien. Die wußten gar nicht, wie ihnen geschah, als sie plötzlich zum Vorbild der Volksgruppe erhoben wurden. Aber Heimthal war weit von Reval, und wenn wir unsere Verbundenheit zum Landstand unter Beweis stellen wollten, so mußten wir uns schon an räumlich Näherliegendes halten, eben doch an die Restgüter oder die Höfe der deut-

124

Reval. Strandpforte mit Wehrturm „Dicke Margarethe".

schen Landwirte, die es vereinzelt auch gab. Dahin fuhren
wir an den Wochenenden zum Landdienst. Wir schaufel-
ten Entwässerungsgräben oder fuhren Heu ein, und selbst
wenn es so unangenehme Arbeit gab, wie grüne Raupen
von Kohlblättern absammeln, hatten wir die Genugtuung,
geholfen und mit dem Landvolk Gemeinschaft gepflegt zu
haben.

Exerzieren gehörte inzwischen auch zum Pfadfinder-
dienst. Man hätte es auch Ordnungsübungen nennen können, die wir für die Choreographie unserer öffentlichen
Auftritte brauchten, aber die Kameraden, die in Deutschland gewesen waren, brachten das dort bei der Hitlerjugend Gelernte mit, und so wurde aus den Ordnungsübungen Drill, und jeder Gruppen- oder Truppführer, der ein

125

paar neue Unteroffiziers-Grobheiten herauszubrüllen wußte, war stolz darauf.

„Hart wie Kruppstahl", so wünschte sich der Führer – kein Zweifel: es war inzwischen auch unser Führer – seine Jugend und „Gelobt sei, was hart macht" wurde unsere Devise.

Nachtmärsche wurden in den Dienstplan aufgenommen, einfach so, von A. nach B., und wenn das Wetter schlecht war, erfüllten sie ihren Zweck erst recht. Ich erinnere mich an einen Nachtmarsch bei Schneegestöber; da ich keine Mütze aufhatte, bildete sich eine Eisschicht auf der Stirn und den damals noch vorhandenen Haaren. Bei einer Wochenendfahrt im Vorfrühling scheuchte ich meinen Trupp im Turnzeug zum Frühsport in den Schnee, und am Schluß ließ ich alle im Brigittenfluß untertauchen, wo die Eisdecke schon ein Loch hatte. Es brachte keiner auch nur einen Schnupfen nach Hause, und bei anderen Unternehmungen ähnlicher Art passierte erstaunlicherweise auch nichts.

Ich neigte besonders zur Übertreibung. Eine Zeitlang schlief ich jede dritte Nacht neben dem Bett auf dem Fußboden, und um die Härteübung noch wirksamer zu machen, benutzte ich einen Gewehrkolben als Kopfkissen. (Als Mitglied des Schutzkorps hatte ich ein Gewehr zu Hause.)

1935 bekamen wir Fanfaren und Trommeln aus Deutschland. Es waren sogenannte Landsknechtstrommeln, hohe Zylinder, außen mit Flammenmustern bemalt. Fahnen hatten wir schon vorher, jeder Trupp eine. Gemeinsames Abzeichen des ganzen Pfadfinderkorps war die Kampfrune, ein T mit beiderseits nach unten abgeknicktem Querbalken. Unser Gruß hieß Kampf Heil.

Mit Trommeln und Fanfaren zogen wir bei festlichen Anlässen provozierend durch die Stadt, wir brauchten sie aber auch zur akustischen Umrahmung unserer öffentlichen Veranstaltungen. Nicht nur so spektakuläre Veranstaltungen wie die Turnfeste waren gut besucht. Zum Programm der kleineren Veranstaltungen gehörten etwa

Reval. Zugang zum Rathausplatz.

Volkstanzvorführungen, zusammen mit den Pfandfinde-
rinnen, vor allem aber Chorsingen, kunstlos, aber exakt,
und bekenntnisartige Texte als Deklamation eines einzelnen oder dräuender Sprechchor.

Schon die Art, wie wir dastanden, hatte etwas Drohen-
des an sich. Wir bauten uns vor dem Publikum auf, meist
erhöht auf einer Bühne, breitbeinig, die Arme angewin-
kelt, die Daumen ins Koppel geklemmt oder herunterhän-
gend zu Fäusten geballt.

Die Texte waren markig, verkündeten unsere Ziele, unsere Weltanschauung. Die meisten der Gedichte kamen aus
Deutschland, aber manchmal waren es auch eigene Schöp-
fungen, in gleichem Geist. Ich habe auch solche Verse gemacht, aus Überzeugung pathetisch, schwülstig, aber ich
kenne keine mehr auswendig. Aber hier ist ein Gedicht von
Massa, von dem noch mehr die Rede sein wird.

> Wir tragen das Erbe der Väter,
> Wir schlagen die Trommel der Zeit,
> Unser Marsch führt uns in die Zukunft
> Im Kampf um die Ewigkeit.
>
> Wir sind das Heer der Jugend,
> Die ewig junge Kraft;
> Wir sind das Heer der Zukunft,
> Die Neues baut und schafft.

Eingebettet zwischen zwei Lieder oder Sprechchöre deklamierte einer ein solches Gedicht. Ich war oft zum Sprecher bestellt oder bestellte mich selbst dazu, wenn ich das
Programm des Abends zusammengestellt hatte.

Die Reihe der Jungen stand unbeweglich, wie die Posten
vor dem Ehrenmal Unter den Linden, immer näher rückte
mein Einsatz als Sprecher, plötzlich spürte ich eine Leere
im Gehirn, die zunahm, bis es mir schwarz vor den Augen
wurde und ich entweder umkippte oder gerade noch mit
eigener Kraft von der Bühne wanken konnte. Das passierte mir nicht nur einmal. Das letztemal kippte ich bei der

Verabschiedung des Abiturjahrgangs 1938 mitsamt der Schulfahne um. Und natürlich, je mehr ich befürchtete, wieder ohnmächtig zu werden, desto mehr bereitete ich mich psychisch schon darauf vor, und dann war das Herz- oder Kreislaufversagen – was es war, hat kein Arzt mir gesagt –, nur noch eine Folge der Erwartungshaltung.

Das belastete natürlich mein Selbstbewußtsein. Ich mußte die Schwäche durch demonstrierte Stärke ausgleichen, man hätte auch sagen können, durch Zackigkeit.

Pitt Hoffmann erzählte gern dieses Pratchen (baltisch für Anekdote): Er fuhr mit zwei Damen in einer Kutsche über Land. Am Rand der Landstraße stand der Fieps (so mein Spitzname) in Pfadfinderuniform und tat, was man von Zeit zu Zeit am Straßenrand tun muß. Als der Wagen an ihm vorüberfuhr, drehte er sich um, nahm stramme Haltung an und riß die Hand zum Gruß ans Käppi. Das hatte Pitt sich natürlich ausgedacht, aber es sollte mich charakterisieren, wie auch der Spottvers, zu singen auf die Melodie „Im Frühtau zu Berge": „Noch sind nicht die Vöglein wach, nur der Fieps, der macht schon Krach..."

Spielscharfahrten in die Provinz zu organisieren gehörte zu meinen selbstgewählten Aufgaben. Ich machte die Programme für die Auftritte in Pernau, Fellin, Wesenberg oder Narwa: ein Theaterstück, Volkstanz, ein paar Lieder. Ich suchte mir die Mitwirkenden dafür zusammen, wobei auch Mädchen dazu gehörten, was diese Kurzreisen noch amüsanter machte.

Narwa ist besonders zu erwähnen. Die Stadt galt als Symbol. Am Narwafluß lagen sich die Hermannsfeste des Deutschen Ordens und die gewaltige, flach hingekauerte Moskowiterburg Iwangorod gegenüber. Der Fluß zwischen ihnen galt als die Grenze zweier Welten, zwischen West und Ost, Germanen und Slawen, Europa und Asien, Licht und Finsternis.

Die estnische Staatsgrenze zur Sowjetunion lag damals einige Kilometer ostwärts der Stadt. Wir marschierten die Eisenbahngeleise entlang bis an das große hölzerne Tor mit

Hammer und Sichel und der Spruchtafel: „Proletarier aller Länder vereinigt euch!"

Wir sangen in sicherer Entfernung ein antikommunistisches Kampflied und fühlten uns sehr stark. Auch solche Lieder hatten in unser Repertoire Einzug gehalten, vor allem aber heldische Soldatenlieder.

Heldenverehrung wurde großgeschrieben und durch Literatur genährt. Ich verschlang alle Weltkriegsbücher, derer ich habhaft werden konnte, von Ernst Jüngers „In Stahlgewittern" bis Erhard Witteks „Männer".

Langemarck wurde zum mythischen Wort. Langemarck ist ein Ort bei Ypern in Flandern. Ende 1914 hatten junge Kriegsfreiwillige versucht, über freies Feld die französischen Stellungen zu erstürmen und waren dabei, „mit dem Deutschlandlied auf den Lippen" ins feindliche Feuer gerannt.

Was für ein Schwachsinn! Hatten die Ausbilder ihnen nicht beigebracht, daß man sich flach macht, wenn geschossen wird? Die Offiziere, die diese „grünen" Dummköpfe angeführt hatten, hätten vor ein Kriegsgericht gehört, wenn sie nicht selber gefallen wären, aber damals sah man es anders: diese Dummheit galt als verehrungswürdiger Opfermut.

Eines unserer letzten Sommerlager hatten wir im Norden der Insel Ösel, in Thalik, nicht weit vom Gut und Friedhof Peudehof. Beim Gut war Walter Flex am 15. Oktober 1917 gefallen, und auf dem Friedhof lag er begraben.

Man nannte ihn nach seinem Buch den „Wanderer zwischen beiden Welten". In diesem Buch beschreibt das Leitbild der Jugendbewegung, wie Walter Flex auch genannt wurde, einen jugendbewegten Kriegsfreiwilligen, der Goethes „Faust", Nietzsches „Zarathustra" und das „Neue Testament" im Tornister trägt, was Tausende ihm nachmachten, einige sogar noch im Zweiten Weltkrieg.

Im Nachtmarsch zogen wir zum Friedhof. Auf dem Grabkreuz stand: „Wer auf die preußische Fahne schwört, hat nichts mehr, was ihm selber gehört." Wir gelobten, es ebenso zu halten, und sangen inbrünstig des Dichters Lied: „Wildgänse rauschen durch die Nacht . . . und fahren wir ohne Wiederkehr, singt uns im Herbst ein Amen."

Wir suchten Helden, die näher dran an unserer eigenen Geschichte waren. Dafür bot sich das Baltenregiment an, ein deutsch-baltischer Freiwilligenverband in der Zeit des estnischen Freiheitskrieges. Da gab es ja noch viele Veteranen, deren Taten noch keine 20 Jahre zurücklagen. Wir luden sie ein, uns von 1918/20 zu erzählen, und sie kamen gern. An die Heldentaten kann ich mich nicht erinnern, nur daran, daß mir als Haupteindruck gräßliche Angst zurückblieb, wenn sie davon erzählten, wie die Roten, genauso wie die Weißen, ihre Gefangenen „an den nächsten Baum geknüpft" hatten.

Wir benutzten jede Gelegenheit, „unseres" Baltenregiments zu gedenken, mit Kranzniederlegungen am kleinen Denkmal im Hof der Kulturverwaltung oder mit verbalem Gedenken bei Feierstunden oder Flaggenhissungen. Im letzten Sommerlager hatten wir sogar so etwas wie ein eigenes Ehrenmal angelegt, bei dem ständig ein Posten Wache stand. Wieder eine Gelegenheit für mich umzufallen.

Geschichten von der Kampfzeit der Nationalsozialisten im Reich gehörten zu den Vortragsstoffen der Heimabende, einschließlich Schilderungen der Straßen- und Saalschlachten mit Bierseideln und Stuhlbeinen. Auch das wurde zum Heldentum erhoben. Die Geschichte vom „Hitlerjungen Quex", geschrieben von Karl Alois Schenzinger, dem Autor des unpolitischen Bestsellers „Anilin", war Pflichtlektüre. Dieser „Hitlerjunge Quex" war in einem Berliner Arbeiterviertel von Kommunisten erschlagen worden.

Wir hatten keine Märtyrer, keinen „Quex" und keinen Horst Wessel, aber wenn ein Pfadfinder starb, was zum Glück nur sehr selten vorkam, dann malten wir eine Ehrentafel mit seinem Namen und der trutzigen Inschrift: „Über Gräber vorwärts."

Eine verschworene, eine zusammengeschweißte Gemeinschaft, beides damals beliebte Prädikate, braucht eine

Hymne. Das Baltenlied („Oh, Heimatland, auf der Begeist'rung Schwingen ...") reichte dafür nicht aus, es mußte schon kämpferischer sein. Es wurde:

> „Siehst du im Osten das Morgenrot;
> ein Zeichen zur Freiheit, zur Sonne.
> Wir halten zusammen, ob lebend, ob tot,
> mag kommen, was immer da wolle ..."

Jede Strophe endete mit dem Schrei: „Volk ans Gewehr!"
Daß dieser Ruf zu den Waffen in unserer Situation un-
sinnig war, fiel selbst uns auf, und so wurde das „Morgenrot" durch eine neue Hymne ersetzt, die Massa aus
Deutschland mitgebracht hatte. Es war das „Lied der Jungenschaft" aus dem seit 1920 dänisch gewordenen Nord-
schleswig:

> „Genannt noch heute Meuterhaufen,
> ach, laßt die Spießer, laßt die Hunde bellen.
> Der Feinde Heer ist überlaufen
> und durch das Land die Sturmsignale gellen.
> Und wirft man uns in Bann und Acht,
> wir rasten nicht bei Tag und Nacht.
> Wir werden niemals je kapitulieren,
> eh' nicht der letzte Tropfen Bluts verrann.
> Oho, die Jungenschaft erhebt sich,
> die Jungenschaft greift an."

Und bei den letzten zwei Zeilen erhob sie sich wirklich,
sprang von den Sitzen hoch und streckte den rechten Arm
zum Gruß aus, wie die Hitlerjugend beim Kehrreim ihres
Liedes „Unsre Fahne flattert uns voran."
Die Texte vieler unserer Lieder waren hohles Getön, oft
auch einfach unverständlich. Das hatten sie mit vielen
Chorälen gemein, die ja auch von den Gläubigen mit Inbrunst gesungen werden. Aber die Choräle stammen meist
aus dem 17. Jahrhundert, und das entschuldigt sie. Bei unseren Liedern sollte man aber doch fragen, wenigstens

nachträglich, was, abgesehen von Sturmsignalen und letzten Blutstropfen, die Worte bedeuteten.

Wer sind z. B. die Spießer?

Wir brauchten Feindbilder. Spießer waren zunächst einmal alle, die anders dachten als wir, Erwachsene, die sich nicht für die Bewegung einsetzten, sich gar in einem so lauen Verein zusammentaten wie die VNV, die Volksnationale Vereinigung. Spießer waren aber auch Altersgenossen, die lieber „Negertänze" tanzten als Walzer, die sich anzogen wie die Stenze, ja sogar die, die mit 15 Jahren schon lange Hosen trugen, und Erwachsene, die uns mahnten, daß unser Treiben kein gutes Ende nehmen werde.

Nicht gerade Feinde, aber doch nicht in unser Weltbild passend waren auch die Reichsbalten. So nannten wir diejenigen, die während und nach der Russischen Revolution nach Deutschland ausgewandert waren. Siegfried von Vegesack beendet seine „Baltische Tragödie" mit dem Ausruf: „Jetzt Deutschland im Unglück beistehen!" Wir sahen das anders. Deutschland brauchte die paar Balten gewiß nicht, aber in der Heimat kam es auf jeden Deutschen an, der blieb. Sie hatten die Heimat im Stich gelassen.

Und Gegner waren die „Käser". Das war unser Spottname für die Jugendlichen, die immer noch im Christlichen Verein Junger Männer (CVJM) waren, statt bei den Pfadfindern. Sie trugen auch Schulterriemen; aber die sahen wie Hosenträger aus, und wir spotteten über die „Mopsgespanne".

Pastorensohn Hans Jürgen Brasche, genannt Massa, hatte in Königsberg Sport studiert. Etwa 1935, da war er 21 Jahre alt, mietete er sich über der Domschulturnhalle ein Zimmer, in dem er wohnte, das aber auch als provisorisches Heim diente, ehe wir auf dem Domberg ein ganzes Haus bezogen.

Er wurde sehr schnell die treibende Kraft des Pfadfinderkorps. Der eigentliche Korpsführer, Pitt Hoffmann, nahm mehr eine Präsidentenstelle ein als seriöser Vorzeige-Verantwortlicher.

Wahrscheinlich 1936 bildete Massa aus den Führern und

aktivsten Pfadfindern die Sturmschar. Die Wortkombination hatte er gewählt, um im Abzeichen, einem schwarzen Aufnäher für den Ärmel, deutlich zwei Siegrunen, wie SS, in weiß und rot anbringen zu können. Die Sturmschar war laut, sollte auffallen. Einmal störten wir ein Erntedankfest des CVJM, indem wir uns einfach in deren Räumen aufbauten und so laut unsere Lieder sangen, daß die „Käser" mit ihrem Programm überhaupt nicht zum Zuge kamen.

Der CVJM hatte ein schönes Vereinshaus mit Garten am Falkensteg, unterhalb des Burgturms Langer Hermann. Eines Nachts schlich die Sturmschar in den Garten und beschmierte Wände und Fenster mit Pfadfinderparolen. Nach den Tätern brauchte man nicht lange zu suchen, und der „Käser"-Führer, Lehrer Zastrow, erhob bei der Kulturverwaltung Klage, die zu einem strengen Verweis für Otto Hoffmann führte, der nichts dafür konnte.

Zwar hatte es im deutschbaltischen Schülerjargon schon immer die rauhbeinigen Ausdrücke „aasig stramm" und „haarig forsch" gegeben, aber wir waren es. Wir waren, wie es eine Dame mal ausdrückte „bajuwarisch", wir waren ungeniert flegelig. Und das hielten wir für den uns angemessenen Stil.

Wir Randalierer waren überzeugt, eine Weltanschauung zu vertreten. Das Schulungsmaterial, an dem auch ich mich orientierte, um es meinerseits weiterzugeben, kam aus Deutschland. Natürlich mußten auch die Klassiker herhalten, um die ideologische Bildung zu festigen. So z. B. ein Schillerzitat (aus dem „Demetrius") „Was ist die Mehrheit? Mehrheit ist der Unsinn. Verstand ist stets bei wen'gen nur gewesen." Jetzt waren die Führer diese „Wen'gen" von unten bis oben: Ich, Massa, Reichsjugendführer Baldur von Schirach, Adolf Hitler selbst.

Ich habe in diesem Kapitel die Wirform arg strapaziert. Was für mich zutraf, galt nicht für alle, auch deshalb nicht, weil in diesem Alter zwei oder drei Jahre Unterschied die Perspektive entscheidend anders sein lassen können, das Erleben entscheidend beeinflussen.

Reval. Burgturm – der Lange Hermann.

135

Als Karl-Heinz (Putto) Borck mir 1988 sagte, er habe gar nicht bemerkt, daß unsere Pfadfinder eine Hitlerjugendkopie sein wollten, habe ich mich gefragt, wie man die Erinnerung so verdrängen kann, bis mir klar wurde, daß er die Trommeln und Fanfaren wohl gehört, aber die missionierenden Worte nicht wahrgenommen hatte. Er ist Jahrgang 1923, vier Jahre jünger als ich.

Auf die Erinnerung ist nach mehr als 50 Jahren natürlich auch kein Verlaß. So war ich fest davon überzeugt, und habe es scherzhaft wohl auch manchmal erzählt, daß Berndt von Staden, der spätere Botschafter in Washington und Staatssekretär im Auswärtigen Amt, bei mir Pimpf gewesen sei. Erst als ich mir seine Biographie im Archiv ansah, stellte ich fest, daß er mein Jahrgang (1919) ist, also ein bißchen zu alt, um mein Pimpf gewesen zu sein, aber Pfadfinder in Reval war er gewiß.

Reval, die Ordensburg.

Es war gar nicht einfach, nicht Pfadfinder zu sein. Wir übten einen Druck aus, der jeden, der nicht mitmachte, nahezu ächtete. Dennoch gab es einige. Der Rundfunkjournalist Bernd Nielsen-Stockeby erzählt in seinem Buch „Baltische Erinnerungen" mit einigem Stolz, daß er sich fernzuhalten verstand. Auch Alexander von Weymarn gehörte damals zu den abseitsstehenden „Spießern". Ich traf ihn bei Balthasar von Bremens Beerdigung, und er gestand mir, daß es ihm heute leid tue, damals nicht dazugehört zu haben. Auch das gibt's.

Junge Menschen zu indoktrinieren ist niemals schwierig, es ist aber besonders leicht, wenn es sich um junge Menschen handelt, die noch gar keine politische Überzeugung haben, die offen sind für alles, was begeistern kann, um so mehr, wenn es ganz allgemeiner Trend ist, vor dem einen auch niemand warnt.

Wir brauchten nicht bekehrt zu werden. Der Nationalsozialismus fiel wie Samen auf Neuland, und die Saat ging ungehindert auf. Man darf auch nicht vergessen, daß Deutschland für uns das bewunderte Vaterland war, dessen Alltag wir nicht kannten. Was dort vorging, sahen, wußten und verstanden wir nur soweit, als es uns ansprach, als wir es sehen, wissen und verstehen wollten.

Ich hielt mich für einen Idealisten. Niemand hat mir gesagt, daß Idealismus auch etwas sehr Gefährliches sein kann. Ich war stolz darauf, wenn man mich Fanatiker nannte. Ich empfand das nicht als Schimpfwort, im Gegenteil.

Zur Konfirmation schenkte mir Dr. Herbert von Hunnius Hitlers „Mein Kampf", und als Widmung schrieb er, auf meinen Wunsch, hinein: „Laßt uns die ewigen Revolutionäre sein" (Arthur Moeller van den Bruck, 1876–1925).

Dr. von Hunnius wurde von mir als „Schwiegervater" angesehen, solange ich mich mit seiner Stieftochter, Wilgart von Wedel, liiert fühlte.

Lesefrucht

Während ich darüber nachdachte, wie ich die schwierigen Kapitel über meine Jugendjahre in eine Form bringen könnte, daß sie heutigen Menschen nicht völlig unbegreiflich erscheinen, las ich als Urlaubslektüre die „Jugenderinnerungen eines alten Mannes", des 1867 im Alter von 65 Jahren verstorbenen Schriftstellers und Malers Wilhelm von Kügelgen. Eine tröstliche Lektüre. Jugend bleibt Jugend. Es gibt nichts Neues unter der Sonne:

Der Verfasser ergibt sich der Demagogie

Um jene Zeit war Eduards ältester Bruder Friedrich nach beendigten akademischen Studien von Jena zurückgekehrt. Lang, hager, blaß, das tiefliegende Auge von starkem innerem Leben glühend, trat er in sogenannt altdeutscher Tracht, mit gefiedertem Barett und langabwallendem Haar, wie eine Erscheinung aus verflossenen Jahrhunderten in unsern Kreis, Kernworte der Trauer und des Ingrimms sprechend: der Trauer über den Verlust der akademischen Freiheit, des Ingrimms über das Philisterium, dem er verfallen. Friedrich war ein hochbegabter und genialer Mensch, dessen übermächtige Persönlichkeit uns jüngeren nicht wenig imponierte, daher er uns auch schnell zum Propheten und Apostel eines nagelneuen Evangeliums werden konnte, das er aus Thüringen mit heimgebracht. Er war tief eingetaucht in jene phantastische Strömung, welche damals die deutschen Hochschulen durchflutete und die Köpfe der besten jungen Leute mit sich fortriß. War er doch eine der Koryphäen der glorreichen Jenenser Burschenschaft gewesen, hatte die Fahne getragen beim Zuge nach der Wartburg, und sich dort nach des begeisterten Studenten Riemanns Worten mit allen Genossen aufs feierlichste verschworen: „zu streben nach jeder menschlichen und vaterländischen Tugend", und solche Tugend war es, welcher er jetzt das Wort redete vor den Ohren aller, die es hören und nicht hören wollten.

Worin sie eigentlich bestand diese menschliche Tugend, ist schwer zu sagen, da ihr Begriff sich ebensowenig aus jener Bezeichnung als aus Beispielen der Geschichte deduzieren läßt. Eine andere Tugend hatte Cäsar und eine andere Brutus, und Diogenes hatte eine andere, als Cato und Scipio. Soll man von christlicher Tugend absehen, so ist die menschliche und vaterländische an sich ein wunderlicher Proteus und kann ebensogut Mord und Totschlag bedeuten, als gut Essen und Trinken. Darin zwar war man einig, daß den Tugenden der Tapferkeit, der Wahrhaftigkeit und Keuschheit nachzujagen sei, und das war das Löbliche bei der Sache; ob aber z. B. die menschliche und vaterländische Tugend es gebot, zum Zweck der Herstellung eines einigen und freien Vaterlandes die sämtlichen deutschen Fürsten benebst ihren Helfern und Helfershelfern um einen Kopf zu verkürzen, oder ob es hinreichen würde, dieselben mit bescheidenen Pensionen – für den König von Preußen wurden in Jena 300 Taler vorgeschlagen – zu bourgeoisieren, darüber stritt man wie über vieles andere. Die ganze Bewegung glich einer unklaren und verworrenen, von den heterogensten Sympathien getragenen Konfusion. Mit derselben Begeisterung für deutsches Mittelalter wie für die modernsten Revolutionsideen der Franzosen, streckte man die Arme gleichzeitig nach hinten und nach vorne aus und schwärmte für eine Vorzeit, die man nicht kannte, und deren Bedingungen, Ordnungen und Formen man nach Herzenslust mit Füßen trat.

Was mich anlangte, so verstand ich von dem ganzen Wirbel wenig mehr, als daß es eine Herrlichkeit sondergleichen war, und daß man recht von Herzensgrunde deutsch sein müsse; ähnlich mochten es auch alle diejenigen meiner Mitschüler verstehen, die überhaupt begeisterungsfähig waren. Recht deutsch sein aber hieß, recht trotzigen Mut und feste Fäuste haben, und uns zu diesen vaterländischen Tugenden zu verhelfen, war Friedrich sehr erbötig. Mit Enthusiasmus sprach er von dem frommen, frischen, freien und fröhlichen Turnerwesen und weckte das Verlangen, uns unter seiner Leitung mit der Gesamtheit aller Schüler zu einer ordentlichen Turngemeinde zu organisieren.

Um die Erlaubnis hierzu, wie um Abtretung eines zum Turnplatz geeigneten Landstückes, ward der Herzog angegangen, vorläufig aber im Hofraume der Superintendentur eine kleine Turngelegenheit improvisiert. Hier stellten wir aus gemeinen Mitteln die notdürftigsten Gerüste her, an denen wir des Abends unsere Kräfte übten, und ergötzten uns nebenbei an allerlei frischen und fröhlichen Turnspielen, die unser Meister Friedrich leitete. Dazu verschafften wir uns ungeschwänzte Anzüge von grauem Sackdrell, nahmen einen ungeschliffenen Kärnergang an, wie er deutschen Flegeln zu ziemen schien, und sahen jedermann keck ins Angesicht. Leider aber mußte unser Verhalten sich nur allzuwenig empfohlen haben; besonnene Männer traten gegen die Neuerung auf und erhoben sogar im Wochenblatt den Wächterruf. Ich zweifle nicht, daß ihre Besorgnisse begründet waren.

Ich war der Meinung, daß irgend etwas faul sei in deutschen Landen, und daß dem weder durch Bescheidenheit noch Liebenswürdigkeit, sondern einzig und allein durch die unbescheidenste Kraftentwicklung abzuhelfen sei.

(Auszug gekürzt)

Rabu

Die Pfadfinder-Turnfeste fanden in der Domschulturnhalle statt. Alle Eltern und Bekannten waren eingeladen und kamen auch. Einmal fragte ein Vater am Eingang: „Wo kann ich meinen Obolus entrichten?" Der Junge an der Tür, wahrscheinlich kein „Altgrieche", sagte verlegen: „An dieser Wand entlang und dann hinten in der Ecke ist die Tür."

140

Reval. Kurzer Domberg.

141

Höhepunkt der Vorführungen war Ossis (Georg Ozerows) mehrfache Riesenwelle am Reck. Nach dem Bodenturnen formierten sich Turner und Turnerinnen zu einer Kolonne und marschierten, von rhythmischem Klatschen begleitet, aus dem Saal. Noch mehr Beifall aber bekam Rabu, ein achtjähriger weiblicher Kobold, der mit Radschlagen und Purzelbäumen hinter der Kolonne herkugelte. Die Kleine hieß Hella Carin von Hunnius, aber alle kannten und liebten sie als Rabu.

Jahre nach dem Krieg, als man jedesmal froh war, wenn ein Name aus der Vergangenheit auftauchte, hörte ich wieder von ihr. Sie, ihre Mutter und ihre Halbschwestern Wilgart (Willa) und Sieghild (Sisi) von Wedel, waren in Goslar gelandet. Rabu war Anfang der Zwanziger. Sie heiratete nach Bochum und bekam drei Söhne. Einer davon ist der Rock- und Popsänger Herbert Grönemeyer.

Konfirmation

Als Erwachsener, erst recht als alter Mann, ist mir unvorstellbar, woher ich die Kühnheit oder Unverschämtheit nahm, gegen Menschen, die von einer Sache wirklich etwas verstanden, im Brustton der Überzeugung anzureden. Ich spreche in diesem Fall von Diskussionen um religiöse Themen. Ich diskutierte gegen Theologen oder auch einfach gegen Personen, die mir an Bildung und Geist weit überlegen waren. Ich war sechzehn.

Ich versuche zurückzudenken.

Erstens: ich erkannte ihre Überlegenheit nicht an. Zweitens: ich hatte meine Überzeugungen (Lehrsätze), die ich mir nicht „durch des Gedankens Blässe ankränkeln" lassen wollte. Drittens: Gegenargumente ließ ich gar nicht zu.

Viel später habe ich in der umgekehrten Rolle oft erlebt, wie hoffnungslos es ist, mit Menschen zu argumentieren, die so gestrickt sind wie ich damals, Kommunisten hier und in der Sowjetunion, aber auch „Grüne" und manchmal Jugendliche überhaupt, die eine „hochexplosive Mischung von Engstirnigkeit und Phantasie" vertreten, wie Herbert von Karajan einmal so gut den Fanatismus definierte.

Und dann kam der Zeitpunkt, an dem ich konfirmiert werden sollte. Das war so üblich. Ich kenne niemand, der damals bei uns auf den Gedanken gekommen wäre, sich bzw. sein Kind nicht konfirmieren zu lassen. Im Baltikum wurde spät konfirmiert, nicht vor sechzehn. Immer noch viel zu früh, meine ich heute.

Ich ging zu Propst Konrad von zur Mühlen in den Unterricht. Er war ein alter Herr von 68 Jahren. Er strahlte Würde und Güte aus und hatte eine Art, die Glaubenssätze zu erklären, daß selbst ich verstummte, ihm zu folgen begann, überzeugt wurde, vielleicht könnte man sogar sagen, zu glauben anfing.

Am Palmsonntag 1936 wurde ich in der Nikolaikirche konfirmiert. Sie war von alters her die Kirche der Kaufleute und hatte ihre schöne Ausstattung behalten, weil beim Bildersturm der Reformation der Küster die Türschlösser mit Blei zugegossen hatte. So gab es neben dem Flügelaltar von Hermann Rode und vielem Schnitzwerk auch noch den berühmten „Totentanz" des Lübecker Malers Bernt Notke.

Meinen Konfirmationsspruch wählte Propst von zur Mühlen aus dem 1. Korintherbrief, Kapitel 16, Vers 3:

„Wachet, stehet im Glauben, seid männlich und seid stark!"

Das hatte ich auch vor. Aber wie lange? Die Zweifel kamen wieder, nicht nur die durch HJ-Schulungsbriefe genährten, sondern auch ganz eigene. Könnte es nicht sein, daß Gott, ebenso wie es die „Götter" der Antike waren, eine Schöpfung des Menschen ist, und nicht umgekehrt, Man hatte ihn erfunden, um die Menschen in Zucht zu halten, aber auch, um alles Unerklärliche, Unbegreifliche auf das „höhere Wesen" abschieben zu können. „Was Gott tut, das ist wohlgetan", selbst wenn ein Vulkanausbruch Zehntausende Unschuldiger tötet oder irgendwo Hunderttausende verhungern.

„Schreiben heißt: sich selber lesen"

Natürlich habe ich als Siebzehnjähriger Tagebuch geführt. Natürlich gibt es diese Aufzeichnungen nicht mehr. Sie würden mir jetzt zeigen, wie ich in einer bestimmten Situation gedacht und empfunden habe, unbeschönigt, ohne durch Überzeugungswandel, persönliche Entwicklung oder einfach Vergessen gefiltert zu sein.

Zu diesem Thema Lesefrüchte von 1991: Bei Max Frisch (Tagebücher 1946–1949) las ich: „Vom Sinn eines Tagebuches: Wir leben auf einem laufenden Band, und es gibt keine Hoffnung, daß wir uns selber nachholen und einen Augenblick unseres Lebens verbessern können. Wir sind das Damals, auch wenn wir es verwerfen, nicht minder als das Heute.

Die Zeit wandelt uns nicht.

Sie entfaltet uns nur.

Indem man es nicht verschweigt, sondern aufschreibt, bekennt man sich zu seinem Denken, das bestenfalls für den Augenblick und für den Standort stimmt, da es sich erzeugt: Man rechnet nicht mit der Hoffnung, daß man übermorgen, wenn man das Gegenteil denkt, klüger sei: Man ist, was man ist. Man hält die Feder hin, wie eine Nadel in der Erdbebenwarte, und eigentlich sind nicht wir es, die schreiben; sondern wir werden geschrieben. Schreiben heißt: sich selber lesen."

Und bei Goethe („Dichtung und Wahrheit", Zweiter Teil, Achtes Buch): „Eine andere . . . Beschäftigung war, daß ich die Briefe durchsah, welche ich von Leipzig nach Hause geschrieben hatte: Nichts gibt uns mehr Aufschluß über uns selbst, als wenn wir das, was vor einigen Jahren von uns ausgegangen ist, wieder vor uns sehen, so daß wir uns selber nunmehr als Gegenstand betrachten können . . ."

Es gäbe außer den nicht mehr vorhandenen Tagebüchern noch ein anderes „Beweismaterial" für meine damalige Denkungsweise, aber auch dieses ist verlorengegangen: meine Bücher. Ich las immer mit dem Bleistift und unterstrich, was der Dichter „für mich" geschrieben hatte.

144

Reval. „Kiek in de Kök" mit Blick auf die Domkirche.

145

1988 schrieb Ruth Graf in einem Brief an mich: „Ich erinnere mich an den Schüler, der im Zarathustra an- und unterstrichen hatte: ‚... trachte ich denn nach dem Glück? Ich trachte nach meinem Werke!'"

Ich saß im Frühling in der Grünanlage vor der Strandpforte in der Sonne und verschlang den „Zarathustra" Zeile um Zeile. Was für eine Sprache! So schreiben können! Wahrscheinlich verstand ich nicht jeden von Nietzsches Gedanken, aber es klang nicht widersprüchlich zu meiner „Weltanschauung".

Ich war damals sicher romantisch. Wenn ich für die Schule einen größeren Lesestoff zu erarbeiten hatte, ging ich im Frühling mit dem Buch in die „Wolfsschlucht" oberhalb von Katharinental. Da stürzte ein kleiner Wasserfall von einem Felsen, da roch es nach frischem Wasser und nach Waldboden, es gab Leberblümchen, Anemonen, gelbe Schlüsselblumen, die man in Norddeutschland Primeln oder auch Himmelsschlüssel nennt, und dort, wo das Wasser wieder ruhiger floß und die Ufer des Baches versumpft waren, standen die dicken, vielblättrigen „Kullerkuppud". So hießen sie auf estnisch, und wir benutzten kein anderes Wort, denn ich weiß bis heute nicht, ob Sumpfdotterblume die richtige Übersetzung ist. Kullerkuppud habe ich sonst nirgends gesehen.

Vielleicht stand in meinem Tagebuch auch, wie „Frankenstein" mich das Fürchten lehrte. Das wird wohl nicht erst 1936, sondern etwas früher gewesen sein. Das Kino „Helios" lag am oberen Ende der Lehmstraße (Viru tänav) schräg gegenüber unserem Wohnhaus in der Rußstraße (Vene tänav). In den Anzeigen für den Horrorfilm „Frankenstein" wurden Menschen mit schwachen Nerven davor gewarnt, ihn sich anzusehen, aber auf alle Fälle standen auch Krankenschwestern im Kino bereit. Das war der Inhalt: Der junge Forscher Dr. Frankenstein baut in einer unheimlichen Burgruine heimlich aus Leichenteilen einen künstlichen Menschen. Bei Gewitter schickt er seinen Famulus los, um aus einem anatomischen Museum ein in Spiritus aufbewahrtes Gehirn zu stehlen. In dem Augenblick,

146

da der Dieb das Glas schon in der Hand hat, erschreckt ihn ein Blitz und Donnerschlag so sehr, daß er es fallen läßt. Um nicht mit leeren Händen zurückzukommen, greift er nach dem nächsten Glas. Daß da „anormal" draufsteht, sieht er nicht, und Dr. Frankenstein auch nicht.

Das Monster erwacht noch auf dem Operationstisch zum Leben, hebt langsam die Hand und erwürgt seinen Schöpfer. Dann geht es mit kantigen Schritten hinaus und direkt zum Haus, in dem sich Frankensteins Braut für die Hochzeit schmückt. Das Monster steigt durchs Fenster... Das Grunzen des Monsters, der Schreckensschrei der Frau, das ist der Augenblick, in dem die Krankenschwestern gebraucht wurden.

Ich wurde nicht ohnmächtig, aber ich wagte mich kaum nach Hause. Ich wußte, daß niemand in der Wohnung war und ich den Lichtschalter erst ertasten mußte, während das Monster aus dem Dunkeln auf mich zuschlurfte...

Nach dem Krieg habe ich „Frankenstein" (mit Boris Karloff) noch einmal gesehen. Da war der Film nur noch komisch oder doch fast nur.

Es würde mich interessieren, ob ich meinem Tagebuch meine Angst vor Kriegsgreueln anvertraut habe. Das Alte Testament ist voll davon, die Weltgeschichte, also auch der Geschichtsunterricht, waren voll davon. Ich glaube, es gehörte in die antiken Perserkriege, daß ein Sieger Zehntausenden der besiegten Feinde die Augen ausstechen ließ, ein anderer ebenfalls Tausenden die Zungen aus dem Mund reißen ließ. Nicht vergessen das Massaker von Beziers, 1209, wo die Kreuzfahrer gegen die Katharer alle 20000 Bewohner der Stadt niedermetzelten, auch Babys nicht verschonend, und als ein Ritter den Anführer darauf hinwies, daß doch nicht alle Ketzer gewesen seien, Simon de Montfort antwortete: „Gott kennt die Seinen".

Solche Geschichten schreckten mich so sehr, daß ich mich zunehmend davor fürchtete, selbst in einen Krieg zu geraten, bis es dann wirklich soweit war, und die Furcht zu meinem Glück der Ungeduld gewichen war, nicht zu spät in den Krieg zu kommen.

Natürlich litt ich auch unter Minderwertigkeitsgefühlen. Oder ist es nicht natürlich, daß ein Siebzehnjähriger sie hat? Wie mag sich das in meinen Tagebüchern niedergeschlagen haben? Und wie meine Gedanken über und meine Gefühle für die Mädchen?

Tänzer und Balzer

Die Klassenfeste waren viel schöner als die großen Schulfeste. Klassenfeste waren etwas Privates. Die Eltern der Mädchen veranstalteten sie bei sich zu Hause. Ich erinnere mich nur an Klassenfeste bei Elisenschülerinnen. Wahrscheinlich war das eine Besonderheit dieser Schule. Alle Eltern steuerten Kuchen und Limonade bei, manchmal gab es auch kräftige Sakuski, aber keinen Wodka dazu.

Gute Manieren wurden bei den Eingeladenen vorausgesetzt: Handkuß für die Dame des Hauses, dazu eine tiefe Verbeugung, Kratzfuß genannt, und natürlich gehörte es sich, darauf zu achten, daß alle Mädchen gleich oft betanzt wurden, was nicht ausschloß, daß einige Jungen ihre Favoritinnen hatten.

Bei Paaren war es klar, daß der Kavalier seine Dame nach Hause brachte, auch wenn sie am entgegengesetzten Ende der Stadt wohnte. Hatte man keine Auserwählte, erkundigte man sich unauffällig und rechtzeitig danach, wo das Mädchen wohnte, und hörte man von einer, daß es nicht weit war, bot man ihr schleunigst sein Geleit an, ehe ein anderer sie einem wegschnappte, denn ungeleitet durfte kein Mädchen nach Hause gehen. Man begleitete die Dame bis vor die Haustür, auch die Angebetete.

Zum Tanz spielte jemand Klavier oder auch Ziehharmonika, manchmal fand sich auch ein Erwachsener, der nur Musik machte und selbst nicht tanzte, manchmal mußte auch ein Grammophon genügen ...

Es gab einige Jungen, die bei keinem Klassenfest fehlten. Sie wurden regelmäßig eingeladen, weil sie besonders gute

Reval. Das Schwarzhäupterhaus/Langstraße.

Tänzer waren. Hans Eberhard v. Cube, Hermann Eichhorn oder Ernst Bresinsky, der Sohn meiner dicken Englischlehrerin, gehörten dazu.

Ich wurde auch regelmäßig eingeladen, obgleich ich nur ein eifriger und unermüdlicher, aber keineswegs besonders guter Tänzer war. Ich war ein „Balzer".

Das war eine spöttische Bezeichnung für Jungen, die entweder stets im Windschatten *eines* Mädchens liefen oder aber sich überhaupt recht ausgiebig um Mädchen kümmerten. Bei mir traf beides zu.

Ich „balzte" 1935 Wilgart von Wedel an. Ich war ihr sehr treu. „Wo eine Willa (Wilgart) ist, ist auch ein Werg", erfand ein Spötter. Wir gingen viel miteinander spazieren und brachten es sogar soweit, daß wir, wenn keiner es sah, Hand in Hand gingen.

Etwas später hatte sich, wohl durch mein Zurückbleiben im Schul-Versetzungs-Rhythmus, ein Generationswechsel vollzogen. Die gleichaltrigen Mädchen waren entrückt, hielten es schon mit den Studenten. Die Mädchen meines Kreises waren jetzt zwei Jahre jünger, die vom Jahrgang 21 oder 22. Mit ihnen, man kann sagen mit der ganzen Klasse, verband mich eine herzliche Kameradschaft, teils durch die schönen Klassenfeste, teils durch gemeinsame Pfadfinderaktivitäten. Bei einigen wurde zeitweise Freundschaft daraus, so bei Ursi von Åkermann.

Meine große Liebe war Gisela Pilar. Das war von Dauer und uns beiden ernst. „Werg? Werg? Und sonst gar nichts?" spottete Jürgen Lindtke. Das stammte aus dem Film „Kleider machen Leute", der gerade bei uns lief. Was half es dem Schneiderlein (Heinz Rühmann), daß es sich in feine Kleider hüllte, wenn er eben doch nur Zwirn hieß: Zwirn? Zwirn? Und sonst gar nichts? Lindtke fügte hinzu, „Ein kleines Von-chen dürfte es schon noch sein." Gisela hieß nämlich mit vollem Namen: Baronesse Pilar von Pilchau.

Unsere Mädchen bestanden aus Kopf und Füßen: dem Kopf zum Unterhalten, den Füßen zum Tanzen. Dazwischen durfte nichts sein. Daß es dazwischen sehr wohl

150

etwas gab, wußte ich nicht nur, sondern spürte es natürlich auch, aber das mußte verdrängt werden.

Jamboree

Alle vier Jahre veranstalteten die Scouts ein Jamboree, ein internationales Großlager. 1936 fand es in Estland statt, und es kamen 2000 Scouts aus Finnland, Lettland, Litauen, Polen und England. Wir deutschen „Scouts" aus Estland waren auch eingeladen, daran teilzunehmen.

Ich führte eine Gruppe von acht Pfadfindern nach Paralep bei Hapsal an der Westküste. Wir fielen gleich auf, als wir unser Zelt aufbauten. Wir knüpften es aus acht Bahnen, und im Vergleich zu den Hauszelten aller unserer Nachbarn war es eine Hundehütte, in der man nicht einmal aufrecht stehen konnte. Wir waren auch sparsam in der Ausgestaltung unseres Platzes und holzten nicht den halben Wald ab, um Zäune, Tore und Zierbauten aus weißen Birkenstämmen zu errichten, wie es die anderen taten. Wir hatten auch Mühe, uns an den Scoutsgruß zu gewöhnen. Sie reichten sich die linke Hand und hoben gleichzeitig die rechte, drei Finger ausgestreckt, den Daumen über den kleinen Finger gelegt. Dazu tauschten sie den Wahlspruch aus: „Sei bereit" – „Allzeit bereit".

Unsere direkten Nachbarn waren die Estland-Russen, mit denen wir uns gut verstanden. Etwas weiter stand das Zelt der Litauer. Zu ihnen gingen wir als Parasiten. Ja, der Gast heißt auf litauisch Parasit, und wir trugen uns ins Parasitenbuch ein.

Jeden Abend versammelte sich das ganze Lager ums Riesenfeuer am Strand. Alle Gruppen sollten während der zehn Lagertage wenigstens einmal etwas vortragen. Wir entschieden uns für Volkstänze. Die Mädchen dazu kamen aus der deutschen Volksgruppe der nahen Kleinstadt Hapsal. Als unser Auftritt an der Reihe war, brach ein Gewitter mit einem Wolkenbruch los. Das Feuer verlosch, und im

Finstern krochen wir zu 16 in unser Zelt, das für acht schon eng war. Alle fanden das sehr gemütlich.

An einem Morgen kam ein reichsdeutscher Kameramann zu uns. Er sammelte Material für einen Film über die Deutschen in Estland. Wir boten ihm einen „Aufmarsch". Ich als Führer voran, Dieter Mickwitz mit der Fahne hinterher, Hein Hoffmann, die Trommel rührend, als dritter. Es blieben noch ganze fünf Mann Fußvolk.

In dieser Formation marschierten wir auch im Festzug durch Reval, wohin alle 2000 Lagerteilnehmer in Sonderzügen geschafft worden waren. Lord Robert Baden-Powell (79), der 1907 die Boy-Scout-Bewegung gegründet hatte, erschien im Schottenrock bei der Schlußveranstaltung im Stadion und hielt eine Rede. „Allzeit bereit!" brüllten die Jungs in vielen Sprachen.

Olympiasommer

Olympiade 1936 in Berlin. Ich war nicht dabei. Ich hatte eine schöne Ferienbeschäftigung: Im Pastorat Joerden, bei Massa Brasches Eltern, war meine Aufgabe, finnische und finnland-schwedische Mädchen zu unterhalten. Auf deutsch, denn zum Deutschlernen waren sie ins baltische Pastorat gekommen. Zwei männliche Feriengäste, ich glaube, es waren Reichsdeutsche, unterstützten mich.

Wir hatten viel Spaß, u. a. beim „Begegnen"-Spielen auf dem abendlichen Dorffriedhof.

Vom 1. bis 16. August hockten wir viel am Radio, um die Tagesergebnisse aus Berlin zu hören. Wenn Finnen einen Sieg errungen hatten, klatschten wir Beifall und standen auf, wenn die Hymne gespielt wurde, deren Melodie übrigens mit der estnischen identisch ist. Wenn nach den Goldmedaillen für Deutschland die zwei Hymnen gespielt wurden, erhoben wir den Arm zum deutschen Gruß. Gelegenheit dazu gab es – bei 33 Goldmedaillen (26 Silber, 30 Bronze) genug. Wir kamen uns dabei gar nicht lächerlich vor.

Reval. Große Gilde/Langstraße.

Deutscher als die Deutschländer

Für einen Deutschländer ist Deutschsein etwas so Selbstverständliches, daß er darüber nicht nachdenkt. Für viele Deutsche im Ausland, Staatsangehörige eines anderen Landes, war Deutschsein ein ständiges Bekenntnis. Ich sah es so. – Und übertrieb. Aber Übertreiben ist das Recht der Jugend.

Ich schrieb in der sogenannten deutschen oder gotischen Schrift, nicht wissend, daß man in Deutschland gerade daranging, sie abzuschaffen. Ich datierte mit dem 1. im Hartung (Januar) oder dem 2. im Hornung (Februar) und hatte meinen Geburtstag am 3. im Brachet (Juni). Ich sorgte dafür, daß in unserer Wohnung, und möglichst auch in anderen, am Weihnachtsabend blaue Kerzen in die Fenster gestellt wurden. Der Volksbund für das Deutschtum im Ausland (VDA) hatte den Brauch propagiert und vertrieb auch die Kerzen. Sie sollten das Bekenntnis zur großen Gemeinschaft des deutschen Volkes ausdrücken.

Es gab in Europa elf Millionen Auslandsdeutsche, wobei die Österreicher und Sudetendeutschen schon nicht mehr als Ausländer galten, und neun Millionen Deutsche in Amerika, wobei die 7,4 Millionen Deutschstämmigen in den USA großzügig als „Deutsche" gezählt wurden, wie die 1,6 Millionen Elsässer. Es gab 67 800 Deutsche in Australien, 58 700 in Afrika und sogar in Asien noch 19 500.

Diese Zahlen standen im „Estländischen Deutschen Jugendkalender 1939", erschienen Ende 1938 im Verlag der Buchhandlung F. Wassermann, Tallinn.

Dieser Kalender ist ein Dokument. Ich hörte 1988 von der Existenz *eines* Exemplars. Es war von einer Liselotte in Reval an eine Brigitte in Deutschland geschickt worden und wohl nur deshalb erhalten geblieben und nicht bei der Umsiedlung oder Flucht verlorengegangen. Hasi Bremen besorgte mir das Exemplar, und ich kopierte es Seite für Seite, denn ich glaube, dieses Dokument beweist, was ich nur erzählen kann und was für junge Menschen von heute schwer zu glauben sein muß.

Die Liselotte in Reval schrieb der Brigitte als Widmung, natürlich in deutscher Schrift, auf das Vorblatt:

Deutschland!
Keiner weiß wo es anfängt –
keiner, wo es aufhört –
es hat keine Grenzen
in dieser Zeit!
Man hat es im Herzen –
oder man findet es nirgend und nie!

Dir, liebe Brigitte einen Gruß aus Estland und von deiner Liselotte.
Weihnachten 38

Das wäre gar nicht nötig gewesen. Liselotte hätte nur das gedruckte Motto auf der ersten Seite unterschreiben müssen. Es sagt im Grunde dasselbe.

„Bringt hinaus diesen gläubigen Schwur, daß niemals mehr in alle Zukunft das deutsche Volk sich selbst zerreißen wird, niemals mehr sich auflösen wird, sondern daß es wirklich ein Volk von Brüdern sei, das durch keine Not und keine Gefahr mehr getrennt werden kann."

Vor jedem Monat stand ein Spruch, so vor dem Januar: „Was kann einem Volk geschehen, dessen Jugend auf alles verzichtet, um seinen großen Idealen zu dienen." Februar: „Früher einmal mag der Jugend das Leben schöner erschienen sein, weil es ihr mehr an äußerer Freude brachte. Ihr aber habt das Glück, in frühen Jahren am Schicksal der Nation teilzuhaben." Mai: „Unser Volk wird zusehends disziplinierter, straffer und strammer, und die Jugend beginnt damit."

Abschnitte der Geschichte und Kulturgeschichte werden oft nach der Grundstimmung, dem Lebensgefühl der jeweiligen Zeit benannt: Barock, Romantik, Sturm und Drang, auch Biedermeier. So gesehen hätte die Mitte der dreißiger Jahre „Begeisterung" heißen müssen.

Wir wurden von einer Woge ständiger Begeisterung getragen. Im Januar 1935 stimmte die Saarbevölkerung mit 90,8 Prozent für die Rückkehr ins Deutsche Reich, im April 1938 sagten 99,8 Prozent „Ja" zum Anschluß Österreichs. In Österreich selbst waren es 99,73 Prozent.

Es ist hinterher nicht einmal behauptet, geschweige denn bewiesen worden, daß diese Zahlen gefälscht worden seien. Aber in der rückblickenden Geschichte liest man, Österreich sei überfallen und vergewaltigt worden. Also, bitte schön, gegen den Willen von 0,27 Prozent seiner Einwohner, das wären rund 19 000 von sieben Millionen. Es ist nahezu unmöglich, das einem Heutigen bewußt zu machen.

Wir lebten damals. Wir hörten mit eigenen Ohren die Jubelorkane im Radio. Wir sahen in der Wochenschau mit eigenen Augen die frenetisch jubelnden Menschen auf dem Wiener Heldenplatz, als Hitler „vor der Geschichte den Eintritt seiner Heimat in das Deutsche Reich" meldete.

Wie der Anschluß sich in der Praxis vollzog, erfuhren wir nicht, fragten auch nicht danach. Warum sollten wir? Gegenüber einer Weltanschauung fehlt ihren Jüngern die Skepsis. Das macht alles sehr einfach. Und woher sollte ein Zweifel denn überhaupt kommen?

*

Unser Deutsch-Baltisches Pfadfinder-Korps gab es seit 1937 nicht mehr. Das estnische Bildungsministerium hatte eine Verordnung erlassen, wonach Schüler der nichtestnischen Schulen keinen Vereinigungen außerhalb der Schule angehören durften. Unsere Pfadfinder waren ja alle Gymnasiasten. Also zogen wir die Uniformen aus und rollten die Fahnen ein.

Wir machten in Schülerbünden weiter, fast wie zuvor. Massa blieb unser gemeinsamer Führer, und wir fanden auch Wege, uns über die Schulgrenzen hinweg weiter zu treffen. Zu unseren Veranstaltungen trugen wir jetzt, wie die Sudetendeutschen und Österreicher vor dem Anschluß, weiße Hemden, weiße Kniestrümpfe und schwar-

Reval. St. Olaikirche mit „Dicke Margarethe".

ze, kurze Hosen. Das Verbot brachte so ein gewisses prickelndes Gefühl der Illegalität mit sich.

Einmal wurde ich sogar zur Politischen Polizei in die Bäckerstraße, gegenüber der Olaikirche, geladen. Das Verhör dauerte mehrere Stunden. Ich verriet nichts über Organisation und Verbindungen, aber war naiv genug, dem Beamten unsere „Weltanschauung" zu predigen, als wollte ich ihn davon überzeugen, daß man als Deutscher doch gar nicht anders denken könne.

*

Es konnte uns niemand hindern, unseren Freund Massa in seinem väterlichen Pastorat in Joerden zu besuchen. Er hatte die Fenster geschlossen und setzte sich ans Klavier. Wir standen um ihn herum und schmetterten:

> „... Und wir recken zum Himmel die Hand,
> und es gellt wie ein Schwur durch das Land
> unser Schrei:
> Wir tragen Hunger und Schmerzen,
> die hemmen nicht unsern Schritt,
> wir tragen in hämmernden Herzen
> den Glauben an Deutschland mit."

Das war ein lautes Lied. Es gab auch feierlich zu singende:

> „Deutschland, sieh uns, wir weihen
> Dir den Tod als kleinste Tat.
> Grüßt er einst unsre Reihen,
> werden wir die große Saat."

Oder ganz still und poetisch:

> Deutschland heiliges Wort,
> du voll Unendlichkeit.
> Über die Zeiten fort
> seist du gebenedeit.

Heilig sind deine Seen,
heilig dein Wald.
Und der Kranz deiner grünen Höhn
bis an das blaue Meer.

So sangen wir das Lied in verschworenem Kreis. Für
Zuhörer hatten wir es ein bißchen geändert. An die Stelle
von „Deutschland" setzten wir „Heimat". – Seen, Wälder,
Höhen und blaues Meer gab es bei uns ja auch.

Solche kleinen Änderungen nahmen wir an vielen Liedern vor. Bei dem Beispiel, das ich jetzt zitiere, streiche ich
das Originalwort und setze unsere Änderung daneben, um
es klarer zu machen:

Nichts kann uns rauben
Liebe und Glauben
zu ~~unserm~~ diesem Land.
Es zu erhalten
~~und~~ mit zu gestalten sind wir gesandt.

Das war schizophren, denn wir glaubten ja auch an unsere Fassung, sie sollte nicht nur Tarnung sein. *Dieses* Land
Estland wollten wir erhalten und *mit* gestalten, aber dann
hätten wir auch gute Staatsbürger sein wollen müssen. Der
Gedanke ist so verknotet wie der Satz. Bei der Wahl zwischen Vater- und Mutterland (auch so eine Haarspalterei)
hätten wir uns für den Vater entschieden.

Der Führer – leibhaftig

Zum Deutschen Turn- und Sportfest am 27. Juli 1938 fuhr
die estländische Jugenddelegation nach Breslau. 24 Jungen
und ebensoviele Mädchen. Ich war der Führer der Jungen-
gruppe. Wir tauchten ein in den brodelnden Taumel einer
Stadt im Festrausch, mit Tausenden und Abertausenden
junger Menschen aus allen Teilen des Reiches, aus der an-

159

geschlossenen Ostmark und aus dem noch nicht angeschlossenen Sudetenland.

Die Sudetendeutschen beherrschten das Fest. Nicht nur bei den Kundgebungen, auch in den Straßen, überall standen sie beisammen und intonierten ihre Sprechchöre: „Wir wollen heim ins Reich!" Die Welt sollte es hören und sehen, über Rundfunk und Wochenschau: Die Abgesandten von drei Millionen Menschen erhoben ihre Stimme.

Höhepunkt des Festes war der Vorbeimarsch am Führer. Die Kolonnen zogen in Zwölferreihen an der Tribüne vorüber. Unsere Zahl reichte nicht für einen Marschblock, wir Jungen stellten gerade zwei Reihen. Von den Sudetendeutschen – weiße Hemden, weiße Strümpfe – unterschieden wir uns nur durch ein Schild mit dem Baltenkreuz auf der Brust.

Natürlich nahmen wir diese Stunde sehr ernst. Eine Markierung zeigte an, in welchem Augenblick die Gesichter nach rechts und die Arme zum deutschen Gruß in die Höhe zu fliegen hatten. Da stand er, der Führer Adolf Hitler leibhaftig, nur zehn, vielleicht fünfzehn Meter von uns entfernt.

Aber ehe wir soweit waren, an ihm vorbeizudefilieren, geriet die Marschkolonne in Unordnung. Die estländischen Frauen, die vor uns marschierten, ließen die Marschordnung fahren und liefen zur Tribüne, um dem Führer ihre Hände entgegenzustrecken und ihren Tränen freien Lauf zu lassen.

Sie waren nicht die einzigen, auch andere Frauengruppen vergaßen die Disziplin, wenn sie „ihm" gegenüberstanden. Das kam so oft vor, daß es sicher in den Zeitplan des Vorbeimarsches eingeplant war.

Ehe es weiterging, hatten wir nun Zeit gewonnen, dem Führer „ins Auge zu blicken", sofern das auf nur zehn Meter Entfernung möglich ist.

„Jeder Mensch, der Freude daran empfindet, im Gleichschritt nach der Musik zu marschieren, hat sein Gehirn aus Versehen bekommen." Das soll Albert Einstein gesagt haben. Einstein war nicht nur eine Geistesgröße, er war auch sehr weit weg von Deutschland. Der Schwede Ingmar Bergman erinnert sich in seinen Memoiren an seine Zeit als „Austauschschüler" in Deutschland anders: „Ich torkelte in eine Wirklichkeit hinein, die von Idealismus und Heldenverehrung glitzerte.

Der äußere Glanz blendete mich. – Ich sah nicht die Dunkelheit." Wobei der letzte Satz bereits eine zurückblickende Wertung enthält.

Ein voller Sommer

Auf das Turn- und Sportfest in Breslau folgten zwei Wochen im Riesengebirge. Von deutscher Seite war unsere Wanderfahrt gut vorbereitet. Zwei erwachsene Riesengebirgler führten uns. Die Fahrt begann in Hirschberg und ging über Warmbrunn und Schreiberhau, über Gerhart Hauptmanns Agnetendorf, über das Hohe Rad und die Elbquelle hinauf auf die Schneekoppe. Der Aufstieg zum 1603 Meter hohen Gipfel erschien uns Flachländlern schon fast als alpinistische Leistung.

Meine Gruppe fuhr zurück nach Hause, ich fuhr nach Berlin und von dort nach Hubertushöhe.

Hubertushöhe war ein Jagdschloß mit Türmchen und Erkern, am Storkower See. Es gehörte dem VDA (Volksbund für das Deutschtum im Ausland). Offiziell jedenfalls, in Wirklichkeit wahrscheinlich der Reichsjugendführung. Sie unterhielt hier eine Auslandsführerschule.

Ich kam zum zweiten Mal nach Hubertushöhe. Ich war auch 1937 dagewesen. Beide Male hatte ich als Adresse für den Briefverkehr von außerhalb einen Tarnnamen. Ich nannte mich Kurt Berger, stud. hist. Daß es diese akademische Abkürzung gar nicht gibt, wußte ich nicht. Einen Tarnnamen zu führen, war so schön konspirativ.

Hubertushöhe war eine Sommerschule auf hohem Niveau. Es ging dort leger zu. Zwar gab es die morgendliche Flaggenhissung, aber sonst kein Antreten und Strammstehen. Die Referenten waren ziemlich hochrangig und meistens auch interessant. Parteiredner, aber auch Wissenschaftler. Der weitgereiste Journalist und Schriftsteller A. E. Johann gehörte dazu und hinterließ in mir wahrscheinlich die erste Inspiration, daß Journalist als Berufsziel eine Alternative zu Geschichtslehrer sein könnte.

Die Lehrgangsteilnehmer kamen aus allen Ländern, in denen Deutsche lebten, mit Ausnahme der Sowjetunion natürlich. Sie kamen vornehmlich aus den großen deutschen Siedlungsgebieten, Siebenbürgen, dem Banat, Polen, aber auch aus Argentinien oder Chile. Man lernte sich gegenseitig kennen. Die Brasilianer erregten Erstaunen, bei einigen wohl auch Mißfallen. Sie umrissen ihre Einstellung so: Unsere Vorfahren kamen über das Meer und fanden in Brasilien ein neues Vaterland. Wir pflegen unsere deutsche Sprache und unsere Bräuche, aber wir sind Brasilianer, Angehörige der brasilianischen Nation. Wahrscheinlich waren sie die einzig loyalen Auslandsdeutschen.

Gegen Ende der Lehrgangszeit gab es einen Singewettstreit zwischen den Volksgruppen. Wir Balten waren, Jungen und Mädchen zusammen, nur ein Dutzend, aber wir gewannen. Ich konnte gar keine Noten lesen, aber emsiger Chorleiter und Einstudierer war ich ja auch in Estland gewesen, und auf Instrumentierung und Arrangement, was die heutigen Singgruppen alles können müssen, kam es gar nicht an.

So studierte ich mit meinen paar Sängern zwei Lieder ein. Wir sangen „Engelhardtsche Reiter", ein Baltenregimentslied, und „Baltenland" von Hans Baumann, das er nach einem kürzlichen Besuch in Riga gedichtet und komponiert hatte. Der Deutschlandsender aus dem benachbarten Königswusterhausen hatte unseren Vortrag aufgenommen und wahrscheinlich auch gesendet, und wir bekamen ein Honorar von 100 Mark – alle zusammen, nicht etwa jeder einzeln.

Hans Baumann, damals 24 Jahre alt, war unser „Liedermacher". Die Vokabel gab es allerdings noch nicht. Von ihm stammten sehr viele unserer Lieder. Auch er kam nach

Hubertushöhe, und wir sangen einen Abend lang gemeinsam seine Lieder unter den Bäumen am Seeufer.

In Reval hatte ich einmal einen ganzen Liederabend Hans Baumann gewidmet. Sicher waren einige markige Lieder dabei, die nach dem Ende des Dritten Reiches nie wieder hervorgeholt wurden, aber die meisten haben die Götterdämmerung überlebt, wie das Abendlied „Gute Nacht, Kameraden, bewahrt euch diesen Tag" oder der Weihnachtschoralersatz „Hohe Nacht der klaren Sterne" und poetisch volksliedhafte fröhliche Lieder wie „Hinterm Lusen funkelt der Wald", und da war eines, von dem ich nur noch eine Zeile weiß: „... da reiten durch den Wald fünfhundert blanke Schimmel". Hans Baumann lebte nach dem Krieg unbehelligt als Lehrer und Kinderbuchautor in seiner Heimat, in Amberg im Bayerischen Wald.

*

Auf Hubertushöhe folgte im September in Nürnberg der Reichsparteitag. Ich war nicht Teilnehmer, sondern „Ehrengast" mit Eintrittskarten für die Tribünen, wie die Parteispitzen sie hatten, die Wirtschaftsführer und ausländische Diplomaten. Mit einem Parteitag im eigentlichen Sinn des Wortes hatte diese Veranstaltung nichts zu tun. Die Reichsparteitage waren Demonstrationen von Macht und Größe.

Die Zuschauer gingen in die Knie, wenn am Tag der Wehrmacht ein Dutzend Sturzkampfbomber heulend, senkrecht auf sie zurasten. Es imponierte, wenn kurz darauf Fallschirmspringer punktgenau auf vorgezeichneten Feldern landeten. Aber am imponierendsten war die Präzision und Perfektion bei der Kundgebung des Reichsarbeitsdienstes. 42 000 Mann füllten, in schnurgeraden Reihen aufmarschiert, das 400 mal 400 Meter große Quadrat der Zeppelinwiese, 42 000 Spaten blitzten auf einen Schlag, als der Führer die Tribüne betrat, 42 000 Paar Augen richteten sich in derselben Sekunde blitzend auf ihn und gleich darauf wieder geradeaus.

Oder es füllte sich die Zeppelinwiese mit ein paar tausend im Reigen schwingenden Mädchen in langen, weißen Kleidern, das Martialische des Vortages vergessen lassend. Und religiöse Ergriffenheit ließ die Zehntausende erschauern, wenn sich in der Dunkelheit hundert Scheinwerferstrahlen zu einem Lichtdom vereinigten, der das weite Feld überspannte und die gemeinsam gesungenen Nationalhymnen die anbrechende Nacht erfüllten. Da mittendrin zu sein war ein Erlebnis, dessen Wirkung sich wohl niemand entziehen konnte, schon gar nicht, wenn er sich als Teil des Ganzen empfand.

*

Der englische Historiker Alan Bullock gehörte nicht dazu. Er schreibt in seinem 1991 in Deutsch erschienenen Werk „Hitler und Stalin" (S. 432): „Hitler und Goebbels setzten nicht allein auf das gesprochene und geschriebene Wort, um ihre Botschaft zu verkünden. Auch Mythos, Ritual und Zeremonie spielten eine wichtige Rolle. Zeitgenössische Beobachter zeigten sich beeindruckt von der Wirkung solcher Inszenierungen ... nicht minder beeindruckte sie, daß die Teilnehmer an diesen Feiern tatsächlich mit Inbrunst und unter Aufgabe ihrer Individualität in die wiedergeborene ‚Volksgemeinschaft' eintauchten, in ein alle ergreifendes ‚Wir-Gefühl', dessen personifizierter Ausdruck die Mythengestalt Adolf Hitler war. Dies war mehr als bloße Manipulation, es war die bewußte Herbeiführung emotionaler Rauscherlebnisse, von Führern wie Geführten gleichermaßen als unvergeßlich empfunden."

Und auf Seite 603: „In den Jahren nach 1934 perfektionierten die Nationalsozialisten, da ihnen die Machtmittel des Staates nun gänzlich zu Gebote standen, die Kunst ihrer visuellen Propaganda, indem sie spektakuläre Schauspiele und Aufzüge organisierten, deren Grandiosität wohl bis heute kaum übertroffen worden ist."

Der Reichsparteitag 1938 hieß „Parteitag des Friedens".

Er endete am 12. September. Am 15. flog der britische Premier Neville Chamberlain zu Hitler und kam zurück mit dem Irrglauben, den wohl auch die Hunderttausende in Nürnberg teilten: „Peace in our time".

Weichenstellung

Die Sommerferien 1939 hatten begonnen. Ich fuhr jeden Morgen mit dem Fahrrad an den Strand nach Brigitten. Ich las in der Sonne. Erwin Guido Kolbenheyers „Paracelsus"-Trilogie war gerade an der Reihe. In den Lesepausen machte ich sportliche Übungen, Dauerlauf am Strand oder Keulenwerfen. Und dabei passierte es, daß ich plötzlich das Gefühl hatte, einen großen Stein in der rechten Bauchseite zu haben. Während ich die sieben Kilometer in die Stadt zurückzuradeln versuchte, wurde der „Stein" so schwer, daß ich absteigen und das Rad schieben mußte. Ich schob es nicht nach Hause, sondern zur Greiffenhagenschen Klinik. Es war schon gegen acht Uhr abends. Der Arzt, der mich untersuchte, sagte: „Wenn Sie mein Sohn wären, würde ich Sie gleich operieren. Mir scheint, daß der Blinddarm kurz vor dem Durchbruch ist."

Ich informierte meine überraschten Eltern, nahm meine Zahnbürste und ging zurück ins Krankenhaus. Es war schon Nacht, als ich operiert wurde. Und es graute schon der Morgen, als ich aus der Narkose aufwachte. In dem Raum gab es keine richtigen Fenster, nur flache Lichtschlitze ganz oben an der Wand, über denen gleich ein Gewölbe aus grobbehauenen Feldsteinen begann. Ich hatte keine Schmerzen, die Narkose wirkte wohl noch, aber sehr großen Durst. Ein altes Weiblein, mit Eimer und Wischtuch, schlurfte durch den Raum. Ich redete sie an, und sie erschrak, als hätte ich laut geschrien, versprach mir aber, Tee zu bringen. Als sie wiederkam, fragte ich, wo ich sei? „Surnukambris", sagte sie, und das heißt auf deutsch „in der Totenkammer". Das sei so üblich, sagte mir die Schwester später, um nachts nicht die anderen Patienten zu stören. Der, mit dem ich in der Kammer gelegen hatte, konnte nicht mehr gestört werden. Die Schwester sagte mir auch, daß ich gar nichts hätte trinken dürfen. Das wußte ich ebensowenig, wie ich wußte, daß dieser Tag eine Weichenstellung in meinem Leben bedeuten sollte.

*

Ob es 1939 ein Sommerlager gab oder nicht, weiß ich nicht mehr, es ging mich auch nichts an. Nach der Operation mußte ich Ferien ohne körperliche Anstrengung planen, jedenfalls für den ersten Teil. Heute würde man sagen, ich suchte mir einen Ferienjob. Wenn er kein Geld brachte, sollte er wenigstens nützlich sein.

Da ich Geschichtslehrer werden wollte, fiel mir als erstes das Stadtarchiv im Rathaus ein. Es hatte den Ruf, das wertvollste im Baltikum zu sein, mit über 300 000 Pergament- und Papierakten bis zurück ins 10. Jahrhundert. Ich stellte mich also beim Stadtarchivar vor.

Dr. Paul Johannsen empfing mich freundlich und redete mir, ebenso freundlich, die Idee aus. Wollte ich denn Aktenbündel hin- und hertragen und dabei den ganzen Tag Staub einatmen? Um etwas anderes zu tun, müßte ich Latein und Niederdeutsch wenigstens lesen und verstehen können. (Er selbst sprach und schrieb Griechisch und Latein, Deutsch und Niederdeutsch, Estnisch und Finnisch, Schwedisch und Dänisch.) Ich kam aus dem Rathaus nicht klüger heraus, als ich es betreten hatte.

Ich ging zur Raderstraße, zur „Revalschen Zeitung." Sie fiel mir ein, weil ich zu ihren „Mitarbeitern" gehörte. Ich lieferte Sportnachrichten, die ich aus den schnelleren estnischen Zeitungen entnahm und deutsch formuliert in der Redaktion ablieferte: Ich bekam drei sent (Cent) für die Zeile und brachte es damit in mancher Woche auf ein bis zwei Kronen. Da ich mich für Sport nicht interessierte und entsprechend wenig davon verstand, mußte ich vorsichtig sein und nur das schreiben, was sicher nicht

Reval. Das Rathaus.

167

falsch war. Ich muß dabei Glück gehabt haben, oder der Lokalredakteur, einen eigenen Sportredakteur hatte die Zeitung nicht, wußte es auch nicht besser, meine Sportmeldungen wurden jedenfalls gedruckt, anonym natürlich.

Die „Revalsche Zeitung" war angesehen. Sie druckte täglich 6000 Exemplare, von denen 3000 an Balten im Ausland verschickt wurden.

Auch Chefredakteur Axel de Vries empfing mich freundlich. Von den drei oder vier Redakteuren war in diesen Wochen immer einer in Urlaub, da konnte er eine Hilfskraft gut gebrauchen. Am nächsten Tag sollte ich anfangen.

Die Zeitung erschien mittags. Um neun saß ich an einem zur Zeit gerade freien Schreibtisch. Axel de Vries begrüßte mich, ließ mich dann aber ohne weitere Anweisung allein. Gegen zehn kam er wieder und legte mir einen Stapel ETA-Berichte (Estnische-Telegrafen-Agentur) auf den Tisch, in denen er das wichtigste angestrichen hatte. Es waren die Auslandsnachrichten. Ich begann die angestrichenen Stellen ins Deutsche zu übersetzen. Mit Bleistift. Damit war ich noch beschäftigt, als der Chefredakteur gegen halb zwölf kam, um die fertigen Manuskripte abzuholen. Wie bitte? Manuskripte? Davon hatte mir doch keiner etwas gesagt. Und dann machte er mir vor, wie das geht. Blitzschnell sortierte er die Themen auf verschiedene Häufchen, dann las er, was er vorher angestrichen hatte, und diktierte, natürlich ohne vorher zu übersetzen, den deutschen Text zusammengefaßt der Schreibdame in die Maschine, die ihn an die Setzmaschine brachte, während er sich das nächste Thema ansah.

Erst um halb eins gingen wir zum Umbruch. Viel zu spät, denn um eins mußte angedruckt werden. Ich hatte an meinem ersten Tag die Zeitung versacken lassen, wie es in der Journalistensprache heißt.

An den nächsten Tagen ging es immer besser, und der Metteur, der mit mir den Auslandsteil „baute", übernahm väterlich meine Einführung ins Metier. An seiner Seite begann ich den Geruch von Druckerschwärze wie einen Virus so tief einzusaugen, daß ich ihn nicht mehr loswurde. Die Weiche war gestellt.

Als der Auslandsredakteur aus dem Urlaub zurückkam, ging der Stadtredakteur, und ich übernahm seinen Schreibtisch. Das war schwieriger, denn nun konnte ich mich nicht einfach an vorliegende ETA-Texte halten, sondern mußte auch Mitarbeiter-Manuskripte vorredigieren. (Die Endredaktion übernahm natürlich der Chefredakteur oder ein erwachsener Kollege). Ich mußte auch selbst Berichte heranschaffen, und sei es über die Neueröffnung der Bahnhofsgaststätte, wobei es für jeden Journalisten einen holzgeschnitzten estnischen Bierkrug zum Andenken gab. Das war mein erstes „Bestechungsgeschenk". Kino- und Theaterfreikarten gab es auch, und ich konnte Gisela, die noch in der Stadt war, öfter ausführen, als mein Taschengeld es erlaubt hätte.

Ende Juli waren alle Redakteure wieder da und Axel de Vries verabschiedete sich von mir mit 50 Kronen Honorar. Unterwegs nach Hause kaufte ich mir in der Schmiedestraße für 25 Kronen eine feine lederne Brieftasche, um den Rest würdig unterbringen zu können.

Sind wir jetzt dran?

Mitte März 1939 rückten deutsche Truppen in die Tschechoslowakei ein. Aus dem selbständigen Staat wurde das „Reichsprotektorat Böhmen und Mähren". Die litauische Regierung war durch diese Entwicklung so erschreckt, daß sie am 22. März in einem Staatsvertrag mit dem Deutschen Reich auf das vornehmlich von Deutschen bewohnte Memelgebiet verzichtete.

Nur wenig später erschien „Das Schwarze Korps", die Wochenzeitung der SS, mit einer Titelseite über das „Deutsche Ordensland" und zeigte eine große Karte der baltischen Länder.

Waren wir jetzt dran? Zwar waren die deutschen Volksgruppen in Estland und Lettland so klein, daß die Eingliederung ihrer Heimat ins Reich sich nicht begründen ließ, aber auf das nationale Motiv hatte man bei der Besetzung der Tschechoslowakei ja auch verzichtet; man konnte beim Baltikum wie bei der ČSR strategische Notwendigkeiten anführen oder an den „uralten deutschen Kulturboden" erinnern, wie der Artikel im „Schwarzen Korps" das tat.

Der Autor in Pfadfinderausrüstung.

Im engen Kreis las Massa aus „Mein Kampf" vor. Schon 1924 hatte Hitler geschrieben: „Wenn wir aber heute in Europa von neuem Grund und Boden reden, können wir in erster Linier nur an Rußland und die ihm untertanen Randstaaten denken. Dann muß sich das neue Reich wieder auf der Straße der Ordensritter in Marsch setzen, um mit dem deutschen Schwert und mit dem deutschen Pflug die Scholle, der Nation das tägliche Brot zu sichern."

Es gab auch Indizien. Stipendien für ein Studium in Deutschland wurden jetzt von der Verpflichtung abhängig gemacht, nach Abschluß ins Baltikum zurückzukehren, und die Abwanderung von „benötigten" Deutschbalten sollte dadurch unmöglich gemacht werden, daß ihnen die Einbürgerung in Deutschland verweigert wurde.

Massa, der doch einen „Draht" nach Deutschland hatte, deutete den Artikel im „Schwarzen Korps" als Vorzeichen einer deutschen Zukunft. Er plante schon eine Regierung. Für mich hatte er das Amt des Kultusministers vorgesehen. So habe ich es in Erinnerung, aber so stimmt es sicherlich doch nicht. Wahrscheinlich plante er nur die Organisation der zukünftigen Landesjugendführung und für mich nur das Referat Kultur.

Massa war 25 Jahre alt, ich noch keine 20.

Während wir uns durch den Anschein hatten täuschen lassen, vielleicht durch ein politisches Ablenkungsmanöver, taten sich in Wirklichkeit ganz andere Dinge, die mit dem Ribbentrop-Molotow-, bzw. Hitler-Stalin-Pakt ihren vorläufigen Höhepunkt erreichten. Da wurde unsere Heimat bereits an die Sowjets verschachert, und wir begriffen es noch nicht.

Der letzte Zug

Das Ende der Sommerferien brachte noch einen Höhepunkt. Ich durfte an einem Segelfliegerlehrgang in Nidden auf der Kurischen Nehrung teilnehmen.

Wir flogen dort mit Schulgleitern. Das waren ganz einfache Flugapparate. Sie bestanden nur aus dem Flügel und einer Landekufe, auf der ein kleiner Sitz, Steuerknüppel und Steuerpedale montiert waren.

Die Kurische Nehrung ist ein schmaler Landstreifen, nur 400 Meter bis drei Kilometer breit, der das Kurische Haff von der Ostsee trennt. Die Nehrung ist zum Teil mit riesigen Sanddünen, bis zu 63 Meter hoch, bedeckt.

In der Fliegersprache hießen auch die einfachen Schulgleiter „Maschinen". Sie wurden mit einem Gummiseil gestartet. Je sechs Mann packten die beiden Enden und warteten auf die Kommandos: Ausziehn! . . . Laufen! . . . Los! Bei „Los" kuppelte der Flieger das Seil aus und stieg in die Luft. Nach der Landung mußte die ganze Gruppe den Schulgleiter wieder auf die Höhe der Düne tragen. Meine Operationsnarbe meldete sich, aber ich meldete mich nicht. Ich wollte nicht nach Hause geschickt werden.

Wir übten den Geradeausflug. Wer sich 30 Sekunden in der Luft halten konnte, und das dreimal hintereinander, hatte die A-Prüfung bestanden. 30 Sekunden sind eine sehr lange Zeit, wenn man seine ersten Flüge macht. Es ist herrlich, talwärts zu schweben, sich den Wind ins Gesicht pusten zu lassen und dann die Maschine sanft in den Sand zu setzen. Es gab in der Niddener Schule auch Flieger, die schon die „silberne C" hatten. Dafür mußte man, mit einem richtigen Segelflugzeug, mindestens eine Stunde in der Luft bleiben. In Reval hatte mich ein Segelflieger einmal mitgenommen. Das war unvergeßlich schön.

Die „A" war geschafft. Das nächste Ziel war die „B". 30 Sekunden in der Luft bleiben, dann nach einer S-Kurve landen.

So weit kam ich nicht. Eines Morgens teilte man mir mit, daß alle Ausländer die Schule verlassen und sofort nach Hause fahren müßten. Ich fuhr mit dem Dampfer nach Cranz, mit der Bimmelbahn nach Königsberg und nahm den Abendzug nach Riga. In Königsberg hatte ich Soldatenkolonnen gesehen, die neuen Uniformen hingen auf den Schultern der Männer wie an Kleiderständern.

Ab Tilsit war ich allein im Zug. Ich glaube, es war der letzte Zug, der über die Grenze fuhr. Deutsche Grenzbeamte und Herren in Zivil kontrollierten mich in Eydtkuhnen sehr genau: mein estnischer Paß war in Ordnung.

Warum ich nicht freiwillig geblieben bin, habe ich mich später oft gefragt, und meine Antwort war wahrscheinlich nichts als eine Ausrede: weil ich ja doch erst nach Hause zurückmußte. Ordnung muß sein. Vielleicht war ich froh, nicht gezwungen werden zu können? Vielleicht konnte ich mich nur nicht entscheiden? Vielleicht war ich einfach feige? Wahrscheinlich alles zusammen.

Kriegsausbruch

Wie war das, als der Krieg ausbrach? Ein propagandistisches Trommelfeuer war vorausgegangen. Ich habe mal nachgeblättert, was die deutschen Zeitungen damals für Schlagzeilen druckten. Es war nicht wichtig, welche Zeitung ich mir vornahm. Die Schlagzeilen waren aus Berlin vorgegeben und lauteten fast wörtlich gleich:

8. 8. Polnische Kriegsdrohung gegen Danzig.

16. 8. Volksdeutsche in Polen in Not.

19. 8. Entsetzliche Martern der Deutschen in polnischen Gefängnissen.

21. 8. Polen in irrsinnigem Kriegstaumel.

26. 8. Wilde Kriegspanik in Polen.

30. 8. Massenflucht aus der polnischen Hölle.

Die Zeitungen, die nach Reval kamen, waren nicht mehr aktuell, aber wir hörten Rundfunk und da gab es kaum etwas anderes als immer neue Gewalttaten gegen Volksdeutsche. „Feindbilder sind sicher nicht die Ursache für einen Krieg; aber sie erleichtern das Marschieren", sagt Max Frisch. Als Hitler am 1. September das „erlösende" Wort sprach: „Seit 4 Uhr 45 wird zurückgeschossen", waren wir Jungen zum Marschieren bereit.

173

Wer hatte denn zuerst geschossen? In der offiziellen Darstellung hieß es, Polen hätten den Sender Gleiwitz überfallen. Nachdem die Angreifer sich zurückziehen mußten, ließen sie einen Toten zurück. Nach dem Krieg erfuhr man die andere Wahrheit: ein deutsches Kommando in polnischen Uniformen hatte den Überfall vorgetäuscht. Um einen Zeugen zu haben, und wenn er auch tot war, hatte man einen KZ-Häftling in polnischer Uniform erschossen und am Tatort liegen lassen.

Die blutigen Ausschreitungen gegen Volksdeutsche waren nicht erlogen, nur war nichts darüber gesagt, wie weit die Volksdeutschen sie provoziert hatten, auf Weisung aus dem Reich, wie das bei der Sudentenkrise 1938 ja auch schon geschehen war.

Der schlimmste Vorfall ereignete sich am dritten Kriegstag. Zurückflutende Soldaten der 15. polnischen Infanteriedivision und wütende polnische Zivilisten hatten in Bromberg 1100 Volksdeutsche niedergemetzelt. Die deutschen Propagandastellen veröffentlichten kurz darauf eine illustrierte Broschüre über den „Bromberger Blutsonntag". So etwas hatte man noch nie gesehen: Nahaufnahmen von verstümmelten Leichen! Es gab noch kein Fernsehen, das einem die Totenberge aus aller Welt als Vorgericht zum Abendessen serviert, es gab noch keine Horrorfilme in heutiger Brutalität, und schon bei „Frankenstein" fielen die Zuschauer in Ohnmacht.

Warum dieses fotografierte Grauen? Sollte die Wut gegen die Polen geschürt werden, sollten die Deutschen vorbereitet werden, bei den noch bevorstehenden Aktionen gegen Polen zu denken, das geschehe denen recht, oder – schlimmer – sollten die Deutschen an die Schrecken gewöhnt werden, die ihnen in den nächsten Jahren bevorstanden?

Ach, wie klug sind wir heute, wo das alles für junge Menschen so weit zurückliegt wie die Greuel des Dreißigjährigen Krieges. Wir jungen Leute von damals wollten „marschieren". Ich hatte meine erste Chance auf dem Grenzbahnhof in Eydtkuhnen verpaßt.

III.

Abschied von der Heimat

Exodus! Frauen auf einem Wagen mit Gepäck.

Der Exodus
eines deutschen Stammes

Sonntag, 8. Oktober 1939. Massa hatte seine Führer zusammengerufen. Das Benachrichtigungssystem funktionierte wie immer. Wer ein Telefon zu Hause hatte, wurde von Massa angerufen und lief dann mit der Nachricht zu einem oder zwei Kameraden ohne Telefon, die in seiner Nähe wohnten, und die setzten, wenn nötig, die Kette fort. Wir waren etwa ein Dutzend. Massa hielt keine Rede, sondern sagte ohne Einleitung einfach: „Wir fahren nach Deutschland!"

So überraschend dieser banale Satz auch war, wußte doch jeder von uns, was er bedeutete: Wir fahren nach Deutschland, alle und – für immer. Und außer uns wußte es zu diesem Zeitpunkt noch so gut wie niemand. Heute ist mir klar, daß wir nicht zu den ersten Eingeweihten gehörten, weil wir in der Volksgruppenhierarchie wichtige Persönlichkeiten waren, sondern einfach, weil es darauf ankam, daß sofort eine einsetzbare Organisation zur Verfügung stehen mußte, und die hatten wir, die hatte Massa.

Wir wurden zur Zurückhaltung verpflichtet, nicht zur Geheimhaltung. Das hieß, wir durften unseren Eltern oder nächsten Freunden wohl sagen, was wir wußten, aber wir sollten zu vermeiden versuchen, daß die Nachricht sich wie ein Lauffeuer verbreitete und Unruhe auslöste, ehe es eine amtliche Bekanntmachung gab.

Eigentlich hätte diese Entwicklung gar nicht überraschen dürfen. Am Freitag, also vorgestern, hatte Hitler zum Abschluß des Krieges in Polen vor dem Reichstag gesprochen und in seiner Rede gesagt:

„In einem allerdings ist der Entschluß Deutschlands ein unabänderlicher, nämlich: auch im Osten unseres Reiches friedliche stabile und damit tragbare Verhältnisse herbeizuführen. Und gerade hier decken sich die deutschen Interessen und Wünsche restlos mit denen Sowjetrußlands...

Als wichtigste Aufgabe aber: eine neue Ordnung der ethnographischen Verhältnisse, das heißt, eine Umsiedlung der Nationalitäten, so, daß sich am Abschluß der Entwicklung bessere Trennungslinien ergeben, als es heute der Fall ist.

In diesem Sinne aber handelt es sich nicht um ein Problem, das auf diesen Raum beschränkt ist, sondern um eine Aufgabe, die viel weiter hinausgreift. Denn der ganze Osten und Südosten Europas ist zum Teil mit nicht haltbaren Splittern des deutschen Volkstums gefüllt. Gerade in ihnen liegt ein Grund und eine Ursache fortgesetzter zwischenstaatlicher Störungen. Im Zeitalter des Nationalitätenprinzips und des Rassegedankens ist es utopisch zu glauben, daß man diese Angehörigen eines hochwertigen Volkes ohne weiteres assimilieren könne.

Es gehört daher zu den Aufgaben einer weitschauenden Ordnung des europäischen Lebens, hier Umsiedlungen vorzunehmen, um auf diese Weise wenigstens einen Teil der europäischen Konfliktstoffe zu beseitigen. Deutschland und die Union der Sowjetrepubliken sind übereingekommen, sich hierbei gegenseitig zu unterstützen."

Wir hatten es gehört, aber das klang wie die programmatische Ankündigung zukünftiger Absichten, und Hitler hatte nicht gesagt, welche „nicht haltbaren Splitter des deutschen Volkstums" er meinte. Wir lebten doch nicht in einem umstrittenen Grenzgebiet. *Wir* konnten doch nicht gemeint sein, und doch waren wir es, als erster „Splitter" und ohne Aufschub.

Ich setzte mich aufs Fahrrad und fuhr zur Stadt hinaus, auf den Laksberg. Ich wollte mir die Bedeutung dieser Stunde bewußt machen. Ein bißchen Sentimentalität, ein bißchen Theatralik war wohl mit dabei. Es war ein grauer Tag, Türme der Stadt, meine Türme, die meiner Stadt, standen dunkelblau gegen den Himmel. Das Meer war bleigrau, unheilschwanger. Auf der Reede lagen zwei russische Kriegsschiffe und näher zur Hafeneinfahrt zwei deutsche Frachtdampfer. Später stellte sich heraus, daß in Deutschland jemand zu früh „auf den Knopf gedrückt" hatte, die

Transporter hätten vor Danzig und Memel liegenbleiben sollen, bis es soweit war, die Deutschen in den Häfen abzuholen.

Am Montag, dem 9. Oktober, meldete die „Revalsche Zeitung", daß die Umsiedlung der Deutschen beschlossene Sache sei, am 14. Oktober rief Dr. Hellmuth Weiß, der Präsident der Deutschen Kulturselbstverwaltung, die Estland-Deutschen auf, dem „Ruf des Führers" zu folgen. Ich kann mich nicht erinnern, daß eine panische Stimmung geherrscht hätte. Solidarisch schien die ganze Volksgruppe die Entscheidung hinzunehmen wie etwas Unausweichliches, dem man sich fügen mußte.

Das ist natürlich sehr allgemein gesagt. Die Jugend, richtiger sollte ich sagen: Ich und die meisten meiner Generation, waren durchdrungen von nationalsozialistischen Ideen, oder, wie man über uns sagte, beherrscht vom „Mythos Hitler". Für uns war es tatsächlich der „Ruf des Führers", und wir freuten uns darauf, in dieser großen Zeit des Reiches nicht abseits stehen zu müssen.

Die ältere Generation, für uns natürlich am wichtigsten unsere Eltern, hatten eine viel engere Bindung an die Heimat, in der sie ihr ganzes Leben gelebt hatten. Sie mußten Besitz und Existenz aufgeben. Man forderte sie auf, freiwillig in ein Land zu gehen, das sich im Krieg befand, dessen Ende nicht abzusehen war.

Aber wieso „freiwillig"?

Wenn Deutschland die Balten zum Verlassen der Heimat aufforderte, dann konnte das doch nur bedeuten, daß es dieses Land den „Bolschewiken" überlassen hatte. Die Bolschewikenfurcht saß tief in den Menschen, die von 1917 bis 1920 Revolution und Bürgerkrieg miterlebt hatten. Von Freiwilligkeit konnte keine Rede sein. Man mußte sich in Sicherheit bringen. Über die „Enthüllung" nach dem Krieg, daß es ein Geheimabkommen zwischen Deutschland und der Sowjetunion über die gegenseitigen Interessenzonen gegeben hatte, konnten die Balten sich nur wundern. Das war doch selbstverständlich. Auch ohne etwas Konkretes über das Vorhandensein eines solchen

Abkommens zu wissen, hat wohl kein Balte jemals in Frage gestellt, daß es das gab. Man hätte schon damals den Text der Hitlerrede sorgfältig lesen müssen: „Deutschland und Sowjetrußland haben daher eine klare Grenze der beiderseitigen Interessengebiete gezogen."

Es ging alles in atemberaubendem Tempo, in Stunden und Tagen, nicht in Wochen und Monaten. Haushalte wurden liquidiert. Es war den Umsiedlern versprochen worden, daß sie nach der Ankunft im Reich für ihren Besitz entschädigt würden. Zwar wurde in Zeitungsmeldungen gewarnt, den Besitz nicht zu verschleudern, aber das bezog sich wohl eher auf Vermögen, auf Geschäfts-, Haus- und Grundbesitz.

Meine Mutter ließ die fast schlangestehenden Trödler jedenfalls herein und verkaufte ein Möbelstück nach dem anderen, nur weniges, was ihr am Herzen lag, wie z. B. ihre Bücher hielt sie zurück und verpackte sie in Wäschekörben und Kisten. Mein Vater hielt sich heraus bzw. kümmerte sich um die Papiere (Auszüge aus dem Personenstandsregister, Entlassung aus der estnischen Staatsbürgerschaft usw.).

Meine Eltern gehörten mit zu den ersten, die aufs Schiff gingen. Ich mußte noch bleiben, denn ich hatte eine wichtige Aufgabe übernommen.

In meiner Schule war ein Durchgangslager für Provinzler eingerichtet worden. In den Klassenzimmern lagen Strohsäcke. Ich war der „Kommandant" in diesem Lager, mußte versuchen, Schwierigkeiten auszuräumen, die Abtransporte zum Hafen vorzubereiten, sobald die Listen vorlagen, und mußte meine Kameraden vom Jugendhilfsdienst zum Koffertragen und notfalls Rollstuhlschieben einteilen.

Nebenher, von uns nicht so genau beachtet, weil wir mit uns selbst beschäftigt waren, vollzog sich der Einmarsch der Roten Armee in ihre Stützpunkte. Man sprach im Lande mit Galgenhumor darüber. Man erzählte sich, daß die Truppen in erbarmungswürdigem Zustand seien, gleich hinter Narwa seien die Lastwagen schon mit Motorscha-

Formulare! Schwarzhäupterhaus in Riga.

den liegengeblieben und man habe Bauernpferde holen müssen, um Panzerfahrzeuge abzuschleppen. Die estnische Armee habe keinen Widerstand geleistet, wurde gewitzelt, weil Estland zu klein sei, um alle Russen darin zu begraben.

In der Stadt sah man fast keine russischen Soldaten. Die Führung achtete auf strenge Disziplin. Es wurde erzählt, daß ein Soldat, der im Hafen betrunken randaliert habe, von Militärpolizisten auf der Stelle erschossen worden sei.

So etwas stand natürlich nicht in den Zeitungen, aber eine Menge über Randerscheinungen der Umsiedlung: „Baron erschießt sein Lieblingspferd" oder „Seelenhirte verläßt seine Schafe" u. ä. Ich sammelte alles und fand sogar Zeit, die Artikel auszuschneiden, aufzukleben und in einem Hefter abzulegen. Leider ging die Sammlung verloren.

Am 13. Oktober starb der langjährige Direktor der RDOR Arthur Spreckelsen im Alter von 76 Jahren. Wir beerdigten ihn auf dem Friedhof in Ziegelskoppel. Die Schule, die er 20 Jahre geleitet hatte, gab es nicht mehr, aber noch einmal holten wir unsere grünen Mützen heraus und senkten die Schulfahne über seinem Grab.

Der Jugendhilfsdienst war sehr aktiv. Einige von uns suchten Familien auf, die zögerten, sich der Umsiedlung anzuschließen, und redeten ihnen gut zu. Ich war mit meinen 20 Jahren nicht nur „Lagerkommandant", ich hatte auch sonst einige Möglichkeiten, wie es sie nur in „verrückten" Zeiten geben kann. Ich hätte z. B. Menschen schmuggeln können. Ossi, der Klassen- und Pfadfinderkamerad Georg Ozerow, war ein solcher Fall. Laut Nationalregister war er Russe, aber das machte nichts, es war schon alles eingeleitet, um ihn trotzdem mitzunehmen. Auch die Eltern, wenn sie gewollt hätten, aber der Vater glaubte, seine große Chance sei gekommen, da sein deutscher Chef das Land verließ und er nun das Geschäft übernehmen konnte. Ossi wollte seine Eltern nicht zurücklassen. Ob er es am Ende bereut hat, weiß ich nicht, aber er hat schwer gebüßt.

Zeit? Mit 20 sind die Kräfte wohl unerschöpflich. Ich genehmigte mir allein oder mit Freunden an manchem Abend eine Flasche Wein in Lokalen, die ich vorher noch nie betreten hatte, und ich saß manche lange Nacht bei Ursi Åkermann, die ganz nahe bei meiner Schule wohnte. Wir fanden immer neue Themen, aber nur schwer ein Ende.

Ein Gesprächsthema, auch meiner Lagerinsassen, war, wo wir uns in Deutschland wiederfinden würden. Man klammerte sich an die Hoffnung zusammenzubleiben. Es ging so weit, daß man sich ausmalte, es würde Dörfer oder Stadtteile mit Namen wie „Neu-Dorpat" oder ähnlich geben. Aus den Zeitungen, sowohl der noch existierenden deutschen als auch aus den estnischen, erfuhr man, daß die bereits eingetroffenen Umsiedler in Gotenhafen (Gdingen) in Lagern darauf warteten, in ihre zukünftigen Wohnorte geschickt zu werden, und es schien klar zu sein, daß diese nicht im Altreich, sondern in den „wiedergewonnenen Gebieten" liegen würden, und die Propaganda wurde ja auch so gelenkt, als brauche man uns dringend für den Aufbau dieser Gebiete.

Zehn Tage nach dem Appell bei Massa verließ die „Utlandhörn" als erstes Schiff mit 464 Umsiedlern den Revaler Hafen. Einen Monat nach dem 6. Oktober galt der erste Teil Umsiedlung, der im Abtransport der Menschen bestand, als abgeschlossen. Der Jugendhilfsdienst beendete seine Tätigkeit. Mein Auftrag war erfüllt. Ich konnte am 6. November mit der „Sierra Cordoba" mitfahren.

Der Hamburg-Süd-Dampfer nahm 955 Umsiedler mit. Damit waren 11500 Deutsche aus Estland abgefahren. Zurück blieben die Bevollmächtigten für die Vermögensabwicklung mit der Umsiedlungs-Treuhandgesellschaft und den estnischen Behörden. Zurück blieben einige, die die Interessen reichsdeutscher Firmen noch wahrnahmen und – immer noch Zögernde.

An sie richtete sich ein letzter Appell der „Revalschen Zeitung" vom 8. November:

„Der Ruf, der an die Volksgruppe ergangen ist, ist ein totaler. Wer diesem Ruf nicht folgen will, stellt sich und seine

Kinder für alle Zeiten außerhalb der Gemeinschaft des deutschen Volkes, indem er sie von der vom Führer in Angriff genommenen völkischen Neuordnung des eropäischen Ostens ausschließt."

Bis zum Jahresende stieg die Zahl der Estland-Umsiedler auf 14 360. Das waren mehr als im deutschen Nationalregister überhaupt erfaßt gewesen waren (1. 10. 1938: 14 192).* Aus Lettland waren 52 498 Deutsche umgesiedelt.

Beim Ablegen vom Kai spielte eine Musikkapelle die estnische und deutsche Nationalhymne. Tränen flossen noch lange, bis die Silhouette der Stadt verschwand, als das Schiff auf Westkurs ging.

An Bord war ständig etwas los. Die jungen Männer wurden von Abwehroffizieren (in Zivil) nach militärischen Informationen befragt. Ich hatte nicht viel zu bieten, ich hatte ja noch nicht gedient. Ich kannte nur die Kaserne des 10. Infanteriebataillons, in dem wir unseren Schul-Militärdienst, jeweils die letzten vierzehn Tage des Schuljahres, abgeleistet hatten. Da wußten die „Kahlköpfe", die direkt aus der Offiziersschule Dunten (Tondi) entlassenen kahlgeschorenen Kameraden, mehr zu sagen. Dann wieder redeten einige freundliche, aber bestimmte Herren von der Waffen-SS (ebenfalls in Zivil) auf mich ein. Es sei zwar so, sagten sie, daß die Umsiedler ein Jahr lang nicht eingezogen würden, um Zeit zu haben, sich in der neuen Heimat einzuleben, aber dann kämen sie ja doch dran, und deshalb sei es für einen jungen Nationalsozialisten doch viel richtiger, sich gleich freiwillig zur Waffen-SS zu melden. Ich wollte nicht, ohne daß ich sagen könnte, warum. Ich hatte seit Kriegsbeginn doch ständig befürchtet, „zu spät zu kommen". Nun bot sich die Gelegenheit, gleich in eine Elite-Truppe einzutreten, aber ich wollte nicht. Ich könne mich nicht festlegen, sagte ich, bevor ich wüßte, was die Hitlerjugendführung mit mir vorhabe. Das wurde akzeptiert. Welch ein Glück. Ich habe einen von den auf dem

---

* Zahl nach: Werner Winter, Beiträge zur Chronik der Stadt Reval.

Abfahrt. Kind auf Gepäck.

Schiff geworbenen Mitschülern später getroffen. Statt nach der Grundausbildung an die Front zu kommen, wurde er einem Exekutionskommando in Posen zugeteilt. Über die Frage der Weichenstellungen im Leben habe ich noch oft nachgedacht, z. B. 1963 als Presseberichterstatter am ersten Tag des Auschwitz-Prozesses in Frankfurt. Eiskalt packte es mich, als einer der 22 Angeklagten zur Person aussagte: Jahrgang 1921, in Brasilien aufgewachsen, bei Kriegsausbruch freiwillig zur Waffen-SS. Es stellt sich heraus, daß er kurzsichtig ist. Er kommt nicht zur kämpfenden Truppe, sondern als Wachmann nach Auschwitz...

Weichenstellung. Wer wagt zu sagen: „Ich hätte mich geweigert?" Wer weiß denn, was in einem verborgen ist, wenn man das Glück hat, daß es nicht aus einem herausgepreßt wird?

Weichenstellungen: die einen siedelten um, die anderen blieben da. Die einen kamen in russische Gefangenschaft, die anderen nicht. Die einen waren nach dem Krieg im Westen gelandet, die anderen nicht. Meist Zufall, nur selten Verdienst.

Gotenhafen (Gdingen), der Landehafen der Umsiedler, war überfüllt. Die „Sierra Cordoba" wurde nach Stettin dirigiert. Dort lief sie am Abend des 8. November ein. Eine schlimme Nachricht empfing uns: Im Münchner Bürgerbräukeller war ein Attentat auf den Führer verübt worden. Er hatte unverletzt überlebt.

Versuch einer Dokumentation

Die Umsiedlung der Deutschbalten, die in der nationalsozialistischen Terminologie in „Baltendeutsche" umbenannt worden waren, ist ein geschichtliches Ereignis, auch wenn die Gesamtzahl von 80 000 Umgesiedelten im Vergleich zu späteren „Völkerverschiebungen" unbedeutend erscheint. Die Umsiedlung ist andererseits nicht ein Kapitel Geschichte, dessen Bekanntheit man voraussetzen kann. Deshalb will ich versuchen, die Vorgänge historisch darzustellen. Dietrich Loebers Dokumentensammlung „Diktierte Option" dient mir dabei als Hauptquelle.

Ich werde mich weitgehend auf Estland beschränken, damit die Darstellung handlicher bleibt. Mehr oder weniger gilt aber alles Gesagte auch für Lettland.

Der 28. September 1939 ist ein Schlüsseldatum. An diesem Tag werden vier internationale Vereinbarungen getroffen:

1. In Moskau wird der Grenz- und Freundschaftsvertrag zwischen dem Deutschen Reich und der Union der Sozialistischen Sowjetrepubliken geschlossen. Er besiegelt das Abkommen vom 23. August, nachdem die Truppen beider Staaten die Grenzen ihrer Interessengebiete in Polen erreicht haben.

2. Das Geheimprotokoll vom 23. August, in dem Finnland, Estland und Lettland als Interessensphäre der Sowjetunion bezeichnet werden, wird in einem Zusatzprotokoll dahingehend ergänzt, daß auch Litauen den Sowjets zugesprochen wird.

3. In einem „Beistandspakt" verpflichtet sich Estland, der Sowjetunion Marine- und Luftwaffenstützpunkte zu überlassen. Lettland und Litauen folgen bald darauf.

4. In einem vertraulichen Protokoll verpflichtet sich die UdSSR, Menschen deutscher Abstammung, die den Wunsch haben, aus dem sowjetischen Interessengebiet nach Deutschland überzusiedeln, keine Schwierigkeiten in den Weg zu legen.

Man könnte die Geschichte jedes dieser Dokumente einzeln erzählen, aber sie sind so sehr miteinander und mit dem Schicksal der Deutschbalten verknüpft, daß es sicher am übersichtlichsten ist, sie chronologisch geordnet nebeneinanderzustellen.

Während des Krieges in Polen hatte das polnische U-Boot „Orzel" im neutralen Revaler Hafen Zuflucht gesucht und war interniert worden. Am 18. September gelang es der Besatzung, das Boot bei Nacht und Nebel aus dem Hafen zu bringen. Die Sowjetunion nahm das zum Anlaß, der estnischen Regierung vorzuwerfen, sie sei nicht in der Lage, ihre Souveränität über die Küsten auszuüben, weshalb die Sowjetunion die Überwachung der Ostsee selbst in die Hand nehmen müsse. Dieser an sich nicht sehr bedeutende Zwischenfall bietet den Sowjets den Vorwand für weitere Schritte und erklärt, warum diese Schritte zuerst gegen Estland und erst später gegen Lettland und Litauen eingeleitet werden.

Am 23. September hält sich der estnische Außenminister Kaarel Selter in Moskau auf, um einen Handelsvertrag mit der UdSSR zu unterzeichnen. Außenminister Molotow überrascht ihn mit einem Themenwechsel: die Sowjetregierung sei zu der Erkenntnis gekommen, daß es zum Schutze der Neutralität Estlands notwendig sei, das Land für die Dauer des Krieges durch Sowjettruppen zu besetzen. Da Selter darauf verweist, allein nicht antworten zu können, ändert Molotow die „Mitteilung" in ein Ultimatum: Die Antwort aus Tallinn (Reval) müsse bis zum 28. September 12 Uhr mittags in Moskau vorliegen.

Ebenfalls am 23. September ist Dr. Hellmuth Weiß, der Präsident der Deutschen Kulturverwaltung in Estland, in Deutschland, um sich zu informieren, wie die Unterstützung des Reiches für die deutschen Schulen im Lande während des Krieges weitergehen soll. Man sagte ihm und Alfred Intelmann, dem Präsidenten der Deutsch-Baltischen Volksgemeinschaft in Lettland, nichts darüber, daß man sich im Auswärtigen Amt Gedanken darüber macht, was passieren würde, wenn die Sowjets die Macht im Baltikum übernähmen. Soweit konnten die deutsch-baltischen Herren noch nicht denken, denn sie wußten ja nicht, wie nahe dieser Einmarsch bevorstand. Ernst Freiherr von Weizsäcker, Staatssekretär im Auswärtigen Amt, hatte schon einen „Vermerk zur Sicherung des Schicksals Volksdeutscher in den von Rußland besetzten oder noch zu besetzenden Gebieten" geheim an die diplomatischen Vertretungen gegeben und bereitete die Rückführung der

Volksgruppen für den Fall vor, daß dieses erforderlich werden sollte.

Am 26. September ordnete die Reichsregierung an, Transportschiffe bereitzustellen. Erst an diesem Tag wurden Dr. Weiß und Intelmann zum erstenmal auf die Möglichkeit einer „Volksverschiebung" aufmerksam gemacht, als sie auf reichsdeutscher Seite längst beschlossene Sache war.

Auch in Estland wuchs die Sorge. Wilhelm Baron Wrangell, der Vorgänger von Dr. Weiß im Amt des Kulturverwaltungspräsidenten und Mitglied des Estnischen Staatsrats (Oberhaus), bat den deutschen Gesandten Hans Frohwein, im Notfall die Deutschbalten, ebenso wie die Reichsangehörigen, unter den Schutz des Reiches zu stellen. Die Kulturverwaltung ließ heimlich dreisprachige Ausweise in russisch, estnisch und deutsch drucken, stempeln und auch schon in den Provinzstädten bereitlegen. Es mußte nur noch der Name eingetragen werden.

Am Morgen des 27. Septembers wurde Baron Wrangell zum estnischen Staatspräsidenten ins Schloß Katharinental gebeten. Martin Luther, ein deutschbaltischer Industrieller, begleitete ihn. Nach Schilderung der Lage, kurz vor Ablauf des Moskauer Ultimatums, sagte Präsident Konstantin Päts, es sei ihm ein Gedanke gekommen, der vielleicht eine letzte Hoffnung sein könnte: er werde die estnische Armee mobilisieren und unter gemeinsamen deutschsowjetischen Oberbefehl stellen. Dazu bedürfe es natürlich zunächst des deutschen Einverständnisses, aber seinem Außenminister in Moskau gelinge es nicht, an die deutsche Delegation heranzukommen, die Russen schirmten sie total ab. Päts bat Wrangell und Luther, ihre Verbindungen in Deutchland einzusetzen, um den Vorschlag der Reichsregierung zu unterbreiten. Auf die Frage Baron Wrangells, ob er denn nicht auch an militärischen Widerstand denke, sagte der Präsident, das sei sinnlos, da Lettland den casus foederis, den Bündnisfall, nicht für gegeben halte, weil Estland durch den U-Boot-Zwischenfall seine Situation selbst herbeigeführt habe.

Die beiden baltischen Herren hatten sich nach dem Gespräch gleich an die Telefone gehängt und versucht, ihre Mission in Berlin anzubringen. Vor allem wandten sie sich an den Landsmann Rechtsanwalt Werner Hasselblatt, den Geschäftsführenden Vorstand des Verbandes der Deutschen Volksgruppen. Ob die Idee von Päts überhaupt auch nur einen Funken von Realisierbarkeit hatte, ist keine Frage der Dokumentation, jedenfalls war der einzige Erfolg, daß die „Bevölkerungsverschiebung" nun endgültig angeordnet und das entsprechende vertrauliche Protokoll von Molotow und Ribbentrop am 28. September unterzeichnet wurde.

Vom 27. auf den 28. September hatte sich die Situation für Estland geändert. Die Sowjets milderten den Inhalt des Ultimatums ab. Sie forderten nicht mehr die Besetzung des Landes, sondern nur die Verpachtung von Stützpunkten auf den Inseln Ösel (Saaremaa) und Dagö (Hiiumaa) und des Hafens Baltischport (Paldiski) am Eingang des Finnischen Meerbusens für die Dauer von zehn Jahren. Die estnische Souveränität und die Wirtschaftsordnung sollten nicht angetastet werden. Einem solchen „Beistandspakt" glaubte Präsident Päts beruhigt zustimmen zu können. Er wurde am 28. 9. von Selter und Molotow unterzeichnet.

Als Adolf Hitler am 6. Oktober seine Reichstagsrede hielt, waren die Transportschiffe nach Reval, Pernau und Arensburg (auf Ösel) schon unterwegs. Baron Wrangell und Axel de Vries, der Chefredakteur der „Revalschen Zeitung", baten den deutschen Gesandten, seinen Einfluß geltend zu machen, daß die Schiffe noch so lange in deutschen Häfen festgehalten würden, bis man mit dem Abtransport der Menschen auch tatsächlich beginnen konnte, da das plötzliche „Auftauchen der Schiffe" zu Unruhe, wenn nicht zu Schlimmerem, führen könnte.

Es hing ja immer noch, bildlich gesprochen, dichter Nebel über der Aktion. Dr. Weiß kam erst am Morgen des 7. Oktobers aus Deutschland zurück, und der deutsche Gesandte Frohwein sagte ihm, nun müsse sofort mit der Umsiedlung begonnen werden, das sei das letzte, was die

Reichsregierung für die Deutschbalten noch tun könne. Auch die estnische Regierung wurde erst am 7. Oktober vom Gesandten informiert. Für den 8. Oktober, 12 Uhr mittags, wurde eine Kabinettsitzung einberufen, die dem Exodus der Staatsbürger deutscher Nationalität ja zustimmen mußte. Vorher (um die Zeit, da Massa seine Jugendführer informierte) waren Baron Wrangell und Dr. Weiß beim Staatspräsidenten. Päts fragte Wrangell, was er von dieser Entwicklung halte, von der bei ihrem letzten Gespräch vor zwölf Tagen ja noch keine Rede gewesen war. Wrangell antwortete: Wenn Estland Widerstand zu leisten bereit sei, würden die Deutschen wie vor 20 Jahren Seite an Seite mit den Esten an der Front stehen, „wir können aber nicht verantworten, unsere Landsleute wehrlos den Bolschewiken preiszugeben, und deshalb werden wir ihnen zur Umsiedlung nach Deutschland raten." Als Ministerpräsident Eenpalu davon hörte, brach er in Tränen aus und rief: „Das ist das Ende Estlands."

Das Ende kam sehr schnell. Am 17. Juni 1940 besetzten sowjetische Truppen alle drei baltischen Länder. Moskau schickte hochkarätige Genossen, um die Sowjetisierung schnell durchzuführen. Nach Estland Andreij Schdanow, Sekretär des Politbüros (der 1945 Leiter des Kominform wurde), nach Lettland Andreij Wyschinskij, Generalstaatsanwalt der Union, der sich um die Schauprozesse der 30er Jahre „verdient" gemacht hatte (ab 1949 Außenminister) und nach Litauen den stellvertretenden Außenminister Wladimir Dekanosow. Diese Anschlußkommissare verlangten und erreichten sofort die Einsetzung sowjetfreundlicher Regierungen.

Vier Tage nach dem Einmarsch, am 21. Juni, fand auf dem Freiheitsplatz in Reval, unter dem Schutz sowjetischer Truppen, eine „Massenkundgebung" statt, bei der „das Volk" den Anschluß an die UdSSR verlangte.

Im Juli fanden „Volkswahlen" statt. In jedem Wahlkreis gab es nur einen Kandidaten, den des „Blocks der Kommunisten und parteilosen Werktätigen". Die Einheitsliste bekam in Estland 92,9 Prozent der Stimmen (Lettland

97,6, Litauen 99,2). Der sowjetischen Nachrichtenagentur TASS passierte das Mißgeschick, daß sie die Ergebnisse einen Tag vor der Wahl bekanntgab. Aber darauf kam es auch nicht mehr an.

Als die „gewählten" Parlamente zusammentraten, baten sie um die Aufnahme ihrer Länder als Sowjetrepubliken in die UdSSR.

Schon im Juni 1940 hatte die Verhaftung der „Feinde des Volkes" begonnen. Wer das waren, hatte NKWD-General Serow schon im Oktober 1939 festgelegt. U. a. ehemalige Politiker und Parlamentsabgeordnete, Offiziere, Polizeibeamte, Bürgermeister, Staats- und Kommunalbeamte, Journalisten, Geistliche, Gewerkschaftsführer, Geschäftsinhaber usw.

Viele der Verhafteten wurden ermordet oder verschwanden spurlos. Die organisierten Massendeportationen begannen erst im Juni 1941, fast unmittelbar vor dem deutschen Angriff auf die Sowjetunion. Zu den Verschleppten gehörten auch Staatspräsident Konstantin Päts, Ministerpräsident Kaarel Eenpalu und Oberbefehlshaber General Johan Laidoner. Sie sind alle in Rußland umgekommen.

In der ersten sowjetischen Okkupationszeit, im Juni 1941, wurden aus Estland 11157 Menschen deportiert. Nach der Wiedereroberung durch die Sowjets (1944 bis 1949) noch einmal 130 000. Und das bei einer Gesamtbevölkerung von 1,3 Millionen.

*

Baron Wrangell, nach der Umsiedlung Mitarbeiter des Auswärtigen Amtes in Berlin, erreichte, daß das AA Verhandlungen mit den Sowjets aufnahm, die am 10. Januar 1940 zu einem Abkommen über eine „Nachumsiedlung" führten. Bis zum Mai 1941 konnten noch einmal 7000 Menschen Estland verlassen. Es war klar, daß es sich bei ihnen nicht mehr allein um „Deutsche" gehandelt hat.

Wörtlich

Im letzten Kapitel habe ich versucht, die Hintergründe der Umsiedlung nach Dokumenten und zeitgenössischen Presseberichten aufzuzeichnen. Der Balte Professor Dietrich Loeber hat eine umfangreiche Sammlung aller erfaßbaren Dokumente zusammengestellt. Sein Werk von 787 Druckseiten, „Diktierte Option. Die Umsiedlung der Deutsch-Balten aus Estland und Lettland", – erschien 1972 im Karl Wachholtz Verlag, Neumünster.

Als ich diesen Dokumentenband beim Schreiben meiner Erinnerungen noch einmal las, drängte sich mir der Gedanke auf, daß es schade wäre, nicht wenigstens einige von ihnen hier einzufügen. Wörtlich!

Die großen Worte der Verantwortlichen unterschieden sich nicht sehr von dem, was uns Jugendlichen über die Lippen strömte. Und da wurden Versprechungen gemacht, die nicht gehalten wurden, da wurde mit keinem Wort erwähnt, daß die „guten" Wohnungen in den unzerstörten Städten keineswegs „leer" standen, sondern erst von ihren Besitzern geräumt werden mußten, und daß das Gebiet, das die Balten „kolonisieren" sollten, ja nicht unbewohnt war. Und da erfährt man aus den Dokumenten, daß der deutsche Gesandte in Reval noch Ende Oktober blauäugig glaubte, man werde die Deutschbalten „geschlossen" ansiedeln, in einem „Neu-Dorpat" oder sonstwo.

Die folgenden Auszüge entnehme ich der Sammlung Loeber (siehe Seite 187):

Reval, 14. Oktober 1939
Aufruf an die Deutsch-Balten in Estland
Nur wenige Tage trennen uns noch vom Abschied von der alten Heimat. Dem Ruf des deutschen Volkes und seines Führers folgend, wird unsere Volksgruppe als erste im Rahmen einer gewaltigen Umsiedlung deutscher Menschen im Osten und Südosten Europas vor neue Aufgaben an der östlichen Volkstumsgrenze des Großdeutschen Rei-

ches gestellt. Wir sind entschlossen, dem an uns ergangenen Ruf zu folgen und mit aller Kraft an die Lösung der uns erteilten Aufgaben heranzutreten in Fortführung der geschichtlichen Mission, die wir und unsere Vorfahren durch viele Jahrhunderte auf dem Boden zu erfüllen hatten, den wir jetzt verlassen ...

Hellmuth Weiß
Präsident der Estländischen Deutschen
Kulturverwaltung

Berlin, 14. Oktober 1939
Der Reichsaußenminister an die Gesandtschaften in Reval und Riga:
Ich bitte Sie in geeignet erscheinender Form den Volksdeutschen zu erklären, daß sie im Reich vollauf versorgt werden, d. h. daß die Besitzer von Bauernhöfen entsprechenden Landbesitz bekommen und die übrigen Berufsgruppen entsprechende Positionen erhalten werden ...

Ribbentrop

Reval, 14. Oktober 1939
Bekanntmachung der Umsiedlungsstelle bei der deutschen Gesandtschaft in Reval:
Für die Umsiedler wird von ihrem Eintreffen an zunächst in der Weise gesorgt, daß jeder Wohnung, Nahrung sowie anderen Lebensbedarf zur Verfügung gestellt erhält und sofort Arbeit findet. Dabei soll jeder in einer seinem Berufe und seinen Fähigkeiten entsprechenden Weise eingesetzt werden. Da in den teilweise nur wenig zerstörten Städten und Ortschaften des wiedergewonnenen Gebiets im Osten des Reiches zahlreiche gute Wohungen leer stehen, bereitet die Unterbringungsfrage keine Schwierigkeiten ...

Berlin, 21. Oktober 1939
Auswärtiges Amt an ausgewählte deutsche diplomatische Vertretungen:
Anliegende Bemerkungen ... werden als Sprachrege

lung für die dortigen Besprechungen mit den deutschen Pressekorrespondenten übersandt:

Es muß unter allen Umständen vermieden werden, die Baltendeutschen als Emigranten oder Flüchtlinge hinzustellen. Das wäre außenpolitisch-propagandistisch schon deshalb ein Fehler, weil die neutrale und gegnerische Presse folgern würde, daß die Baltendeutschen entweder zu einem leidenden Objekt von Absprachen des Reiches mit Moskau gemacht worden sind oder daß man sie vor einem Schicksal retten wollte, das den anderen Bewohnern des Baltikums droht.

Reval, 26. Oktober 1939
Der deutsche Gesandte in Reval an das Auswärtige Amt in Berlin: (Telegrammtext ohne Interpunktion.)

Volksgruppenführung ist bisher ohne nähere Nachrichten über Unterbringung und weiteres Schicksal der mit den ersten Schiffen nach Gotenhafen gekommenen Umsiedler. Verlegung Transports von Gotenhafen nach Stettin und Ungewißheit über weiteren Bestimmungsort schafft hier neue Beunruhigung der im Interesse reibungsloser Weiterführung Umsiedleraktion entgegengetreten werden muß. Erbitte Weisung in welchem Raum Volksgruppe geschlossen angesiedelt werden soll oder ob Einzelverteilung im Korridor und Reichsgebiet beabsichtigt. Letzeres wäre mit Rücksicht auf Stimmung Volksgruppe untunlich und besonders deshalb zu vermeiden weil nur geschlossener Einsatz unter Angabe festumrissener Aufgabe Gewähr für völkische Auswirkung im Siedlungsraum bietet.

Frohwein

Das folgende, nichtamtliche Dokument, steht nicht bei Loeber. Dr. Erich von Noltein benutzte es als Vorwort für eine Broschüre: Die Umsiedlung der Deutschen aus Lettland.

Der Leiter des Rigaer Staatlichen Deutschen Klassischen Gymnasiums, Roderich Walter, in seiner Abschiedsrede am 18. Oktober 1939:

Wir nehmen Abschied von unserer Vergangenheit, unserer Geschichte. Das ist mehr als Trennung. Das ist ein endgültiger Bruch mit dem Gewesenen; das ist ein Abreißen einer Kontinuität, Erlöschen einer Tradition! . . . Wir hören auf, Balten zu sein. Unserer harrt eine völlig anders geartete Umwelt, der wir uns werden einfügen und anpassen müssen.

Pyritz

Pyritz in Pommern wurde für ein paar Wochen mein erster Wohnort in Deutschland. Die Verteilung und Unterbringung der Umsiedler ging nicht so schnell voran, wie wir erwartet hatten. Die mit der „Sierra Cordoba" bekommenen blieben vorübergehend in Pommern. Ich kam zu Sattlermeister Vollmer in Pyritz ins Quartier. Ein breiter, zufrieden wirkender Bürger, den auch die schwarze Uniform der Organisation der Allgemeinen SS keineswegs martialisch machte. Er trug sie sowieso nur, wenn er zum Dienst ging, und nachher und auch sonst nahm er mich in seine Kneipe mit, wobei auch ich Gefallen an seinem Lieblingsgetränk fand: Arrak-Grog. Es machte mir Spaß, in seinem Laden zu bedienen, aber hauptsächlich verbrachte ich die Zeit damit, die Kameraden zusammenzusuchen, um mit ihnen etwas auf die Beine zu stellen. Leo Krupp war dabei und Hein Hoffmann, und für ihn fand sich auch eine Trommel. Wir machten ein Programm für einen offenen Abend im Schützenhaus. Ich schrieb dafür ein Theaterstück. Die Handlung spielte im Nordischen Krieg. Ein schwedischer und ein russischer Offizier begegnen sich, und ehe sie sich gegenseitig erschlagen, stellen sie fest, daß sie beide Deutsche sind, und beschließen, nur noch ihrem Vaterland zu dienen. Paßte gut und wurde von Balten und Pommern freudig beklatscht.

IV.
Reichsbürger

Reichsbürger. Ankunft mit deutschem Gruß.

Einbürgerung

Posen ist eine große Stadt. In diesen Wochen zwischen November und Dezember 1939 ist sie sehr grau. Aus den Wohnhäusern dünstet der Geruch verbrannter Braunkohle. Ein Geruch, an dem man vor dem Krieg und noch lange danach in der kalten Jahreszeit mit geschlossenen Augen eine deutsche Stadt erkannte.

Ist Posen eine deutsche Stadt? Hier und da eine Hakenkreuzfahne, hin und wieder Männer in Uniformen, braun oder feldgrau, ab und zu eine Menschengruppe, die deutsch spricht, oft laut mit baltischem Akzent. Die Mehrzahl der Menschen auf den Straßen sieht polnisch aus. Sie sprechen nicht laut, aber wenn man sie hört, hört man Polnisch.

März 1991. Während ich mir Gedanken über dieses Kapitel mache, blättere ich in der Bibliothek in einem alten Lexikon, weil ich mir den Stadtplan von Posen in Erinnerung rufen will, und finde, was ich gar nicht gesucht habe.

Großer Brockhaus 1933: Posen 246 570 Einwohner. 1910, als Posen preußische Provinzhauptstadt war, gab es in der Stadt 63 519 Deutsche. 1921, als Posen wieder polnische Woiwodschaftshauptstadt geworden war, waren es noch 9750. 53 769 waren abgewandert, geflohen oder vertrieben worden, wie immer man das damals genannt haben mag. In Preußen war die deutsche Bevölkerung Posens in der Minderheit gewesen, und bis 1939 war sie zu einer winzigen Minderheit geworden von noch nicht einmal vier Prozent.

Hätte ich diese Zahlen damals gekannt, hätte ich wahrscheinlich gesagt: Aber jetzt wird das anders, jetzt wird aus der Hauptstadt des Reichsgaues Wartheland ein deutsches Bollwerk, und wir, die Deutschbalten alias Baltendeutschen, werden unseren Teil dazu beitragen.

Doch dazu mußten wir selbst erst de jure Deutsche werden. Die Einwandererzentralstelle war in Posen. Hier wurde jeder Umsiedler „durchgeschleust". Das war eine Prozedur von mehreren Stunden. Sieben, acht oder neun

Dienststellen hatten ihre Räume hintereinander aufgebaut, und man wurde von einer zur anderen weitergereicht, geschleust: Aufnahme der Personalien, Fotografieren, Messen, Wiegen, ärztliche Untersuchung inkl. Röntgen, Berufsberatung, gegebenenfalls Vermögensberatung, Ausstellung der neuen Papiere. So geht es wohl bei jeder Einwanderungsstelle auf der ganzen Welt zu. Hier kam noch etwas Besonderes dazu.

Schon am 7. Oktober 1939, einen Tag nach der Reichstagsrede, hatte Hitler den „Erlaß zur Festigung des deutschen Volkstums" unterschrieben und die Durchführung der baltischen und aller späteren Umsiedlungen in die Hände des Reichsführers SS gelegt. Das Rasse- und Siedlungshauptamt der SS kümmerte sich sehr intensiv um die Begutachtung der Umsiedler nach erbbiologischen Gesichtspunkten. Sogar die Schädellänge wurde gemessen, und jeder mußte genau Auskunft geben über Krankheiten, die jemals bei den Vorfahren aufgetaucht waren.

Am Schluß der Prozedur bekamen alle Umsiedler die Einbürgerungsurkunde, aber wie sie beruflich eingesetzt werden sollten, das richtete sich – ohne daß wir das damals durchschauten – nach dem rassenbiologischen „Wert" des einzelnen.

In einem Abschlußbericht des Rasse- und Siedlungsamts hieß es: „Das deutsche Volk hat durch Hereinnahme der deutschen Volksgruppe aus Estland und Lettland einen sehr wünschenswerten Zufluß nordischen Blutes bekommen, das vor allem in der Ansetzung als Bauern im Osten, als Blutwall gegen das Slawentum, für die Aufnordung des deutschen Volkes und die Sicherung des Reiches von hohem Wert ist."*

Die Zensur, die das Amt den Balten ausstellte, konnte sich sehen lassen: 72 Prozent der Deutschen aus Estland und 65 % aus Lettland erschienen der SS für die Ansiedlung im Osten als gut bzw. sehr gut eignet. Der Unterschied zwischen beiden Gruppen ließ sich gut auf die

* Baltische Briefe, November 1964

Lehrbücher reimen. Da laut Günthers „Rassenkunde" die Esten gegenüber den Letten einen höheren Anteil „nordischen Blutes" hatten, mußte auch die in Jahrhunderten doch unvermeidliche Blutmischung zwischen Deutschen und Einheimischen in Estland ein besseres Ergebnis hinterlassen haben.

An- und Aussiedlung

„Vor Wreschen, Pleschen, Schroda, Schrimm, bewahr uns Gott in seinem Grimm." Ein Balte hatte das gereimt, und er drückte damit die Befürchtung aus, in einem dieser Kaffs angesiedelt zu werden. Ich kenne keines von ihnen. Meine Eltern kamen nach Rawitsch, und das war ein recht freundliches Städtchen, ganz nahe der bisherigen Grenze zum deutschen Schlesien, näher an Breslau denn an Posen. Es hatte rund zehntausend Einwohner, davon waren schon vor 1939 ein gutes Drittel Volksdeutsche, d. h. Deutsche polnischer Staatsangehörigkeit.

Mein Vater bekam ein Papier- und Schreibwarengeschäft am Markt zugewiesen und eine Wohnung, viereinhalb Zimmer und Küche, ebenfalls am Markt gegenüber dem Rathaus. Gewissenhaft fertigte er nach dem Einzug eine Inventarliste an, denn die Wohnung war voll eingerichtet.

In den Bekanntmachungen zur Umsiedlung, die noch in Estland herausgegeben worden waren, hatte es ja wiederholt geheißen: „Da in den teilweise nur wenig beschädigten Städten und Ortschaften des wiedergewonnenen deutschen Gebietes im Osten des Reiches zahlreiche gute Wohnstätten leer stehen, bereitet die Unterbringungsfrage keine Schwierigkeiten."

Gar keine Wohnungen standen leer! Sie wurden von ihren Bewohnern geräumt, und nur, weil das nicht schnell genug ging, war der Stau in den Ankunftslagern und in Pommern entstanden. Das Tempo der Ansiedlung der Balten hing ab vom Tempo der Aussiedlung der Polen.

Manche der in ihre neuen Wohnungen eingewiesenen Balten fanden noch das Abendessen vom Vorabend auf dem Tisch, vielleicht waren sogar die Betten noch warm. Nach und nach sprach es sich herum, wie die Aussiedlung vor sich ging. Nachts fuhren Lastwagen vor, SS-Leute teilten den Wohnungsinhabern mit, daß sie eine Viertelstunde (vielleicht manchmal auch eine halbe Stunde) Zeit hätten, die persönlichsten Dinge, warme Kleidung und Verpflegung für zwei Tage einzupacken. Dann wurden sie abgefahren, nach Osten, ins sogenannte Generalgouvernement, den Teil Polens, der unter deutscher Oberhoheit polnisch bleiben sollte.

Ein halbes Jahrhundert später ist es schwer, darüber zu schreiben, was für Gefühle und Gedanken das in den „Ansiedlern" auslöste. Ich will versuchen, mich an damalige Reaktionen zu erinnern: Unbehagen, Ablehnung, Mitleid – das natürlich, aber auch das Gefühl der Unabwendbarkeit. Wir können nicht zurück, wir müssen es nehmen, wie es ist. Aber auch: Wie sollte eine deutsche Besiedlung denn anders vorgehen? Die Polen mußten Platz machen. Ein bißchen humaner könnte es dabei schon zugehen. Daß Kriege und Eroberungen, einschließlich der Unterwerfung fremder Völker, Unrecht sind, hatte der Geschichtsunterricht unserer Schulzeit kaum vermittelt, hätte man sonst den Eroberern den Beinamen „der Große" gegeben? Und es ist etwas anderes, ob man über die Völkerwanderung und ihre Ursachen im Geschichtsbuch liest oder ob man mitten drin ist in einer Völkerwanderung.

Ein Gedanke tauchte überhaupt nicht auf, soweit ich mich erinnern kann: Rache. Rache für die Pogrome, von den Polen an Volksdeutschen begangen (Bromberger Blutsonntag), wie es über die Zeitungen ausführlich berichtet wurde. Rache hätte ein Argument für die Beschwichtigung des Gewissens sein können, aber sie tauchte nicht auf. In das Mäntelchen „Es ist ja Krieg", ließ sich dagegen viel einhüllen, auch eine Formulierung in einem Sonderbericht der „Revalschen Zeitung" aus Gotenhafen vom 14. Oktober 1939, dessen Fotokopie ich erst 1981 zugeschickt bekam, als ich an einer Broschüre „100 Jahre Deutsche Realschule zu Reval" arbeitete:

„In diese geräumten, jedoch vollständig eingerichteten Häuser und Villen sind jetzt die ersten Umsiedler aus Estland eingezogen. Es ist eine Romantik (!), wie sie der Soldat bei Feldzügen im Osten wohl oft erlebt haben mag, wohl kaum jemals jedoch Zivilbevölkerung."

In der Psychologie, der forensischen vor allem, gibt es den Begriff „fehlendes Unrechtsbewußtsein". Man sollte es den Ansiedlern von 1939 zugutehalten.

*

Im November 1958, 19 Jahre nach der An- und Umsiedlung im Warthegau, war ich beruflich als Gerichtsreporter beim Kriegsverbrecherprozeß gegen Gauleiter Erich Koch in Warschau. Ich nutzte die prozeßfreien Tage oder Wochenenden, um mich im Lande umzusehen. Im Gegensatz zur Sowjetunion konnte man sich in Polen frei bewegen. Ich fuhr nach Stettin und Danzig – und nach Posen.

Der Bericht, den ich für das „Hamburger Abendblatt" und als Feature für den Nordwestdeutschen Rundfunk schrieb, gehört hierher, nicht erst dorthin, wo er chronologisch stehen müßte.

Posen, Glogauer Straße 80

„Ist das hier?" fragte der polnische Kollege. „Wenn das Nummer 80 ist, muß es hier sein", sagte ich und tat so, als wüßte ich es nicht genau.

Wir stiegen die Treppe hoch zum ersten Stock. Lech Jeszka, der polnische Kollege, klingelte. Eine Frau öffnete. „Der Doktor ist nicht zu Hause", sagte sie, „aber Sie können ja warten, wenn Sie wollen."

Ich war nicht ganz fair gewesen, als ich Jeszka gebeten

hatte, mich hierher zu begleiten. Ich hatte ihm nicht gesagt, daß ich diese Wohnung genau kannte. Ich hatte ihm nur erzählt, daß mein Schwiegervater darin gewohnt hatte. Vielleicht wäre er sonst nicht mitgekommen, vielleicht hätte sich sonst eine unsichtbare Mauer zwischen uns geschoben, die ein fruchtbringendes Gespräch unmöglich gemacht hätte.

„Es ist schwer für uns, mit Deutschen unbefangen zu sprechen. Immer drängt sich uns der Gedanke auf: Vielleicht ist er auch einer von den Mördern?" hatte mir Jeszka ein paar Stunden vorher gesagt. Deshalb hatte ich ihm bisher verschwiegen, daß ich während des Krieges in Posen gewesen war.

Wir setzten uns auf zwei harte Stühle, die einzige Einrichtung in dem großen Flur, und warteten. An den Wänden hingen noch dieselben Bilder wie damals.

In dieser Wohnung war ich 1943 getraut worden. Im Balkonzimmer. Wir saßen der Tür genau gegenüber. In dieser Wohnung hatte ich meine Frau besucht, wenn ich von der Front auf Urlaub kam. Jede der fünf Türen, die vom Flur abgingen, weckte eine Erinnerung.

Umständlich und sehr langsam spannte ich einen neuen Film in die Rolleiflex. Ich mußte meine Nervosität verbergen. Ich hatte keine Ahnung, wie dieser Besuch ausgehen würde.

Verschiedene Leute kamen und gingen, während wir warteten. Türen öffneten sich und gaben einen kurzen Blick frei auf das traute Familienleben nachwuchsstarker Sippen. Die Fünf-Zimmer-Altbauwohnung war, wie sich herausstellte, von fünf Parteien mit 14 Personen bewohnt.

Schließlich kam der Hauptmieter. Lech Jeszka dolmetschte. „Hier ist ein Journalist aus Deutschland. Sein Schwiegervater hat während des Krieges hier gewohnt. Er möchte gern etwas über die Geschichte einer Posener Wohnung schreiben."

Der Doktor bat uns in sein Sprechzimmer. Früher war es das Wohnzimmer gewesen. Jetzt war es in der Mitte durch zwei Schränke geteilt. Hinter den Schränken war der Behandlungsraum mit Instrumenten, Wachstuchsofa usw. Vor den Schränken wohnte Dr. Eugeniusz Golebski mit seiner Frau, die als Gynäkologin in einer staatlichen Klinik arbeitete.

„Mach uns bitte einen Tee", sagte er zu ihr. Und dann: „Das habe ich damals auch gesagt, als Dr. Krause vor der Tür stand." „Ich habe Ihren Schwiegervater ein einziges Mal gesehen." Dr. Golebski sprach gut deutsch, aber als er seine Erzählung begann, sprach er doch lieber polnisch und ließ Lech Jeszka übersetzen. Die Frau hatte inzwischen den Tee und Gebäck gebracht.

„Es war im November 1939. Ich machte ihm selbst die Tür auf. Er war sehr verlegen, als er mich sah.

‚Verzeihung', sagte er, ‚das ist wohl ein Irrtum.' Er wollte wieder gehen, aber ich hielt ihn zurück.

‚Was ist ein Irrtum?' fragte ich.

Er zeigte auf einen Zettel, den er in der Hand hielt. ‚Man hat mir einen Quartierschein gegeben. Man sagte, das sei eine leerstehende Wohnung. Aber ich sehe ja, daß die Wohnung gar nicht leer ist. Entschuldigen Sie bitte. Auf Wiedersehen.'

Ich bat ihn hereinzukommen und eine Tasse Tee mit mir und meiner Frau zu trinken. Und als wir den Tee tranken, sagte ich: ‚Tun Sie mir einen Gefallen, bitte, und ziehen Sie hier ein. Gleich heute noch.'

Dr. Krause konnte das nicht verstehen. Er saß mit seiner Familie in einem Wartelager in irgendeiner Schule. Sie waren im Zuge der Umsiedlung der Deutschbalten aus Riga gekommen und warteten schon seit drei Wochen auf eine Wohnung.

‚Bitte ziehen Sie hier ein', sagte ich noch einmal.

‚Aber das geht doch nicht, das ist doch Ihre Wohnung.'

Er hatte scheinbar keine Ahnung, was bei uns Nacht für Nacht geschah. Ich hatte Vertrauen zu ihm und sagte: ‚Der SS ist offensichtlich ein Fehler unterlaufen. Sonst hätten Sie den Quartierschein noch nicht bekommen. Wenn Sie hier einziehen, dann wird die SS den Fehler vielleicht nicht bemerken, und ich kann in Ruhe verschwinden und vielleicht noch ein paar Sachen mitnehmen. Sonst holen sie uns heute oder morgen nacht . . .'

Doktor Krause zog ein. Wir gingen ins sogenannte Generalgouvernement. Ich habe nichts mehr von ihm gesehen und bis zum Kriegsende auch nichts gehört.

1945 kam ich zurück nach Posen: Ich konnte nicht einfach wieder in meine Wohnung einziehen. Da wohnten längst andere Leute drin. Ich mußte froh sein, daß ich dieses eine Zimmer bekam.

Und wie es hier aussah! Maria, meine alte Haushälterin, die auch bei Dr. Krause geblieben war, jammerte: ,Immer hat der Dr. Krause zu seinen Kindern gesagt: seid vorsichtig mit den Sachen, die gehören uns nicht – und dann sind diese Leute von der Straße gekommen und haben alles gestohlen oder kaputtgemacht!'

Ja, so war es, sogar Türklinken und Fensterscheiben hatten die ersten Eindringlinge mitgenommen. Nur ein paar Sachen standen noch da. Unter anderem ein Schreibtisch. Und in diesem Schreibtisch fand ich – in Packpapier eingeschlagen – alle meine Universitätsdiplome, persönliche Papiere, Photos. Die ganzen Kriegsjahre hatte Dr. Krause sie für mich aufbewahrt.

Der arme Dr. Krause! Maria sagte mir, daß er bei den Kämpfen um Posen in russische Gefangenschaft gekommen und im Kernwerk erschossen worden sei."

„Das stimmt nicht", unterbrach ich. „Er hat sich am 20. Januar einen Koffer auf einen Rodelschlitten gebunden, hat sich zu Fuß auf den Weg gemacht und ist auch tatsächlich durch den Belagerungsring hinausgekommen."

„Oh, das ist schön. Dann kann ich Ihnen die Sachen mitgeben, die ich für ihn aufbewahrt habe."

„Was für Sachen?"

„Nun, alles, was ich noch finden konnte. Familienphotos, Erinnerungen an seine Studentenzeit im Baltikum, Bücher über Riga, alle die Sachen, an denen die Plünderer kein Interesse hatten."

„Aber . . .", es wurde mir sehr schwer, etwas zu sagen, „aber Maria hatte Ihnen doch erzählt, daß er tot ist?"

Dr. Golebski lächelte. „In solchen Zeiten kommen viele Gerüchte auf. Maria hatte es ja auch nur gehört. Ich war schon manchmal nahe dran, die Sachen zu verbrennen, aber dann habe ich gedacht, wer weiß, vielleicht kommt doch noch eines Tages irgend jemand und bringt mir einen Gruß von Dr. Krause."

Zeugnis der Reife

In meinem Zettelkasten hatte ich mir als Überschrift für dieses Kapitel notiert: „Nachgeholtes Abitur". Das ist sachlich, ernsthaft und – deshalb ungeeignet. Wenn ich dagegen „Zeugnis der Reife" darüberschreibe, dann ist darin die Ironie enthalten, die ich diesem Thema schuldig bin.

Es bestand für die Oberprimaner unter den Umsiedlern die Möglichkeit, das Abitur an der Schiller-Schule in Posen nachzuholen. Es war sogar möglich, Estnisch oder Lettisch als zweite Fremdsprache zu wählen.

Prüfungstage waren der 17. bis 19. März 1940. Ich konnte mein Glück kaum fassen, daß als erstes Fach Deutsch drankam und daß ich aus dem Loskasten ausgerechnet „Götz von Berlichingen" zog. Wir hatten das Goethe-Schauspiel erst im letzten Frühjahr in der Schule aufgeführt, und ich hatte für die Schülerzeitung einen sorgfältig recherchierten Artikel über die Entstehungsgeschichte geschrieben. Urfassung im Spätherbst 1771 unter dem Titel: „Geschichte Gottfriedens von Berlichingen mit der eisernen Hand" usw. Ich wußte viel mehr als der Prüfer, denn er war ja wohl kaum gerade Götz-Spezialist. Und da er nicht wußte, woher ich das alles wußte, konnte er annehmen, meine Kenntnis der deutschen Literatur sei allgemein so gut. Das war ein guter Anfang. So konnte es weitergehen.

Es ging nicht so weiter. Natürlich nicht. In Geschichte hatte ich in Reval immer eine Fünf, was bei uns Eins hieß, bzw. sehr gut. Erdkunde hatte ich zwar schon in Sekunda abgeschlossen, aber auch da war ich gut gewesen. Ich sah den Prüfungsfragen gelassen entgegen und – sie machten mich sprachlos:

Geschichte: „Was hat der Kampf Napoleons gegen England gemeinsam mit dem Kampf des Führers gegen England?" – Keine Ahnung.

Erdkunde: „Erklären Sie das System der deutschen Binnenwasserstraßen." – Ich zeigte auf der Landkarte an der Wand den Kaiser-Wilhelm-Kanal und deutete an, wo ungefähr der Mittellandkanal liegen mußte, aber dann war es auch schon zu Ende. In beiden Fächern bekam ich „ausreichend".

Englisch: „Referieren Sie über das britische Parlament." An der Sprache mangelte es nicht, aber leider an der Sachkenntnis. Man gab mir trotzdem „ausreichend".

Dann wieder ein Lichtblick: Biologie. Vererbungslehre. Die Mendelschen Gesetze konnte ich mit bunten Kreiden an die Tafel malen, mit roten, weißen und rosa Hühnchen. Zensur: „gut". Von der Mathematikprüfung weiß ich nichts mehr – aber ein gnädiger Prüfer ließ mich trotzdem mit „ausreichend" abtreten.

Anders in Physik. Ich sollte schriftlich und mündlich das Funktionieren des Rundfunks darstellen. Der Prüfer schrieb unter meine schriftliche Arbeit: „Schöne Literatur, keine Physik." Und als wir uns verabschiedeten, legte er mir freundlich die Hand auf die Schulter und sagte: „Ich wünsche Ihnen viel Glück, aber kommen Sie um Gottes willen nicht auf die Idee, Physiker zu werden." Die Zensur war gerecht: „ungenügend".

Und dann kam die Prüfung, derentwegen ich dieses Kapitel überhaupt erzähle. Estnisch. Ich sprach fließend Estnisch, gut sogar. Aber als Schulfach hatte es mich nicht interessiert, auch die Literatur nicht, und schon gar nicht die Grammatik mit ihren 17 fenno-ugrischen Fällen. Schriftliches Thema: „Geben Sie den Inhalt eines Werkes von Anton H. Tammsaare wieder." Ich kaute am Federhalter und bemühte mich aufzuschreiben, was in „Körboja peremees" (Der Bauer von Körboja) vorkommt.

Zur mündlichen Prüfung konnte ich an meinem Tisch

stehenbleiben. Der Prüfer stellte einige Fragen zur Grammatik. Ich beantwortete sie, so gut ich es wußte. Das Kollegium sah gelangweilt drein. Dann kam die Prüfung der freien Rede auf estnisch, und wieder war Tammsaare das Thema: „Leben und Werk."

Ich setzte an: „Anton Hansen Tammsaare ist der bedeutendste estnische Schriftsteller. Er hieß Hansen und kam aus der Landschaft Jerwen in Nordestland, von einem Hof, der Tammsaare (Eicheninsel) hieß. Als Schriftsteller machte er diesen Hofnamen zu seinem Pseudonym. Er war wohlklingend und klang nicht so deutsch wie Hansen. Sein Hauptwerk, der fünfbändige Romanzyklus „Tõde ja õigus" (Wahrheit und Recht) wurde in fast alle Kultursprachen übersetzt." Das hatte ich flüssig erzählt. Es war auch alles richtig, aber viel mehr wußte ich nicht. Pause. Doch, ich wußte noch etwas: „Er wurde 1878 geboren." (Das war das Geburtsjahr meiner Mutter.) Stimmte übrigens auch. Pause. Da fiel mir noch etwas ein, etwas sehr Wichtiges sogar. „Tammsaare ist vor wenigen Tagen in Tallinn gestorben, am 1. März 1940. Man hat ihn auf dem Waldfriedhof beigesetzt." Das hatte ich gerade in der Zeitung gelesen. Nun war ich aber wirklich am Ende. Der Prüfer, er kam aus Dorpat, ich kannte ihn nicht, sagte auf Estnisch: „Außer uns beiden versteht in diesem Raum keiner auch nur ein Wort unserer Sprache", und dann, als übersetzte er fürs Kollegium: „Sehr gut, erzählen Sie weiter."

Ich holte Luft. Ich mußte beweisen, daß ich Estnisch reden konnte. Sieg oder Untergang. „Ob man ihn mit dem Kopf nach Norden oder Süden, nach Osten oder Westen (viele Wörter!) begraben hat, weiß ich nicht. Es waren viele Menschen auf dem Friedhof. Sie sangen und weinten."

Der Prüfer verzog keine Miene, aber nickte zustimmend mit dem Kopf. „Sein Vater war Säufer, seine Mutter Wäscheplätterin (klantstriikija) sagte ich, wie um das Schicksal herauszufordern." Diesen Schnack benutzten wir manchmal, um etwas herablassend anzudeuten, daß die estnischen Literaten aus kleinen Verhältnissen kamen. Ich machte noch ein paar Minuten „überzeugend" viele Worte, dann war es genug. Im Zeugnis der Reife steht: Estnisch „gut".

Ich habe es dem Kollegium nicht übel genommen, daß ich für meine Götz-Glanzleistung kein „sehr gut" bekommen habe. Ich glaube, der Prüfungsausschuß hat sich redlich Mühe gegeben, mich überhaupt bestehen zu lassen; da haben sie mir halt oben etwas abgenommen, um es unten anflicken zu können. In sechs Prüfungsfächern bekam ich (nach deutscher Rechnung von 1–5) 18 Punkte. Das macht einen Mittelwert von 3 oder „ausreichend". Mir reichte es aus.

Eichenhain

„Die Erinnerung ist eine Blinde, die tastend den Weg erspürt." Diesen Satz des guatemaltekischen Schriftstellers Miguel Asturias finde ich ausgerechnet heute auf dem Kalenderblatt, da ich über Eichenhain schreiben will. Die Blinde hilft mir nicht, ihr Taststock trifft bei mir auf eine dunkle Leere. Ich weiß fast nichts mehr.

Schloß Eichenhain bei Posen war die Gebietsführerschule der Hitlerjugend. Dorthin waren Anfang 1940 die jungen Balten und Volksdeutschen zusammengeholt worden, die als hauptamtliche HJ-Führer in Frage kamen. Es ging wahrscheinlich gar nicht um Schulung oder Ausbildung, jedenfalls kann ich mich nicht einmal an die Art der Themen erinnern, es ging wohl darum, uns persönlich kennenzulernen, zu beurteilen, Dienststellungen und schließlich Dienstgrade zu verteilen.

Nur drei Erinnerungen. Erstens: Es war sehr kalt im Schloß.

Zweitens: Eine Kahnfahrt über die Warthe. Ein Pole stakte das Boot oder ließ es treiben. Das Wasser war tiefschwarz. Die Eisschollen, bläulich schimmernd, krachten von rückwärts gegen die Bootswände, denn sie überholten den Kahn in der Strömung. Über dem Horizont breitete sich ein heller Schein, wie eine große Kuppel. Da lag das noch unverdunkelte Posen.

Drittens: Schimmel. Man nannte ihn so, weil er strohblonde Haare hatte. Er war derjenige vom Schulpersonal, mit dem wir am meisten zu tun hatten. Er weckte morgens. Er ließ zur Flaggenhissung antreten. Er führte von A nach B, zum Lehrsaal oder zum Essen. Wahrscheinlich leitete er auch den Sport.

Schimmel trug immer eine ledergeflochtene Hundepeitsche mit sich. Er ging nie vor der Kolonne, immer daneben, möglichst auf dem Bürgersteig, wenn es einen gab. Er erklärte uns, warum.

„Wenn ich auf dem Bürgersteig gehe, müssen die Polacken auf die Straße ausweichen, und wenn sie vor der Fahne nicht die Mütze abnehmen, dann hau ich sie ihnen mit der Peitsche vom Schädel. Die müssen wissen, wer hier der Herr ist."

Wir sind mit ihm nie durch bewohnte Straßen marschiert, und eine Fahne hatten wir sowieso nicht mit uns. So haben wir diesen „Herrenmenschen" nicht in Aktion gesehen. Wenn seine starken Worte aber eine Lehre für uns sein sollten, dann haben sie nicht gefruchtet. Ich habe außer Schimmel nie einen Hitlerjugendführer gesehen, der eine Peitsche trug.

Bann 658

Ich wurde als Kommissarischer Bannführer nach Rawitsch geschickt. Daß es Rawitsch war, lag nahe, meine Eltern waren dort ja schon „zu Hause". Kommissarisch hieß: auf Bewährung. Es mußte sich ja erst herausstellen, ob ich für diese Aufgabe geeignet war. Ich trug die rote Schulterschnur (auch Affenschaukel genannt), das Zeichen für die Dienststellung des Bannführers, aber die Schulterklappen eines Gefolgschaftsführers, drei silberne Sterne. Zwischen dem Gefolgschaftsführer und dem Bannführer lag noch der Dienstrang des Unterbannführers.

Doch zuerst muß ich wohl erklären, was ein Bann war. Zu einem Bann gehörten 3–4000 Jungen zwischen 14 und 18 Jahren. Regimentsstärke. Ich benutze diesen Ausdruck gezielt, denn die Banne sollten die Tradition der kaiserlich deutschen, bzw. königlich preußischen Regimenter pflegen und ihre Nummern entsprachen ehemaligen Regimentsnummern. Ein Bannführer war also in der Parteihierarchie schon ein recht „hohes Tier".

Von Regimentsstärke war im „wiedergewonnenen Osten" natürlich gar keine Rede. Der Bann 658 (die Zahl ging nicht mehr auf eine Regimentstradition zurück, sondern war einfach eine laufende Nummer) umfaßte die Landkreise Rawitsch und Gostingen (Gostyn). Die Zahl der dort lebenden Deutschen war noch recht bescheiden, und in manchem Dorf gab es vielleicht nur drei oder vier Jungen, die ich mit denen des Nachbarorts zu einer Kameradschaft (kleinste Einheit) zusammenlegen mußte.

Es gab im Warthegau übrigens drei Gruppen von Deutschen: Reichsdeutsche, Baltendeutsche und Volksdeutsche. Letztere waren wiederum in vier Kategorien aufgeteilt. Zur Volksliste 1 gehörten diejenigen, die auch während der polnischen Herrschaft an deutscher Sprache und deutschem Brauchtum festgehalten hatten, zur Volksliste 2 diejenigen, die einer deutschen Kirchengemeinde angehört hatten. Wer deutsche Vorfahren nachweisen konnte, kam in Volksliste 3. Sie bekamen die deutsche Staatsangehörigkeit auf Widerruf, zunächst für zehn Jahre, und zur Volksliste 4 gehörten schließlich diejenigen, die jetzt ihr Volkstum wiederentdeckten, dem sie nach 1918 abgeschworen hatten. Sie standen nicht hoch im Ansehen, aber die Eintragung in die Volksliste bewahrte sie vor der Aussiedlung.

Aus den Söhnen dieser verschiedenen Kategorien Deutscher sollte ich einen Bann „zusammenschweißen." Ein typisches Wort der nationalsozialistischen Terminologie.

Als Banngeschäftsstelle bekam ich eine Villa am Wall zugewiesen. Ich war gleichzeitig Jungbannführer (für die 10–14jährigen). Die Untergauführerin, die weibliche Entsprechung für den Bannführer, war Amanda Rudert, eine Volksdeutsche (Liste 1 natürlich). Gunnar Kerkovius, Rigenser, verheiratet, ein paar Jahre älter als ich, war für die Kasse und Verwaltung zuständig, und dann gab es noch einen Fahrer für den Dienst-Hanomag, auch er Rigenser, Holzmeyer hieß er, wenn ich nicht irre.

Was ich machte, empfand ich als schöne Aufgabe. Ich fuhr von Städtchen zu Städtchen und von Dorf zu Dorf, im Winter mit dem Pferdeschlitten, im Frühling mit einem Mofa oder mit Holzmeyer im Auto. Ich machte mich mit jedem einzelnen Jungen bekannt, ernannte Führer und leitete die ersten Heimabende. In den größeren Orten wie in Jutroschin, das jetzt Orlamünde hieß, brachte ich eine Schar (drei Kameradschaften) zusammen, und in Bojanowo, jetzt Schmückert, reichte es sogar für eine Gefolgschaft (drei Scharen). Immer mehr Deutsche zogen zu, und mein Bann wurde immer größer. Bald waren es schon ein paar hundert Hitlerjungen.

Reichsdeutsche Jungen, die wußten, wie man es macht, und die ich als Führer hätte einsetzen können, gab es so gut wie überhaupt nicht. Die meisten Reichsdeutschen, die die Ämter in Verwaltung und Partei übernahmen, waren zunächst ohne Familien gekommen und blieben in den größeren Ortschaften. Abfällig nannten die Balten sie pauschalierend „Teppichroller", die Beutemacher, die im Osten die Teppiche einrollten. Margaret Mitchell erzählt in „Vom Winde verweht" von den „carpet-baggers", in den Südstaaten, aber der Roman erschien in Amerika erst 1936, und ich glaube nicht, daß er bis zur Umsiedlung schon ins Baltikum gekommen war. Die „Teppichroller" sind also wahrscheinlich eine originär baltische Wortschöpfung.

Die Reichsjugendführung in Berlin gab Schulungsprogramme für das ganze Reichsgebiet heraus. Überall sollten sie zur gleichen Zeit erfüllt werden. Berlin war weit weg, aber was für Träumer mußten in Posen in der Gebietsführung sitzen, die solche Pläne nach Jarotschin, Krotoschin oder Rawitsch weitergaben und Vollzugsmeldung erwarteten. Da wurden Themen vorgeschrieben, die weit entfernt von der Vorstellungswelt der Jungen und Mädchen lagen, die nur polnische Schulen besucht hatten und denen ich in kameradschaftlicher Art die Grundbegriffe der Geographie beizubringen versuchte.

Ich schrieb an den Gebietsführer und bat ihn, mit mir über Land zu fahren, um sich die Wirklichkeit anzusehen und wie es mir, so glaubte ich jedenfalls, gelang, die Jungen zu begeistern und durch öffentliche Veranstaltungen auch die Erwachsenen mit einzubeziehen.

Die größte öffentliche Veranstaltung war eine Versprechensfeier, vielleicht hieß es auch Vereidigung, auf dem Rawitscher Marktplatz, mit Fahnenschmuck und Musikkapelle. Schade, daß es davon kein Foto gibt. Ich muß sehr komisch ausgesehen haben, denn meine Schirmmütze war zu groß und rutschte mir während meiner schwungvollen Rede mehrmals über die Augen. Meine Eltern hatten von ihrer Wohnung aus zugesehen und versicherten, es sei alles sehr eindrucksvoll gewesen und die rutschende Mütze habe keiner bemerkt.

Etwas sehr Wichtiges hatte ich nicht begriffen: ich gehörte jetzt zu den Honoratioren der Stadt, und wenn ich in das Café kam, in dem der Kreisleiter seinen Stammtisch hatte, dann erwartete er, daß ich bat, mich dazusetzen zu dürfen, wie der SA-Führer, der vom NSKK usw. es taten. Ich tat es nicht, ich glaubte, daß das nichts mit meiner Aufgabe zu tun hatte. Ich hielt mich wohl überhaupt zu isoliert von den Parteibonzen.

Dieses Wort liefere ich nicht jetzt, ungefährdet sozusagen, nach, wir brauchten es auch damals, natürlich nicht laut und öffentlich, ebenso wie wir auch von „Goldfasanen" sprachen, jenen mit „Lametta" behangenen Politischen Leitern, die für jedes Amt ein eigenes Rangabzeichen hatten.

Es gab viele lächerliche Randerscheinungen der Germanisierung, und wir nahmen sie durchaus wahr. In fast allen Läden, auch im Papierladen meines Vaters, hing ein Schild:

214

„Trittst du als Deutscher hier hinein, soll stets dein Gruß Heil Hitler sein". Über das „hier hineintreten" haben auch die maliziös gelächelt, die das ganze Getue durchaus ernst nahmen.

Ende Mai tauchte der Gebietsführer unangemeldet in Rawitsch auf. Er stürmte in die Villa und von Zimmer zu Zimmer, als suche er jemand, der auf der Flucht vor ihm war. Er öffnete Schränke, holte Akten heraus, sah sie sich an und fuchtelte schließlich mit einem Papier vor meinem Gesicht herum.

Es war mein Brief an ihn, den er nicht beantwortet hatte. Ich bekam auch jetzt keine Antwort. Es ging nicht um den Inhalt, sondern um die „Schweinerei". Das Schriftbild war nicht gut plaziert, es gab eine Menge Tippfehler, der Brief sah wirklich nicht gut aus. So etwas schickt eine Dienststelle nicht ab! Aber es war ja ein Brief an ihn persönlich gewesen, und als Tippse war ich nicht ausgebildet.

Und als ich schüchtern fragte, ob ich ihn denn nun ins Banngebiet führen könnte, denn das sei doch das eigentlich Entscheidende, sagte er nur, er habe keine Zeit, grüßte kurz und fuhr davon.

Karlheinz (Putto) Borck behauptet heute noch, seine HJ-Führer in Posen hätten Pichler, Nothdurft und Schwanz geheißen. Wahr oder nicht, in diesem Augenblick schien mir jeder solcher Namen auf den Gebietsführer besser zu passen als der ganz einfache Werner Kuhnt.

Brandenburg

Am Abend saßen wir auf der Veranda der Bannvilla auf der Gartenseite, Kerkovius, Holzmeyer und ich. „Schade", sagte Holzmeyer, und dann lange nichts mehr. „Schade, das waren ja erst vier Monate hier mit uns."

Es gab keine Drohung des Gebietsführers, nicht einmal eine Andeutung, daß irgend etwas sich ändern würde, aber die Stimmung war gedrückt.

„Der Ebel ist zu den Brandenburgern gegangen", sagte Holzmeyer nach einer Weile. Weder Kerkovius noch ich wußten, was „die Brandenburger" waren. Ganz genau wußte Holzmeyer es auch nicht, aber er wußte, daß viele Balten da schon hingegangen waren, unter Zurücklassung großer Sprüche wie „Da gibt es entweder das Eiserne Kreuz oder ein Holzkreuz". Wir haben nicht lange beraten, einfach beschlossen; da gehen wir hin.

Der nächste Tag war der 3. Juni 1940, mein 21. Geburtstag. Den feierte ich zu Hause. Am 4. Juni fuhren wir los. Holzmeyer und ich. Ganz einfach so. Ohne ein Wort. Ohne eine Abmeldung in Posen. Desertiert, wenn man das so sagen will. Kerkovius mußte den Papierkram für uns erledigen. Er war verheiratet, hatte ein Kind, wollte nicht mit.

In Brandenburg sagte ich dem Bahnhofsoffizier: „Es soll hier eine Einheit geben, da fahren sie Motorrad, schießen im Laufen und reiten." Der Hauptmann der Reserve, schon ein älterer Herr, für diesen Posten an der „Heimatfront" reaktiviert, sah seinen Unteroffizier fragend an. Der zuckte die Achseln. „Vielleicht meinen die die Generalfeldzeugmeister-Kaserne?" Sie erklärten uns den Weg: Am besten quer durch die Stadt, am Rathaus und der Katharinenkirche vorbei, über die Havelbrücke, dann einen Schlenker nach links und dann seid ihr in der Magdeburger Straße. Da stehen Kasernen auf beiden Seiten. Fragt mal in der rechten nach.

Eine lange Mauer, dahinter rote Backsteinbauten, am Tor ein Posten vor Gewehr. Im breitesten Baltisch bestätigte er uns, daß wir richtig seien. „Hereinlassen kann ich euch, wie ihr wieder herauskommt, ist eure Sache."

Wir meldeten uns auf der Schreibstube. Dann Kleiderkammer, Waffenkammer. Uniform und Stahlhelm verpaßt, Karabiner 98k (kurz im Vergleich zum ursprünglichen Modell von 1898), in die Hand gedrückt, ärztliche Untersuchung und die ersten Impfungen: Krakau-Lemberg gegen Typhus-Paratyphus. Beim Mann vor mir brach die Nadel in der Brust ab. Mein Heldengesicht wurde recht blaß.

Nach der Blutgruppenbestimmung gab es auch die Erkennungsmarke: Blutgruppe 0. Differenzierungen, wie Rhesusfaktor oder so etwas, gab es damals noch nicht. Ein makabres Stück Ausrüstung. Ein ovales Blechstück mit länglichen Kerben in der Mitte, so daß man es leicht teilen konnte. Das mußte man fortan immer an einem Schnürchen um den Hals tragen. Wenn sie dich finden, vielleicht nicht mehr ganz hübsch anzusehen und auch nicht zu erkennen, dann bricht der Sanitäter die untere Hälfte ab, die obere bleibt bei dir, damit wirst du begraben, wenn du denn überhaupt ein Grab haben wirst. Die untere kommt in die Schreibstube, die werden dann deine Angehörigen benachrichtigen und dich aus der Kompanieliste streichen. Makaber in der Tat, aber über den Tod denken diese Soldatenanfänger noch nicht nach, und sie reden sehr flachsig darüber. Unter Kameraden sagt man nicht, der Sowieso ist gefallen, es heißt: der hat den Löffel abgelegt.

Angst hatte ich in die Kaserne nicht mitgebracht. Es gab allerdings eine Waffengattung, zu der ich mich nie freiwillig gemeldet hätte: die U-Boote. Die Vorstellung, mit einem äußerlich unbeschädigten Boot unterzugehen, war mir unerträglich. Später kam noch eine andere Grundangst dazu: von Flammenwerfern angegriffen zu werden.

Die Einheit hieß „Bau-Lehr-Bataillon z. b. V. 800" (Später wurde ein Regiment daraus). Es bestand wirklich nur aus Freiwilligen: Balten, Volksdeutsche aus Polen, aus Eupen und Malmedy, viele aus Südwestafrika und aus Palästina. Die Engländer hatten sie bei Kriegsausbruch nach Deutschland geschickt, ohne zu bedenken, daß ihre Sprachkenntnisse in Brandenburg willkommen waren.

Der Name „Bau-Lehr-Bataillon" hatte nur insofern Bedeutung, daß wir nicht „Schütze" hießen, sondern „Pionier". Die Pionierausbildung bestand nicht im Bauen, sondern im Zerstören, Brücken vor allem. Die Zahl 800 bedeutete überhaupt nichts, einzig wichtig waren die Buchstaben „z. b. V" – zur besonderen Verwendung.

„z. b. V. 800" unterstand der Abwehr II und sollte der kämpfenden Truppe jeweils für besondere Einsätze zugeteilt werden. Als Vorbild hatten wohl die englischen „Commandos" gedient.

In Brandenburg liefen auch schon einige „Helden" herum. In Athen hatte ein Kommando von Brandenburgern die Hakenkreuzfahne auf der Akropolis gehißt, noch ehe die Truppe die Stadt erreicht hatte. In Holland hatten Brandenburger in holländischen Uniformen die Verteidiger der Rhein- und Maasbrücken überrumpelt, so daß diese unversehrt in deutscher Hand waren, noch ehe der erste Schuß gefallen war.

Einige Brandenburger waren sogar beim Luftlandeunternehmen gegen die belgische Festung Eben Emael dabeigewesen.

Ganz so, wie wir es dem ahnungslosen Bahnhofsoffizier geschildert hatten, war die Rekrutenzeit allerdings nicht. Sie begann mit ganz gewöhnlicher infanteristischer Grundausbildung, Drill und Schikane inbegriffen, wie „Gasmaske auf! Im Laufschritt Marsch! Singen! Lauter! Noch viel lauter" bis zum Umfallen. Es gab auch Besonderheiten. Da wurde eine beachtliche Sprengstoffmenge auf den Rand eines Grabens gelegt, in dem die Rekruten in Deckung gegangen waren, und gezündet. Zum Glück ist keinem das Trommelfell geplatzt, aber der baltische Feldwebel Sorgenfrei verlor eine Hand, als er den Rekruten vormachen wollte, daß man eine Handgranate erst dann werfen soll, wenn der Feind keine Chance mehr hat, sie zurückzuwerfen.

Reiten haben wir nicht gelernt, aber Autofahren, einige sogar tatsächlich Motorrad.

Man kann sich heute keine Vorstellung mehr davon machen, wie militarisiert die Deutschen damals waren. Auf der Straße oder auf dem Weg ins Gelände riefen alte Männer den Soldaten zu: „Kaffeeholer raustreten!" oder sonst irgend etwas völlig Unsinniges, nur um zu zeigen, daß sie die Kasernenhofsprache kannten, daß sie „gedient" hatten.

*

Die Aufgaben der „Brandenburger" wurden in einem Bericht des Chefs der Abwehr II 1942 (inzwischen war das Bataillon schon auf Regimentsstärke angewachsen) in einer Geheimen Kommandosache so dargestellt (gekürzt):

Aufgabe des Lehr-Regt. „Brandenburg" zbV 800 ist der kampfmäßige, getarnte Einsatz gegen taktisch, operativ oder kriegswirtschaftlich wichtige Objekte. Er erfolgt dort, wo andere Einheiten noch nicht oder nicht mehr kämpfen können.

Im Hinblick auf die Bedeutung rascher Bewegungen steht die Inbesitznahme von Verkehrsanlagen, insbesondere von Brücken, im Vordergrund.

Der Sondereinsatz von Einheiten des Lehr-Rgt. „Brandenburg" zbV 800 soll den Gegner durch Anwendung von Kriegslisten aller Art täuschen und ihm so kriegswichtige Objekte überraschend entreißen.

Den Erfolg des Sondereinsatzes taktisch und operativ voll auszunutzen, ist Sache der Führung der nachfolgenden Truppe.

Richtlinien für den Einsatz:

Die Einheiten des Lehr-Rgt. „Brandenburg" zbV 800 sind ausschließlich Kampfinstrumente des Bewegungskrieges...

Mit dem Übergang zum Stellungskrieg sind die Einheiten des Lehr-Rgt. „Brandenburg" zbV 800 aus der Front herauszuziehen...

Infanteristischer Einsatz von Einheiten des Lehr-Rgt. ist mit Rücksicht auf das für die Sonderaufgaben ausgesuchte, besonders ausgebildete und schwer zu ersetzende Menschenmaterial nur in ausgesprochenen Notlagen vorübergehend gerechtfertigt...

(gKdoSN. 1509/42)

Fiasko auf Ösel

Am Sonntag, dem 22. Juni 1941, hatte ich Kaffeeholerdienst. Morgens, kurz vor sieben, ging ich mit zwei großen Aluminiumkannen über den menschenleeren Kasernenhof in Düren. Die Fenster der Kantine standen offen. Aus dem Lautsprecher schmetterte Punkt sieben eine Fanfare, die man bei Sondermeldungen noch nie gehört hatte. Musikkenner sagten mir später, das Motiv stamme aus „Les Prèludes" von Liszt. Dann die Stimme von Propagandaminister Goebbels, der eine Botschaft des Führers verlas: „Ich habe mich heute entschlossen, das Schicksal des Deutschen Reiches und unseres Volkes wieder in die Hände unserer Soldaten zu legen."

Drei Millionen Soldaten, 3580 Panzer, 7148 Geschütze, 600 000 Kraftfahrzeuge, eine halbe Million Pferde, 2700 Flugzeuge, die größte Streitmacht der Weltgeschichte, hatte um 3.15 Uhr, in der hellsten Nacht des Jahres, die Grenzen zur Sowjetunion überschritten – und ich schleppte Kaffeekannen über den Kasernenhof!

Ich hatte die Ehre, einer neuen Kompanie zugeteilt zu werden, die für „besondere Aufgaben" aufgestellt wurde. Sie bestand zum großen Teil aus Balten.

Otto Benesch, ein Hauptmann der Luftwaffe, so etwas wie ein Verbindungsoffizier zwischen der Abwehr und „Brandenburg z. b. V. 800", organisierte diese Kompanie.

Ende August wurden wir nach Pernau verlegt. Nach Estland. Ausgerechnet in meine Heimat.

Truppen der Heeresgruppe Nord waren bis Leningrad vorgestoßen. Nordestland, einschließlich Reval und die Ostseeinseln, hatten sie zunächst links liegen lassen. Die auf Ösel stationierten Küstenbatterien bedrohten aber den Nachschub über See. Ösel mußte genommen werden.

In Sturmbooten sollte die erste Angriffswelle vom Festland auf die Insel Moon übersetzen, einen Brückenkopf bilden und dann über den Damm, der Moon mit Ösel verbindet, auf die Hauptinsel vorstoßen. Die schweren Waffen der angreifenden Division sollten per Schiff von Pernau nach Moon nachgeführt werden. Dazu mußte aber vorher die schwere Küstenbatterie Kübasaare ausgeschaltet werden, die den Sund zwischen dem Festland und den Inseln sperrte.

Auftrag für die Brandenburger: Kommandounternehmen gegen Kübasaare am 14. September.

Luftfotos zeigten die Lage der Batterie. Sie lag auf der Spitze einer Halbinsel auf einer flachen Wiese, geschützt von einem Ring erhöht liegender Bunker. Rundherum Wasser, flach und sumpfig, durchsetzt mit kleinen Inselchen. Der Strand war nur mit Booten geringen Tiefgangs zu erreichen.

Daraus ergab sich der Operationsplan: 50 Mann sollten mit fünf Lastenseglern, geschleppt von fünf Ju 52, in der Nacht mitten in der Stellung landen und, unterstützt von Me 110-Fliegern, die Batterie im Handstreich nehmen. Zu ihrer Unterstützung sollten weitere 60 Mann in Fischerbooten von See her in den Kampf eingreifen.

Weil man mich als Dolmetscher für die estnischen Bootsführer brauchte, wurde ich der Seegruppe zugeteilt. Abends liefen wir in Pernau aus. Sechs Boote. Wir hatten ungefähr 100 Kilometer zurückzulegen, und die Fischerboote waren nicht sehr schnell. X-Zeit war, wenn ich mich recht erinnere, vier Uhr früh. Um diese Zeit hatten wir das Ziel noch nicht erreicht, aber wir mußten nah dran sein. Die Motoren wurden abgestellt, damit man uns nicht hörte, und leise paddelten wir in Richtung Küste.

Es begann zu dämmern, die Boote hoben sich immer deutlicher von der schwarz-grauen Wasserfläche ab, nun sahen wir auch schon die Küste, und von da blitzte es auf und Wasserfontänen spritzten vor uns hoch. Zum Glück schossen sie zu kurz.

„Kuradi sitt! Verdammte Scheiße!" fluchte der Bootsführer, „das ist nicht Kübasaare, das ist eine andere Batterie." Wir waren in der Dunkelheit viel zu weit nach Westen abgekommen, drehten bei und fuhren nach Osten, in den hellen Morgen.

Kübasaare bereitete uns den gebührenden Empfang.

Rauschend und pfeifend kamen die schweren Geschosse angeflogen und schlugen vor, neben und hinter uns ins Meer. Hätte eines von ihnen getroffen, wäre das Boot zerfetzt in die Tiefe gesunken. Das war jedem klar. Nur vorstellen konnte ich es mir nicht. Die anderen auch nicht. Wir waren alle zum ersten Mal „im Krieg". Ich holte meine Mundharmonika aus der Tasche, setzte mich auf den Bootsrand und spielte „Good bye, Johnny".

Es war überhaupt nicht daran zu denken, sich Kübasaare weiter zu nähern, man mußte zusehen, aus der Sichtweite der russischen Geschützführer zu kommen. Die kleine Flotte verlor die Verbindung von Boot zu Boot.

Aber was war aus der Luftlandegruppe geworden? Wir erfuhren es erst in Pernau. Alle fünf Lastensegler waren glatt gelandet – nur leider zu kurz, nicht mitten in der Stellung, sondern auf der deckungslosen Wiese davor, und die Gelandeten wurden von den Bunkerbesatzungen und von Baumschützen unter Feuer genommen. Nur dank der Tiefangriffe der Me 110 konnten sie sich den Tag über halten, obwohl die Russen mit Lastwagen Infanterie-Verstärkung heranholten.

Bei Einbruch der Dunkelheit hörte die Fliegerunterstützung auf. Als letztes kamen die Ju 52 noch einmal und warfen Pionierschlauchboote ab. Ein Teil fiel zu den Russen, auch alle Paddel. In der Dunkelheit schleppten die Überlebenden die Schlauchboote ans Ostufer und gingen in See. In den Booten war nur Platz für die Verwundeten. Die anderen hängten sich außen an die Stricke und paddelten mit Händen und Füßen, um vom Ufer wegzukommen.

Vier Schlauchboote wurden am nächsten Tag von Angehörigen der Seegruppe gefunden und einem Hilfsschiff der Marine übergeben. Ein fünftes fehlte.

Am Nachmittag des 15. Septembers meldeten Flieger, sie hätten zwei Mann in deutschen Uniformen im Uferschilf gesehen, die verzweifelt gewinkt hätten. Hauptmann Benesch erbat sich zwei Seenotflugzeuge und flog nach Kübasaare. Er wasserte in einer kleinen Bucht, um die Kameraden aufzunehmen. Das zweite Flugzeug kreiste über ihnen. Plötzlich setzte Maschinengewehrfeuer vom Ufer ein. Ein Leuchtspurgeschoß traf den Benzintank des gewasserten Flugzeugs, das sofort lichterloh brannte. Das andere Flugzeug drehte ab.

Zum Glück hatte Benesch schon vorher zwei Schlauchboote aus dem Flugzeug holen können. In eines packte er die verwundeten Flieger, ins andere die Kameraden aus dem Schilf, band beide Boote zusammen, setzte sich rittlings über beide, und starker Wind von Land trieb sie schnell auf See hinaus, wo sie am nächsten Tag, dem 16. September schon, von einem Seeaufklärungsflieger gesichtet und von einem Seenotflugzeug geborgen wurden.

Die beiden Männer im Schilf hatten zum fünften Schlauchboot gehört. Der Wind hatte sie nachts wieder an Land getrieben, wo die Russen sie aufspürten. Sie erschossen die zwei nicht transportfähigen Verwundeten auf der Stelle, die beiden anderen wurden gefesselt zum Verhör geführt. Als sie, sich auf die Genfer Konvention berufend, nur Namen und Einheit nannten, jede weitere Aussage aber verweigerten, stieß man sie ins Dunkle und schoß mit Maschinenpistolen hinter ihnen her. Geistesgegenwärtig hatten sie sich gleich fallen lassen, die Russen hielten sie für tot. Einen hatte eine Kugel ins Bein getroffen, der andere war unverletzt. Sie lösten sich gegenseitig die Fesseln und schleppten sich ins Uferschilf, wo der Flieger sie entdeckt hatte.

Das mißglückte Unternehmen hatte elf Tote und mehrere Verwundete gekostet. Die Luftlander waren nervlich so kaputt, daß sie nach ein paar Tagen Erholung im Lazarett in Pernau nach Düren zurückgeschafft wurden. Mit ihnen die ganze Kompanie. Sie wurde aufgelöst.

Ich kam nach Baden bei Wien – zur Aufstellung einer neuen Kompanie für „besondere Aufgaben".

Ich blieb fünf Jahre „Brandenburger". Von der Arktis bis zur Adria, von Paris bis zum Pripjet. Und wo ich hinkam, waren Balten schon da. Es gibt nicht viele männliche Landsleute meines Alters, die nicht bei „Brandenburg" waren. Und ich glaube, die meisten sind stolz darauf.

Die „Brandenburger" haben keine Kriegsverbrechen begangen, aber „List und Tarnung" verstießen doch häufig gegen die im Völkerrecht festgelegten Kriegsbräuche. Die britischen „Commandos", Vorbild für „zbV 800", taten es genauso.

Das bedeutete während des Krieges, daß sich ein Kommandoangehöriger, der in Gefangenschaft geriet, nicht auf das Völkerrecht berufen konnte, und das bedeutete nach dem Krieg, daß man zu einer besonderen Kategorie Kriegsgefangener gezählt werden konnte. Vor sowjetischen Militärgerichten wurde schematisch, ohne Frage nach individueller Schuld abgeurteilt: „Brandenburger = 25 Jahre Lager!"

Ich habe fünf Jahre Krieg mit einer einzigen Verwundung überstanden. Und ohne Gefangenschaft. Nichts als Glück.

Verrat und Verräter

Hauptmann, später Major, Otto Benesch, hatte meinen Weg als Soldat durch die Kriegsjahre in Rußland begleitet: in Rußland, in Lappland, auf dem Balkan und schließlich in Österreich. Er war immer der Verbindungsoffizier zwischen der Abwehr, der Einheit, bei der ich mich gerade befand, und der örtlichen Armeeführung gewesen. Seine persönliche Note war, daß er seine Luftwaffenuniform bis zum Kriegsende nicht ablegte, obwohl er schon längst nicht mehr zur Luftwaffe gehörte.

Viele Jahre später traf ich ihn wieder, das heißt, ich suchte ihn in einer für mich dringlichen Sache in Mannheim auf. Das war im Juni 1956, und ich saß als Gerichtsreporter im Mordprozeß Zahnarzt Müller in Kaiserslautern. Von da war es nicht weit nach Mannheim.

Kurz vorher hatte ich in dem gerade erschienenen Werk von Margret Boveri „Der Verrat im 20. Jahrhundert" im Kapitel über Admiral Wilhelm Canaris, den Chef der Abwehr, der nach dem Attentat auf Hitler (20. Juli 1944) ins KZ Flössenburg gesperrt und dort am 9. April 1945 hingerichtet worden war, gelesen:

„Dem Handeln am nächsten war Canaris, wenigstens in Gedanken, als sein Amt eine sogenannte Bau- und Lehrkompanie in Brandenburg aufstellte, in der auch Fallschirmjäger ausbildet wurden. In dieser ‚eigenen‘ Truppe ... gedachten die Verschwörer unter dem Deckmantel der offiziellen Aufgaben den Keim für eine Verfügungstruppe der Opposition heranzuziehen. Sie wurde denn auch von Heydrich mit größtem Mißtrauen betrachtet und konnte doch nicht im gewünschten Sinne ausgerichtet werden, weil Draufgängertum und Todesbereitschaft damals noch meist mit Hitlergläubigkeit gekoppelt waren."

Ich las den Absatz noch einmal und noch mehrere Mal, ohne seinen Inhalt glauben zu können. Deshalb fuhr ich nach Mannheim. Benesch war zwar nur Major gewesen, aber als Beauftragter der Abwehr war er an vielen Brandenburger-Einsätzen beteiligt gewesen.

Jetzt sah ich ihn zum erstenmal in Zivil, einen sehr bürgerlich wirkenden älteren Herrn. Ich erzählte ihm, daß es mir absolut nicht in den Kopf wolle, daß man ausgerechnet uns gegen das Regime habe einsetzen wollen, uns „Hitlergläubige". Wie hätte das wohl ablaufen können?

„Das wäre ganz einfach gewesen", sagte er ruhig, aber nicht von oben herab. „Ich hätte Ihnen z. B. gesagt: Die SS plant einen Putsch. Wir müssen das verhindern. Unsere Einheiten werden in diesen Minuten in ihre Aufgaben eingewiesen. Leutnant Werg, Sie verschaffen sich mit ihrem Zug Eintritt ins Propagandaministerium, notfalls mit Gewalt, und nehmen Minister Goebbels in Schutzhaft. Wenn die SS das Ministerium angreift, schicken wir Verstärkungen. Bis die eintreffen, halten Sie: Alles klar?"

Ich muß ein recht dummes Gesicht gemacht haben, aber mußte schließlich zugeben, daß ich wahrscheinlich „Jawoll, Herr Major", gesagt hätte.

Auf der Rückfahrt und sehr lange danach ging mir dieses Gespräch nicht aus dem Sinn. Ich hätte also so oder so zu den Verrätern gehört. Wäre der Putsch geglückt, hätte ich dazu beigetragen, eine Führung zu stürzen, die ich verteidigen wollte. Wäre ich dabeigewesen, als er, der Putsch, scheiterte, hätte man mich erschossen. Zu recht.

Und es ging ja gar nicht nur um mich, sondern ganz allgemein um die Frage militärischer Befehlsgewalt und Gehorsamspflicht. Du gehorchst und merkst zu spät, daß du auf der falschen Seite stehst.

Jedesmal, wenn irgendwo eine Revolution ausbricht, denke ich an die armen Kerle, die keiner fragt, auf welcher Seite sie stehen wollen.

V.
Ende und Anfang

Blau-schwarz-weiß in Österreich

Die Nachricht von der Kapitulation am 8. Mai 1945 erreichte mich in Österreich. Sie war keine Überraschung, aber eine Tatsache, auf die man reagieren mußte. Mit einer kleinen Einheit von rund vierzig Mann war ich im Gebirge, nicht weit vom Semmering. Ganz allein auf mich gestellt. Da war keine vorgesetzte Dienststelle, die Weisungen gab. „Nach Hause!" forderten meine Leute, und ich sagte: „Versucht's." Sie zogen ihre Uniform aus, packten sich Verpflegung in die Rucksäcke und zogen los. Ich auch.

Die Berge waren voller Männer, die nach Hause oder einfach untertauchen wollten. Ein paar Stunden ging ich mit dem Polizeipräsidenten von Wien. Er bot mir seinen großen Horch an und beschrieb mir genau, wo er ihn abgestellt hatte. Was sollte ich mit einem Auto? Autos brauchen Straßen, und genau die wollte ich ja meiden. Außerdem hätte ich mir ja auswählen können, was ich wollte, Geländewagen, auch Lastwagen, sogar Panzer. Der ganze Fuhrpark der 6. SS-Panzer-Armee von Sepp Dietrich stand im Tal verlassen herum, wie man von den Bergen aus sehen konnte.

Viel nützlicher waren die versprengten Pferde und Mulis, die hier und da auf den Pfaden herumirrten. Für ein paar Stunden, vielleicht auch für einen Tag, konnte man so einem Tier den Rucksack aufladen, um es dann in der Nähe eines Bauernhofes auf eine Wiese zu entlassen, womit hoffentlich beiden, dem Muli und dem Bergbauern, ein Gefallen getan war.

Meine Weggenossen waren Landser oder auch Offiziere, ein Polizeipräsident war die Ausnahme. Alle hatte ein gemeinsames Ziel: Weg von den Russen, hin zum Ami.

Die erste Begegnung mit einem Ami war mehr als verblüffend. Er stand als Posten auf der Enns-Brücke. Er lehnte mit den Unterarmen auf dem Geländer und sah gedankenverloren in das brausende Wasser, der Straße den Rücken zukehrend. Wir, ich war wieder in einer Gruppe von dreien, mußten an ihm vorbei, es gab keinen anderen Weg, Wir polterten mit unseren benagelten Bergschuhen über das Brückenpflaster, und der Ami – sah sich nicht einmal um.

Wie es weitergehen würde, wußten wir nicht, aber wir blieben vorsichtshalber auf Wald- und Bergwegen, und die Kameraden, die wir jetzt trafen, bestätigten uns, daß wir gut daran taten.

Sie erzählten von riesigen Wiesen, auf denen Tausende deutscher Soldaten zusammengetrieben waren, so eng, daß nicht einmal jeder Platz genug hatte, sich hinzulegen. Zelte gab es nicht, Decken auch nicht, auch keine warme Verpflegung, nur „k-rations", die für einen Mann und eine Mahlzeit bestimmt waren, aber an vier Mann für den ganzen Tag ausgegeben wurden, und auch das nicht regelmäßig. Noch war keiner dieser Pferche aufgelöst, noch nirgends ein richtiges Gefangenenlager eingerichtet worden. Das war es nicht, was wir uns von den Amerikanern erhofft hatten. Also weiter über die Berge.

Ortsangaben fehlen in diesem Kapitel fast ganz. Ich weiß nicht einmal, welche Enns-Brücke es war, über die ich die „amerikanische Zone" erreichte. Ich zog einfach in Richtung Westnordwest, ohne Karte und ohne Kenntnis der Geographie.

Auf Wegweisern tauchten manchmal „Operetten"-Namen auf. An einem frühen Morgen im Salzkammergut schlich ich mich vorsichtig durch spärliches Gehölz an einem See entlang. Zum Greifen nah lag ein schönes Gasthaus: „Weißes Rößl". Ich summte unwillkürlich: „Im Weißen Rößl am Wolfgangsee, da steht das Glück vor der Tür." Es war nicht das Glück. Vor der Tür stand ein riesiger Neger, die Uniformjacke über dem nackten Bauch weit offen, und streckte gähnend die Arme in die Luft. Ich zog weiter.

Am nächsten Tag schloß sich mir ein Memelländer an. Wir kamen an den Inn. Irgendwo zwischen Braunau und Schölding. Der Inn war, jetzt im Mai, ein lehmbrauner reißender Strom, hoffnungslos hinüberzukommen.

Wir suchten Quartier bei einem Bauern. Er wies uns eine Scheune an. „Und was wollt's zum Frühstück?" fragte er. So etwas war mir unterwegs noch nie passiert. Ich hatte zwar nicht nur unter freiem Himmel oder in verlassenen Heustadeln übernachtet, sondern manchmal auch bei Bauern. Manchmal hatte ich auch einen Kanten Brot oder eine Schüssel Brei bekommen, aber so etwas! Wenn es ein Scherz war, dann nahm ich ihn eben auf: „Ordentliches G'selchtes und Spiegelei", sagte ich, „wenn's recht ist."

Am Morgen rief uns der Bauer in die Küche. Gebratener Speck, Spiegeleier und Bratkartoffeln standen auf dem Tisch. Der Bauer freute sich über unseren Appetit, dann begann er seine Philosophie zu entwickeln. Daß der Hitler Österreich erobert hatte, dafür konnten die Soldaten ja nichts, die armen Kerle, die jetzt wie verprügelte Hunde nach Hause schlichen. Das, was der Bauer mit uns gemacht hatte, das mache er fast jeden Tag, wenn Soldaten bei ihm um Quartier baten: „Ihr sollt's eine gute Erinnerung an Österreich behalten – aber laßt's euch ja nicht einfallen, noch einmal zu uns zu kommen."

Zunächst waren wir ja noch da. Jenseits des Inns lag Bayern, Deutschland. Aber wie dahinkommen?

Im letzten Sommer war mal ein Stahlseil über den Fluß gespannt worden, erzählte der Bauer, für irgendwelche Lastentransporte. Vor einigen Tagen hatten ein paar Soldaten versucht, sich daran hinüberzuhangeln. Sie waren alle ertrunken. Gegen diese Strömung kann sich auch der Stärkste nicht halten. Es gab nur eine Möglichkeit: über die Brücke, aber das bedeutete Gefangenschaft, denn die Brücke war gut bewacht.

Es hatte die ganze Nacht in Strömen gegossen. Es goß immer noch. Das enthob uns einer sofortigen Entscheidung. Wir durften bleiben, bis das Wetter sich besserte. Der Bauer ging an seine Arbeit, und wir saßen in der Küche, plauderten mit der Tochter und sahen ihr bei ihrer Näharbeit zu. Das ging eine ganze Weile. Dann fiel mein Blick auf einen weißen Flicken und einen blauen und ich fragte: „Hast du auch einen schwarzen?" Das Mädchen schob die Stoffreste auseinander. Natürlich hatte sie auch Schwarz.

„Sei lieb", sagte ich, „näh mir bitte blau, schwarz und weiß in schmalen Streifen untereinander, zehn Zentimenter breit und das ganze aufs Hemd."– Mein Kumpel verstand sofort: „Und mir gelb, grün und rot." Das waren die estnischen und litauischen Farben.

Ich erzählte dem Bauern von meinem Plan. Das gefiel ihm, aber besser, meinte er, wäre es, wenn wir auch noch ein Papier hätten. Woher? Da stand bei einem Nachbarn im Schuppen ein Wehrmachts-Lkw mit lauter Schreibkram drauf. Eine verpackte Kompanie-Schreibstube.

Eine Schreibmaschine war da und vor allem ein Dienstsiegel. Ich nahm ein Stück Papier, DIN A5 quer und tippte: „Der estnische Zivilarbeiter Gunnar Erik Werg war bis zum 30. April 1945 auf dem Truppenübungsplatz Döllersheim als Kraftfahrer beschäftigt und wird mit dem heutigen Tag entlassen." Datum, Dienstsiegel, unleserliche Unterschrift. Mein Kumpel folgte meinem Beispiel mit eigenem Text.

Die Sache hatte einen schwachen Punkt. Welcher Ami sollte das verstehen? Aber vielleicht würde er ja nur auf Papier und Stempel sehen?

Nicht einmal das. Wir gingen über die Brücke, winkten den Posten zu und zeigten auf unsere Nationalfarben. Die Soldaten winkten zurück.

Österreich lag hinter mir.

„o.k. to cross bridge"

Die Verabredung lautete: Nach dem Krieg in Sangerhausen am Kyffhäuser. Ob Schwiegermutter Ljuba mit den Söhnen Bernd und Christian dort angekommen war? Ob Schwiegervater „Onkel Herbert" (Dr. Krause) überhaupt noch aus der Festung Posen herausgekommen war? Ob Hella von Wien bis nach Thüringen gekommen war? Das wußte ich alles nicht, aber Sangerhausen war immerhin ein Ziel.

Das nächste Hindernis auf meinem Weg dahin war die Isar. Ich hatte mir und meinem Memelländer Kumpel aufgrund unserer selbstgemachten Entlassungsscheine „Reiseerlaubnisse" auf englisch gebastelt.

In der Bürgermeisterei von Ganghofen tippte eine freundliche Frau den englischen Text, und der Bürgermeister setzte seinen Stempel drunter.

Das machte ein bißchen kühner. Wenn wir auch weiterhin die Hauptstraßen mieden, wagten wir uns doch auf die Straßen von Dorf zu Dorf. Dort gab es kaum Verkehr. Um so überraschter waren wir, als plötzlich ein Jeep neben uns hielt. Amerikanische Militärpolizei.

Der Offizier sah sich unsere gestempelten Zettel an und erklärte uns dann, daß wir als „displaced persons", so nannten die Alliierten die Ausländer in Deutschland, nicht ziellos durch das Land zu ziehen brauchten, man habe D. P.-Lager eingerichtet, wo für uns gesorgt würde. Er sah auf die Uhr, es war schon nach fünf nachmittags. Zu spät für heute, aber gleich morgen früh sollten wir uns in der Kommandantur in Dingolfing melden.

„Major", sagte ich, „Dingolfing liegt auf der anderen Seite des Flusses. Man wird uns nicht über die Brücke lassen." Er zückte seinen Füllfederhalter und schrieb auf unsere Dokumente: „o.k. to cross bridge."

Wir „kreuzten" noch am selben Abend und waren schon weit über Dingolfing hinaus, ehe die Kommandantur am nächsten Morgen ihren Dienst begann. Das „o.k." wirkte auch noch an der Donaubrücke bei Deggendorf.

Unsere Wege trennten sich. Ich ging weiter nach Norden, mein Kumpel nach Westen. Das blau-schwarz-weiß hatte ich wieder vom Hemd abgetrennt.

Am 3. Juni machte ich in Dieterskirchen Rast. Das liegt zwischen Oberviechtach und Neunburg vorm Wald in der Oberpfalz. Amis gab's dort keine. Im Dorf waren Hamburger Bombenflüchtlinge untergebracht, Frauen und Kinder. Ich kam mit einer der Frauen ins Gespräch und erwähnte wohl auch, daß ich heute Geburtstag habe. Es sammelten sich noch einige der Frauen, eine holte einen Kuchen, frisch gebacken, herbei und es wurde ein kleines Fest improvisiert. Und dabei erzählten sie auch von ihren Sorgen.

Seit 1943, nach den Großangriffen auf Hamburg, waren sie mit ihren Kindern schon hier. Nun wollten die Einheimischen sie loswerden, klar, und sie hatten ja auch gar nichts dagegen, wieder nach Hause zu gehen, auch wenn dieses Zuhause nur ein Trümmerhaufen war. Die Bayern hatten sich ausgedacht, wie sie die nicht eingeladenen Gäste wieder loswerden konnten. Die Bauern eines Dorfes stellten Pferde und Wagen für einen Tagesmarsch. Danach übergaben sie Menschen und Gepäck an die nächste Gemeinde, und die machte es ebenso. Am übernächsten Tag, sollte die Reise nach Norden beginnen.

Was den Frauen Sorge machte, war, daß sie keinen „eigenen" Mann dabei hatten, der ihre Interessen gegenüber den wechselnden Bürgermeistern vertreten konnte. Ehe ich mich versah, hatten mich die Hamburgerinnen zu ihrem „Papa" gewählt.

Das war ganz lustig, zu organisieren, kommandieren, mit einer Karawane ins nächste Dorf einziehen und mit den Ortsgewaltigen zu verhandeln mit Haltung und Stimme eines Offiziers, der zu befehlen gewohnt ist. Es ging alles ganz glatt. Die Bürgermeister waren mit Quartier, Verpflegung und sogar Getränken großzügig, denn, so hofften sie, es war ja das letzte Mal, daß sie etwas herausrücken mußten.

Das ging einige Tage, aber ich kam zu langsam voran. Ich hörte von einer Frau, deren Schwangerschaft so weit fortgeschritten war, daß sie dringend in die Stadt ins Krankenhaus mußte. Sie war keine Evakuierte, sondern ein Ostflüchtling. Sie war mit eigenem Pferd und Wagen über den Böhmerwald gekommen. Ihr zwölfjähriger Sohn konnte das Gefährt wohl lenken, aber ohne männlichen Schutz traute sie sich doch nicht auf den Weg. Es trieb sich so allerhand Volk herum, Polen, Russen, Befreite KZ-Häftlinge, alle an die neue Freiheit noch nicht gewöhnt und sich daher Übergriffe erlaubend.

Kurzer Abschied von den Müttern, und ich trabte mit der zukünftigen Mutter in Richtung Weiden, ungeniert auf der Reichsstraße, der heutigen Bundesstraße 22, Amis kamen uns wohl entgegen oder überholten uns, aber entweder kümmerten sie sich gar nicht um uns oder ein Hinweis auf den Leibesumfang der Frau und das Wort „Hospital!" wirkten wie ein Passierschein. Am Krankenhaus übergab ich Mutter und Sohn der Aufnahme und setzte meine Wanderung nach Norden fort.

Hier fehlt mir ein Stück Erinnerung. Ich weiß nicht mehr, wie ich von der Oberpfalz übers Fichtelgebirge nach Thüringen gekommen bin. Um den Weg in einer Woche ausschließlich zu Fuß zurückzulegen, scheint er mir zu lang, aber daß ich Mitte Juni ankam, ergibt sich aus dem nächsten Erinnerungsflecken.

Ich fand sie alle bei Sangerhausen, wo die Krauses bei baltischen Bekannten untergekommen waren. Ich holte aus dem Rucksack zwei Päckchen Meinl's Erbswurstsuppe und ein kleines kastenförmiges Radio. Beides hatte ich den ganzen Weg wie Schätze gehütet. Die Erbsensuppe war fürs Begrüßungsessen, an das Radio machte sich Bastler Bernd gleich, um es in Betrieb zu setzen.

Ich weiß es noch genau: Ich stand im Garten und wusch mich an einer Pumpe, als Bernd plötzlich rief: „Hört doch mal zu!" Es war eine Nachrichtensendung, und die Sprecherin sagte, die Siegermächte hätten einen Beschluß über den Verlauf der Zonengrenzen gefaßt. Demnach würden sich die Amerikaner aus Sachsen und Thüringen zurückziehen und die beiden Länder den Sowjets übergeben.

Das trübte die Wiedersehensfreude. Alle waren sich einig, daß wir in Thüringen nicht bleiben wollten. Onkel Herbert kannte jemand im Braunschweigischen. Ich sagte: „Ich gehe dorthin, wo es auf der Karte am grünsten ist. Da gibt es am ehesten was zu essen."

In der Nordwestecke Deutschlands sah die Karte grün aus. Onkel Herbert wußte von einem Verwandten, Dr.

Ivar Raeder, der mit Frau und Tochter in Varel in Oldenburg gelandet war. Ich hatte wieder ein Ziel, aber ein neuer Fußmarsch war nicht möglich. Hella war kurz vor dem neunten Monat.

Ich wanderte nach Sondershausen und besorgte mir einen Personalausweis, endlich einen echten, und hörte mich nach Reisemöglichkeiten nach Westen um.

Am nächsten Tag sollte ein Salztransport nach Hannover fahren, ein Lastzug, LKW und Anhänger.

Mit unserem leichten Gepäck standen wir schon frühzeitig am Abfahrtspunkt und bekamen auch Platz oben auf den aufgetürmten Salzsäcken. Die Fahrt ging in Richtung Autobahn bei Göttingen. Bei Duderstadt kamen wir an die Grenze der Britischen Zone.

Englische Soldaten stoppten unseren Lastzug, gingen an ihm entlang und befahlen allen Männern herunterzuklettern. Sie kletterten alle nach links, wo ausreichend Platz auf der Fahrbahn war. Ich rutschte rechts vom Anhänger, eigentlich nur, weil ich am rechten Rand gesessen hatte. Auf dieser Seite war ich allein, und als der Engländer, der mich nicht gesehen hatte, nach hinten ging, um einen nächsten Lastzug zu stoppen, lief ich zum Fahrerhaus, sprang aufs Trittbrett, machte mich klein und schrie dem Fahrer zu: „Mann, gib Gas!" Keine Debatte, er fuhr los.

In Hannover fanden wir einen Zug nach Nienburg und am nächsten Tag einen nach Bremen. Von Bremen nach Westen gab es noch keine heilen Geleise, aber nach Bremerhaven konnte man fahren und von dort mit der Fähre über die Weser setzen. Ein Landmann nahm uns mit dem Pferdewagen bis Rodenkirchen mit, und von dort waren es nur noch 25 Kilometer bis Varel.

Jeder hat seine Geschichte

„Ja, so war das damals", sagte Professor Borck, als ich das Kapitel über meinen Heimweg durch Österreich vorlas.

236

Putto Borck und Frau Annalo hatte die Kapitulation in Böhmen überrascht, und auch sie erlebten ihre Geschichte, ehe sie irgendwo im Westen Fuß faßten.

Jeder hat seine Geschichte, ganz gleich, wen man fragt. Zum Beispiel Erik Moisar, ein Schulkamerad, drei Jahre und zwei Klassen unter mir, damals ein strahlend blonder Pimpf.

1987, während meiner Recherchen für meine Unternehmensgeschichte der Bayer-Werke, entdeckte ich ihn in Leverkusen. Er war Professor in der Agfa-Fotochemie-Forschung. Und kaum saßen wir beide bei einem Schoppen, war die erste Frage: „Wie ist es dir damals ergangen?"

Also ganz kurz: Moisar geriet in Ostpreußen in Gefangenschaft. Mit 20 Mann saßen sie in einer Pferdebox des Gestüts Ortenburg. Ein russischer Arzt suchte einen Apotheker. Moisar meldete sich, schließlich hatte er zwei Semester Chemie studiert. Er wird abkommandiert, Beutemedikamente zu sortieren. Ein guter Posten, da läßt sich auch was fürs Gefangenenlazarett abzweigen. Aber dann hat er Pech. Es wird gerade ein Transport nach Rußland zusammengestellt, und er kommt zufällig vorbei. Der Transportleiter zählt die Leute, einer fehlt ihm an der Zahl. Hinein mit Moisar in den Waggon. Aber wieder zufällig kommt sein Arzt vorbei und holt ihn wieder raus. Moisar wird der Kommandantur zugeteilt, und dort sortiert er nicht Medikamente, sondern Geldscheine, die man den Gefangenen abgenommen hat. Lauter wertlose Papiermark, nur gut als Spielgeld zum Kartenklopfen. Doch es sind auch 33 Dollar und zwei englische Pfunde dabei. Die näht er sich in die Mütze. Später, nachdem er bäuchlings auf dem Dach eines Güterwagens von Ostpreußen bis nach Frankfurt an der Oder gefahren ist, und sich von dort nach Berlin durchschlägt, wird er mit seinem Devisenvermögen den Beginn seines Studiums bezahlen.

Nichts besonderes. Nein wirklich nicht, jeder kann solche Geschichten erzählen.

Der Schock

In Varel war eine Wandzeitung ausgehängt. Ein Foto zeigte Lastwagen, auf die Leichen verladen wurden, die nur aus Haut und Knochen bestanden. Im Text hieß es, Soldaten des VIII. Britischen Panzerkorps hätten im April das Konzentrationslager Bergen-Belsen befreit, wo Tausende zu Skeletten abgemagerte Häftlinge herumgestanden, gehockt oder gelegen hätten, zu schwach, den Befreiern auch nur zuzuwinken. Unter freiem Himmel seien ganze Leichenberge aufgetürmt gewesen.

Bergen-Belsen? Nie gehört. Die Leute, die sich die Wandzeitung ansahen, schüttelten die Köpfe. „Gelogen!" dachte auch ich. Unverschämt gelogen. Aber warum jetzt noch Greuelpropaganda, da der Krieg doch vorbei war. Wenn es aber die Wahrheit war, warum hatte die Feindpropaganda diese schreckliche Wahrheit nicht während des Krieges gegen uns genutzt?

Erst viel später habe ich es erfahren: Die Alliierten kannten die ganze Wahrheit selbst nicht, und wo sie etwas erfuhren, war es so unglaublich, so ungeheuerlich, daß sie es nicht glaubten, und wer es doch glaubte, riet von einer Verwendung für die Propaganda ab. Das würde niemand glauben und es nur als Lügen, die aus tiefstem Haß geboren sind, zurückweisen.

Daß es Konzentrationslager gab, hatte ich schon kurz nach 1933 gehört. Ich kannte sogar zwei Namen: Dachau und Sachsenhausen. Dort wurden die Feinde des Reiches „konzentriert". Diese Lager waren sicher keine Sanatorien, und die Wächter keine Kindergärtner, aber es gehört doch zur Sicherung des Staates, daß er seine Feinde einsperrt. Und im übrigen waren die Konzentrationslager eine englische Erfindung aus der Zeit des Burenkrieges.

Dort, wo es Konzentrationslager gegeben hatte, zwangen die Besatzer jetzt die Bevölkerung, sie anzusehen, möglichst frühzeitig, solange die Spuren des Grauens noch zu erkennen waren.

In oder bei Varel hatte es kein Lager gegeben. In oder bei

Varel glaubte man den Zeitungen oder Radioberichten der Sieger nicht. Sie erschienen so absurd, daß sie nicht einmal ein allgemeines Gesprächsthema waren: Es war gelogen. Warum sollte man sich darüber ereifern?

Aber die Nachrichten wurden immer schrecklicher. Für den September wurde in Lüneburg der erste Prozeß gegen Lagerführung und Wachpersonal von Bergen-Belsen vorbereitet. Da erfuhr man, daß die „Kommandeuse" Ilse Koch sich Lampenschirme aus tätowierter Menschenhaut hatte machen lassen. Und nach und nach tauchte in den Nachrichten und Berichten eine neue Vokabel auf, die das Wort Konzentrationslager fast zu verharmlosen schien: Vernichtungslager.

Die hatten außerhalb des Reichsgebiets gelegen und hießen: Chelmno, Belzec, Sobibor, Maijdanek, Treblinka und Osowice (Auschwitz). Keinen dieser Namen hatte ich je gehört, und wenn dazu gesagt wurde, in diesen Lagern seien jeweils 250 000, 300 000, 600 000 und in Auschwitz gar zweieinhalb Millionen Menschen systematisch, fabrikmäßig, getötet worden, so fiel mir zunächst auch nichts anderes ein, als „gelogen" zu denken, aber schon nicht mehr überzeugt, denn wer konnte es wagen, solche Lügen zu erfinden?

Welche Abgründe taten sich auf! Wie glühend und gläubig hatten wir unsere Lieder gesungen, voll hehrer, edler Worte. Für das Gute, für die Wahrheit, für die Ehre, für die Freiheit und für das Vaterland waren wir ausgezogen, und wir hatten ahnungslos ein Verbrechersystem verteidigt, wie es die Welt noch nicht gesehen hatte.

Es gibt unter den Menschen meiner Generation und der noch älteren manche, die verstockt und unbelehrbar geblieben oder geworden sind, manche, die ihr „gelogen!" noch aufrecht erhielten, als die historischen Beweise nicht mehr bestreitbar waren, aber es gibt auch andere, die das offene Gespräch mit der Jugend gemieden oder verweigert haben, weil es hoffnungslos scheint, irgend jemandem, der nicht aus jener Zeit stammt, die eigene Situation glaubhaft zu machen.

Ich habe oft den „Führerbefehl Nr. 1" als Argument angeführt, „daß jeder nur das erfahren durfte, was er für sein Arbeitsgebiet benötigte, aber nichts darüber hinaus und nichts früher als notwendig." Kaum jemand hat mir geglaubt, daß solch ein Befehl wirksam gewesen sein konnte. Dankbar greife ich daher die Erinnerungen von Ulrich de Maizière auf, „In der Pflicht". General de Maizière gehörte beim Wiederaufbau der Bundeswehr zu den „Offizieren der ersten Stunde". Er war sechs Jahre lang Generalinspekteur an der Spitze der Bundeswehr, ein bewährter Demokrat, ein unzweifelhaft glaubwürdiger Zeuge. Über die Zeit um 1942, als er schon dreißigjährig und Generalstabsoffizier war, schreibt er: „Über die Vernichtungslager im Generalgouvernement Polen wurde uns nichts bekannt, wie überhaupt nicht alles zu uns drang, was damals schon geschah. Gab es doch den strikten Führerbefehl Nummer 1 . . . "

Ich vertraue nicht darauf, daß man mir glaubt, deshalb zitiere ich noch einen Zeugen, der noch prägnanter, noch dezidierter formuliert: Franz Josef Strauß, Jahrgang 1915, in „Die Erinnerungen".

„An meine Generation und damit an mich wird immer wieder die Frage gerichtet, was wir von den Verbrechen des Nationalsozialismus gehört haben und was wir eventuell wußten von Massenmorden, Konzentrationslagern und anderen Greueln: *Man läuft Gefahr, verlacht, verhöhnt, verspottet zu werden*, aber es bleibt dennoch wahr, daß ich von Auschwitz und anderen Vernichtungslagern keine Ahnung hatte. Den Namen Auschwitz hörte ich 1945 zum ersten Mal."

„Wer wissen wollte, der wußte auch", sagte mir Daniel Henry, ein Franzose aus meinem jetzigen Bekanntenkreis. Das war Ende der Achtziger. Er gehört zur 30 Jahre jüngeren Generation. Seine kompromißlose Formulierung machte mich betroffen, und ich habe lange darüber nachgedacht.

Mancher mag einwenden, es sei gefährlich gewesen, Dinge zu hinterfragen. Das gilt nicht für mich. Für mich gilt: ich wollte doch gar nichts wissen. Wie sollte ich Fragen stellen, die mir gar nicht in den Sinn kamen?

Oder gab es doch Dinge, die zum Nachbohren verpflichtet hätten? 1939, als wir nach Posen kamen, wurden Polen gewaltsam ausgesiedelt, vertrieben, um für die Balten Platz zu machen. Danach brauchte niemand zu fragen, das wußte man. Ich hielt es für Unrecht, aber ich entschuldigte es als für die Eindeutschung des Warthegaus notwendige Maßnahme. Ich hörte damals auch, daß Polen erschossen wurden. Ich habe nicht insistiert zu erfahren, warum. Ich habe mein Gewissen beschwichtigt, mit der Annahme, daß es sich wohl um Verbrecher handeln mußte. Und dann habe ich nicht mehr darüber nachgedacht.

Ich habe keine Polen erschossen, ich habe keine Juden geprügelt, bin ich also rein von Schuld?

Natürlich nicht. Ich habe dem Mördergesindel, wie sehr im guten Glauben auch immer, ermöglicht, ihre Verbrechen zu begehen. Bis ans Ende. Und dennoch. Noch einmal Franz Josef Strauß:

„Ich bringe (zum Beispiel) beim besten Willen keinen generellen Schuldkomplex zustande, obwohl ich die falschen Weichenstellungen, die furchtbaren Untaten und Verbrechen des Dritten Reiches klar sehe. Wohl war ich entsetzt und betroffen über die Irrwege der deutschen Geschichte und ihre schrecklichen Folgen gipfelnd in Auschwitz. Aber die Vorstellung einer Kollektivschuld kann ich nicht übernehmen."

Ich bin 1945 nicht zur nächsten englischen Dienststelle gegangen, um reumütig um Bestrafung zu bitten. Ich habe mich durchgemogelt, durchgelogen, ohne Blick zurück in den Abgrund des verratenen Jugendglaubens.

Hilfsarbeiter
beim Lumpensammler

Bei der Stadtverwaltung Varel war ein Wohnungsamt eingerichtet worden. Dort gab man uns eine Einweisung. Wir meldeten uns in einer Villa bei zwei alten Damen, die uns sehr abweisend begrüßten. Unser ganzes Einzugsgepäck hatten wir bei uns, jeder einen Rucksack, mehr hatten wir nicht. Die Damen musterten die hochschwangere Hella. Auch das noch! Bald würde ihr stilles Haus von Babygeschrei erfüllt sein.

Varel in Oldenburg war von Kriegszerstörungen verschont geblieben. Auch sonst war man ganz gut über die Jahre gekommen. Und nun kamen plötzlich wildfremde Menschen und verlangten Quartier.

Wir waren die Ablehnung durch die Ureinwohner ebensowenig gewöhnt wie die Einheimischen die Tatsache, daß sich eine ganze Völkerwanderung von Flüchtlingen und bald auch Vertriebenen über ihr idyllisches Land ergoß.

Wir schilderten beim Wohnungsamt unser Unbehagen. Der Beamte hatte auch noch ein paar andere Adressen, aber, meinte er, wohl zu recht, willkommen würde man uns nirgends heißen. Aus dem Hintergrund meldete sich eine Kollegin. Es sei ja kaum zumutbar, aber wenn ich denn unbedingt mein eigener Herr sein wollte ... in Neuenwege, ein paar Kilometer außerhalb der Stadt, gebe es ein Barackenlager ... kaum zumutbar, wie gesagt, aber wenn ich es mir mal ansehen wollte ...

Das Lager schien unbewohnt. Die Türen waren nicht verschlossen. Die Räume waren groß, etwa acht mal vier Meter. Solch einen Raum konnte man sich aufteilen. Es gab elektrisches Licht. Das Wasser mußte man sich allerdings aus einer Waschbaracke holen, aber ich konnte ja einen Raum wählen, der nicht zu weit weg von der Quelle war. Betten, Spinde, ein Tisch, Stühle und sogar ein Kanonenofen waren vorhanden.

Das Lager hatte als Unterkunft für Kriegsgefangene gedient, die im nahegelegenen Motorenwerk gearbeitet hatten. Nach ihrem Abzug hatte sich niemand darum gekümmert, die Räume zu säubern. So sahen sie auch aus. Mit Ungeziefer mußte man rechnen, aber die Strohsäcke konnte man ja verbrennen und ersetzen. Sauberkeit konnte man herstellen, fehlende Freiheit nicht.

Als ich aus der Baracke kam, die ich mir ausgesucht hatte, sprach mich eine junge Frau an, bot mir eine englische Zigarette an und lud mich zu einer Tasse Kaffee, richtigem Kaffee, ein.

„Wollen Sie etwa hier einziehen?" fragte sie. Sie war bisher die einzige Einwohnerin des Lagers und bedauerte, daß es ja wohl anders würde, wenn jetzt immer mehr Flüchtlinge Quartier brauchten, die keinen Ärger mit Hauptmietern haben wollten. Sie hatte ihr Zimmer, es war klein, hatte wahrscheinlich jemandem vom Lagerpersonal gehört, gemütlich eingerichtet. Sie machte kein Hehl daraus, warum sie so gern in dieser Einsamkeit wohnte. Sie bekam oft englischen Besuch. Niemand sah es, niemand konnte das Maul über sie aufreißen.

Sie war eine herzensgute Frau und brachte mir später immer die Kippen aus ihrem Aschenbecher, damit ich sie in der Pfeife rauchen könnte. Leider hatte sich in ihnen so viel Nikotin gesammelt, daß mir beim Rauchen sterbensübel wurde.

Hella hatte nichts dagegen, in die Flohbaracke zu ziehen. Wir nannten sie so, denn es gab einen Floh in unserer „Wohnung", wahrscheinlich wirklich nur einen, aber er biß uns bei Tag und bei Nacht.

Als werdende Mutter bekam sie eine Zusatzkarte. Die Milch kaufte sie bei einer Bauersfrau mit Schuhgröße 46. Da wir bei ihr nicht einziehen wollten, war sie freundlich, und ich konnte bei ihr auch eine Axt und eine Säge leihen, um gesammeltes Bruchholz zu zerkleinern oder auch um heimlich gefällte Bäume zu Scheiten zu zerlegen.

Um einzukaufen, mußte man nach Varel. Wenn ich mich richtig erinnere, gab es schon einen täglichen Bus hin und zurück, oder man mußte sehen, daß man von einem Pferdewagen mitgenommen wurde, oder zu Fuß gehen. Auch das machte Hella noch gut, obgleich sie im neunten Monat war.

In Varel lernte Hella die Pastorenfamilie Kunstreich kennen. Diese Menschen, Sibo und Luise, haben uns lange Zeit sehr viel geholfen. So bekam Hella durch sie einen gebrauchten Kinderwagen, der auch als Bett für das erwartete Baby dienen konnte. Und eines Tages, Anfang Juli, kam sie mit einer guten Nachricht aus der Stadt. Sie hatte von einer Arbeitsstelle für mich gehört, bei der Bürstenfabrik Plönjes.

Ich stellte mich vor. Als ich Abiturient als Beruf angab, hieß mich Heinrich Plönjes willkommen, allerdings nicht als Bürstenbinder, dafür müßte man mehr können, aber als Hilfsarbeiter beim Lumpensammler. Daß Heinrich Plönjes in Varel auch „Plünnen Heini" genannt wurde, wußte ich als Fremder nicht. Neben seiner Bürstenfabrik, richtiger Bürstenmacherwerkstatt, betrieb er auch noch einen Altwarenhandel, und einen Abiturienten konnte er gut brauchen, weil der Kupfer von Messing unterscheiden konnte. Einen Gymnasiasten hatte er schon angestellt. Unser Lohn: 35 Pfennig die Stunde. Ehrlich verdientes Geld, auch wenn ich fünf Kilometer hin und fünf zurück marschieren mußte.

Meistens waren wir zu dritt unterwegs. Je nachdem, was für eine Ladung zu erwarten war, waren ein oder zwei Pferde vor den Rollwagen gespannt. Der Kutscher war ein echter Oldenburger Arbeitsmann. Für ihn hatte diese Tätigkeit nicht den Reiz wie für uns, denn mein Mitabiturient war auch Flüchtling, und ein großer Haufen alten Zeugs bedeutete uns nicht nur eine Fuhre Waren für die Firma, sondern zuerst einmal eine mögliche Fundgrube für uns.

Selbst Messer, Gabeln und Löffel konnte ich brauchen; Kochkessel erst recht, auch Werkzeug sammelte ich Stück um Stück – und Draht. Pastor Kunstreich amüsierte sich darüber, daß ich mir eine Fertigkeit aneignete, alles mit Draht zu machen, wozu man normalerweise Nägel, Schrauben und Dübel brauchte.

Einmal fanden wir auf einer Mülldeponie einen ganzen Stapel Gasplanen. Das waren gummibeschichtete feste Folien, 1,50 mal 1,50 Meter groß, eine Seite cremefarben, die andere braun. Sie waren dafür gedacht, sich gegen Senfgas zu schützen. Nun brauchte sie niemand mehr – außer den Flüchtlingen. Mit einigem Geschick konnte man daraus Regenumhänge schneiden.

Ein anderes Mal fand ich in einem Schuppen einige Luftwaffen-Offiziershemden. Sie hatten jahrelang gelagert, der Stoff war reichlich mürbe, aber es waren meine ersten Oberhemden, hellblau mit eleganten Kragenspitzen.

Auf einem Bahngelände stand eine lange Reihe nagelneuer Holzbuden. Sie hätten als Ersatz für ausgebombte Bahnwärterhäuschen dienen sollen. In jedem stand ein Eisenherd mit zwei Löchern, richtiger Luxus für jemand, der nur die kleine Fläche eines Kanonenofens zum Kochen hatte. Wir luden zwanzig dieser Öfen auf, für Plünnen-Heini.

„Umweg über Neuenwege", kommandierte ich, und der Kutscher machte den Umweg, wo wir einen der Herde vor unserer Baracke abluden.

Tochter Gisela wurde am 19. Juli geboren. Wir waren mit einer Fuhre unterwegs durch die Stadt. Vor einer Bäckerei stand eine lange Schlange. Zum ersten Mal seit Kriegsende gab es Eis. Aus unserer Ladung, die aus einer Brandruine stammte, suchte ich mir eine Emailleschüssel, rieb sie mit dem Taschentuch und einem Hemdzipfel sauberer und stellte mich in die Schlange. Der Kutscher wartete am Straßenrand. Dann trabten wir zum Krankenhaus. Ich lieferte meine Schüssel bei der Stationsschwester ab, mich selbst ließ sie in dem dreckigen Arbeitszeug nicht hinein. Die anderen Wöchnerinnen waren richtig neidisch auf Hella. Über die Herkunft der Schüssel wußten sie ja nichts.

Inzwischen waren immer mehr Flüchtlinge in das Lager eingezogen. Neben uns wohnte eine Schlachterfamilie aus Ostpreußen, daneben eine schlesische Witwe mit drei Kindern. Nach einer Weile zog ein Pole zu ihr, „Onkel Stepan". „Onkelehen" nannte man solche Verhältnisse damals. Die Witwen wollten nicht wieder heiraten, um ihre Rente nicht zu verlieren, und da man den Kindern erklären mußte, wer der fremde Mann war, nannte man ihn Onkel.

Zu jeder Wohnung gehörte ein Stück Gartenland, damit die Leute ihre Ernährung aufbessern konnten. Ich habe keine grüne Hand; bei mir wuchs nur Unkraut. Kartoffeln, Steckrüben und auch Obst klaute ich nachts von den Feldern und aus Gärten. Unter dem Zimmerfußboden grub ich einen Keller für die Beute. Die Bauern richteten Feldwachen ein, um sich vor dem hergelaufenen Diebsgesindel zu schützen. Aber sie nahmen die Bewachung nicht sehr ernst, denn so viel, daß es ihnen ernstlich geschadet hätte, konnten die Flüchtlinge gar nicht stehlen.

Ein leckeres Rezept aus jenen Tagen: Steckrüben gekocht, in Scheiben geschnitten, sofern man Mehl hatte, etwas paniert und in einer winzigen Spur von Fett in der Pfanne gebraten.

Im Waldhaus, einer Gaststätte an der Landstraße nach Oldenburg, war fast jeden Sonnabend Tanz. Auch die Engländer die vom Motorenwerk kamen, wo ihre Armeelastwagen überholt wurden, kamen gern dazu. Noch bestand das „Non fraternization"-Gebot, das Verbot der Verbrüderung zwischen Besatzern und Deutschen. Aber mit den „Brüdern" hatten die Engländer sowieso nichts im Sinn.

Um Mitternacht wurden die Engländer feierlich. Sie bildeten einen Kreis, faßten sich an den Händen und sangen „Auld lang syne". Ich kannte es nicht, verstand auch die Worte nicht, fand die Melodie aber so schön, daß ich sie noch im Sarg „hören" will.

Ebenfalls um Mitternacht versuchten auch die Programmgestalter des Senders Hamburg feierlich zu werden. Sie beendeten den Sendetag mit dem Lied „Ich hab' mich ergeben mit Herz und mit Hand, dir Land voll Lieb' und Leben, mein deutsches Vaterland." Eine Hymne mußten wir haben, auch wenn es das Vaterland nicht mehr gab.

Englisch um zwölf

Als Pastor kennt Sibo Kunstreich nicht nur Gott, sondern auch alle Welt. Jedenfalls in Varel und Umgebung. Er empfiehlt mich einem Schlachtermeister als kräftigen jungen Helfer. Das wäre ein Job, der nicht nur Stundenlohn einbringt, sondern auch Fleisch. Gut gemeint, aber mir graust vor Schlachtern. Wer Tiere umbringt, kann auch Menschen umbringen. Das ist hochtrabend gesagt, einfacher: ich kann nicht. Zwar würde ich als Ungelernter ja gar nicht schlachten dürfen, aber dabeisein müßte ich vielleicht oder auch nur die blutwarmen Stücke wegtragen oder gar auseinanderschneiden.

Die Frau des Schlachters fragte, ob ich ihrem Sohn statt dessen vielleicht beim Englischen für die Schule helfen könnte. Das machte ich gern, und auch dabei fiel mal ein Stück Fleisch oder eine Wurst zum Mitnehmen ab. Zweimal die Woche ging ich zu Schlachters nach Varel.

Und die übrigen Tage? Ich verbreite im Dorf, daß ich Englisch-Unterricht geben werde. Vielleicht braucht man dazu eine Lizenz, vielleicht verstößt es gegen das Versammlungsverbot? Wer viel fragt, bekommt viel Antwort, ich frage nicht.

20 Bauernkinder melden sich an. Zehnjährige sind dabei, die noch nicht richtig Deutsch lesen und schreiben können. Bei den Bauern hält sich hartnäckig das Gerücht, daß das alte Königreich Hannover und Oldenburg dazu englische Kolonien werden. Da sollen die Kinder rechtzeitig die Landessprache lernen. Mir soll es recht sein.

Lehrer Haye, er stammt natürlich noch aus der vorigen Geschichtsepoche, sucht in seinen Beständen nach englischen Lehrbüchern für mich. Er würde mir auch gern ein Klassenzimmer zur Verfügung stellen, jedenfalls solange die Schule noch nicht wieder aufgemacht hat. Das brauche ich nicht, denn ich gebe lieber Einzelunterricht im Hause der Schüler, und weil ich so viel Anmeldungen habe . . . Warten Sie mal, am Donnerstag ginge es noch, um zwölf . . . Und beim nächsten: am Mittwoch, aber leider nur noch um zwölf. Um eins ist der Unterricht zu Ende, und dann gibt es in der Küche Steckrüben mit Bauchspeck oder Oldenburger Grünkohl. Das spart Lebensmittelmarken für die Familie, und manchmal geben mir die Bauern auch Naturalien mit, wenn die Kinder mit ihrem Lehrer zufrieden waren.

*

Als die Pädagogische Hochschule in Bad Zwischenahn wieder aufmachte, kamen zwei Mädchen zu mir, siebzehn oder achtzehn Jahre alt, und wollten für die Aufnahmeprüfung vorbereitet werden. Ich hab's gemacht, auch ohne Grünkohl. Für jede Stunde, die ich lehrte, mußte ich vier Stunden lernen.

MP vor der Tür

Der Jeep fuhr mitten ins Barackenlager. MP – Military Police. Wahrscheinlich wollten sie die Lagerbewohner überprüfen. Zum Beispiel Männer ohne Entlassungsschein aufspüren. So etwas kam öfter vor. Der Chef der Streife winkte eine Frau heran, die gerade über den Platz ging. Er fragte sie etwas. Sie wies mit der Hand auf unsere Baracke, und der Jeep fuhr los. Nur zu uns. Direkt vor die Tür.

Sie ließen sich meine Papiere zeigen, tuschelten miteinander, einer schüttelte den Kopf, fragte, ob außer mir, Hella und dem Baby noch jemand bei uns wohne, vielleicht nur ab und zu übernachtete, und fragte schließlich geradeheraus, wo mein Bruder Gottfried Thomson sich aufhält.

Ich wußte es nicht. Wirklich nicht. Im Juli 1944 hatte ich ihn bei den Eltern in Rawitsch zum letztenmal gesehen. Er kam aus Antwerpen. Dort hatte er schon lange als Shipchandler (Schiffsausrüster) gelebt und hatte während des Krieges wohl mit der Abwehr, das konnte auch Spionage heißen, zu tun, aber Näheres wußte ich nicht, und die MP fragte ja auch nur nach seinem Aufenthalt.

Aber wieso waren sie auf mich gekommen? Im Augenblick konnte ich es mir nicht zusammenreimen. Eine mögliche Erklärung fand sich erst später: Mausi, Friedels Frau, war in Oberhausen gelandet. Sie wurde von den Engländern aufgespürt, verhaftet, eingesperrt. Beugehaft sozusagen, um über sie Friedels Aufenthalt herauszufinden. Mausis Adresse war im Durcheinander des Kriegsendes der einzige feste Punkt, über den meine Eltern und ich uns wiederfinden konnten. Sie hatten ihr geschrieben, sobald wir selbst wieder eine Adresse hatten. Vielleicht hatten die Engländer meine bei einer Hausdurchsuchung in Oberhausen gefunden?

Aus dem Gefängnis entlassen, kaum wieder zu Hause, bekam Mausi Besuch. Friedel stand vor der Tür, in englischer Uniform, ein britischer Sergeant skandinavischer Abstammung namens August (Gus) Larson.

Bei diesem Namen blieb er dann auch, wurde Auslandsvertreter für die British Motor Corporation zuerst in Skandinavien, dann in Osteuropa. Ab und zu schickte er mir einen Scheck, den ich für Mausi einlösen sollte. Einmal traf ich ihn während seines Zwischenstopps auf dem Flughafen Hamburg-Fuhlsbüttel, und einmal fuhren Tine, meine zweite Frau und ich abends nach Hannover zu einem kurzen Treff in seinem Hotel, während er für BMC auf der Industriemesse zu tun hatte. Das war im April 1972. Seine Adresse war damals Wien. Und da riß der Kontakt ab. Vom Geheimnis umgeben, in dem er sein ganzes Leben verbracht hatte, war er auch verschwunden.

Doch zurück zu den Militärpolizisten, 27 Jahre vor meiner letzten Begegnung mit meinem Bruder. Sie fragten nach meinem Beruf, und weil es so auf meinem selbstgemachten Entlassungsschein stand, sagte ich: Kraftfahrer. Dann sollte ich doch mal in der Kaserne anfragen, ob die Arbeit für mich hätten.

Ich überschlief den Gedanken, und gegen Morgen hatte er sich gewandelt. Mir war eingefallen, daß Dr. Ivar Raeder einem kleinen Kreis kanadischer Offiziere Russisch-Unterricht gab.

Varel hatte kanadische Besatzung. Die Nova Scotia Highlanders. Ich zog eines der Luftwaffenhemden aus meiner Lumpensammlerbeute an, frisch gebügelt, und machte mich auf den Weg zur Kaserne.

Dem Posten am Tor sagte ich, ich sei zum Education Officer bestellt. Ein Läufer, ich hatte vergessen, daß es so etwas in jeder Kaserne gibt, in der Zivilisten ja nicht frei herumlaufen dürfen, führte mich hin. Zum Glück hatte der Wachhabende mich nicht telefonisch angemeldet.

Nun stand ich vor Captain Mercer und sagte meinen unterwegs memorierten Spruch auf: „Da war gestern eine MP-Streife in unserem Wohnlager, und der Sergeant sagte mir, ich soll bei Ihnen anfragen, ob Sie nicht einen Deutschlehrer brauchen. Ich bin nämlich Student aus Estland mit sehr guten Deutschkenntnissen."

Der Captain sah mich an, sagte nichts, griff nach dem Telefonhörer und verlangte bei der Vermittlung nach dem Town Major. Town Major heißt normalerweise Bürgermeister, in diesem Fall war aber der Stadtkommandant gemeint. Was nun? Wenn mein Bluff geplatzt war, konnte das unangenehm werden.

Der Captain sagte: „Danke, Sir. Das ging ja prompt. Gestern habe ich um einen Deutschlehrer gebeten, und schon ist er da."

Ich wurde eingestellt. Für viermal in der Woche. Zweimal für einen Offizierskursus, zweimal für Mannschaften. Wie in jedem Sprachkurs hielt die Begeisterung der Schüler nicht an, obwohl ich versuchte, den Unterricht möglichst locker zu gestalten. Zum Beispiel: „Danke schön". Übersetzt heißt das „Thanks beautiful".

Ich war städtischer Angestellter auf Besatzungskosten. Man entließ mich nicht, obgleich die Teilnehmerzahl schmolz. Ich konnte die Zeit gut nutzen. Ich hatte englische Sprachpraxis. Wenn die Soldaten schon nicht bei mir lernten, so lernte ich doch bei ihnen. Es gab einen Unterrichtsraum mit Schreibmaschinen, ausreichend Papier und

Anleitungen zum Blindschreiben. Ich konnte stundenlang üben.

Unter den letzten, die noch zum Unterricht kamen, war ein Kfz-Unteroffizier aus Halifax. Einmal nahm er mich als Dolmetscher auf eine Dienstfahrt mit. Wir kamen an Neuenwege vorbei. Ich lud ihn ein, einen Tee bei uns zu trinken. Unsere Behausung muß ihn sehr beeindruckt haben. Am nächsten Morgen kam er mit einem kleinen Lastwagen vorgefahren, schaufelte eigenhändig einen Haufen Kohle vor unsere Tür, stellte einen Karton mit allerhand Krimskrams und Süßigkeiten daneben und war verschwunden, ehe wir uns bedanken konnten.

Im Frühjahr 1946 zogen die Kanadier aus Varel ab. Meinen schönen Job war ich los.

Man findet sich wieder

Die Züge fuhren wieder nach Fahrplan. Mehr oder weniger. Daß sie nicht beheizt waren und die Waggons oft keine Fenster hatten, mußte man in Kauf nehmen, wenn man reisen wollte.

Hellas Tante Karin Brandt, damals 50, war eine besonders eifrige Reisende. Sobald sie eine Adresse von Verwandten oder Freunden bekam, fuhr sie los. Als ihre Adressenliste in den nächsten Jahren immer länger wurde, machte sie regelrechte Rundreisen und war wochenlang unterwegs.

Irgendwoher bekam ich Giselas Adresse. Meine Jugendliebe lebte ganz in der Nähe, 22 Kilometer von Neuenwege in Klein Garnhold über Ocholt in Oldenburg. Sie schrieb: „Ich bin verlobt mit Hans-Jürgen Wolff (Hasi), und wir sind seit dem April zusammen. Hier arbeiten wir als Knecht und Magd, um erstmal über den Winter zu kommen. Meine Mutter kocht für uns, mein Vater sorgt für Holz und anderes Nötige. Unsere Wohnung über dem Schweinestall entspricht sehr Eurer Kisten- und Konservendosenkultur, aber wir sind froh, einen eigenen Herd und eine unabhängige Wirtschaft zu haben."

Das „Hasi" in Klammern hinter dem Namen Wolff sagte mir, daß es sich um Balthasar von Bremen handelte, den Landsmann, Altersgenossen, Hitlerjugendkameraden und Brandenburger.

An einem Sonntag radelte ich nach Ocholt zum Hof Paradies. So hieß der Bauer. Gisela, die Baronesse, war beim Melken, Hasi mistete gerade den Stall aus, der Baron Pilar von Pilchau fegte die Treppe und die Baronin brühte Kornkaffee auf.

Wie es weitergehen sollte, wußte keiner von ihnen.

Massa taucht auf

„Massa" tauchte auf. Er lebte bei Bad Vilbel, zehn Kilometer nördlich Frankfurt und betätigte sich beim wiedergegründeten CVJM. Was denn sonst? Hans Jürgen Brasche, unser Führer „Massa", war als etwas anderes als Jugendführer gar nicht denkbar.

In Frankfurt und Umgebung waren viele Deutschbalten gelandet. Für Anfang Januar planten sie den ersten Baltenball. Massa schrieb an seine ehemaligen Führer und Kameraden, sofern er ihre Adressen kannte. Der Baltenball bot Gelegenheit zum Wiedersehen. Als wir uns abseits des Festraums zusammensetzten, war das kein Verschwörertreffen, wie ich ein wenig befürchtet hatte. Massa hatte keine Aufgaben zu verteilen, wollte nichts und niemanden organisieren, wollte nur, daß wir uns gegenseitig von unserem Ergehen berichten, von unseren Hoffnungen und Zielen, von unseren Gedanken zur Zeit, und damit kam natürlich auch die Politik ins Spiel.

Wenn wir das Sagen gehabt hätten, dann wäre unser Reich kein Verbrechersystem geworden, versicherten wir uns gegenseitig. Mit „wir" meinten wir die Jugendführer, auch die Reichsdeutschen, deren Glauben an die Ideale wir kennengelernt hatten, und einer erinnerte daran, daß Hitler gesagt hatte, der Nationalsozialismus stehe erst am Anfang und es werde Generationen dauern, bis Deutschland nationalsozialistisch geworden ist, und dieser eine konnte den Führer sogar wörtlich zitieren: „Was wir vom Deutschland der Zukunft erwarten, das erwarten wir von Euch, meine Jungen und Mädel." Hitler hatte nicht auf uns gewartet.

Im Nürnberger Hauptkriegsverbrecherprozeß hatte der ehemalige Reichsjugendführer Baldur von Schirach am 24. Mai 1946 gesagt: „Es ist meine Schuld, die ich vor Gott und unserer Nation trage, daß ich die deutsche Jugend im Glauben an Hitler erzog, den ich für unantastbar hielt und der ein millionenfacher Mörder war." Baldur von Schirach wurde wegen seiner Tätigkeit als Gauleiter und Reichsstatthalter von Wien verurteilt, nicht als Reichsjugendführer. Die Hitlerjugend wurde in Nürnberg nicht zur verbrecherischen Organisation erklärt.

Es spukte noch manches vom alten Geist in uns. Bremen sprach davon, daß er die Jugend für ihre zukünftigen Aufgaben im Osten erziehen wolle, sein Bruder meinte, daß an die Stelle des Reichsgedankens nun Europa treten müsse. Irgendwann tauchte in unseren Gesprächen der Begriff „Verdammte Jahrgänge" auf. Ich glaube, er stammte von mir.

Wir waren *zu jung* gewesen, um im Dritten Reich unsere Vorstellungen durchsetzen zu können.

Wir waren *zu jung* gewesen, um im Beruf schon etwas darzustellen.

Wir waren *zu alt*, um jetzt unter die generelle Jugendamnestie zu fallen, die für diejenigen galt, die 1945 nicht älter als 20 Jahre gewesen waren. Der Begriff „Gnade der späten Geburt" war noch nicht erfunden.

Wir, die verdammten Jahrgänge, nahmen uns viel zu wichtig. Wer sollte uns schon verfolgen, wer an unserer Vergangenheit interessiert sein? Aber was uns beunruhigte, war die Willkür, die Rechtsunsicherheit.

Im September 1947 sprach das amerikanische Militärge-

richt in Dachau den SS-Obersturmbannführer Otto Skor-
zeny frei. Er habe das Völkerrecht nicht dadurch verletzt,
daß er während der Ardennen-Offensive in amerikani-
scher Uniform aufgetreten ist.

Im Mai 1949 verurteilte das sowjetische Militärgericht in
Brandenburg den ehemaligen Unteroffizier Woldemar
Wencelides zu 25 Jahren Zuchthaus.

Wodka, wie wir ihn nannten, war nach dem Krieg in Per-
leberg in der sowjetischen Besatzungszone gelandet. Dort
fand er keine Arbeit, wohl aber in Brandenburg als Rus-
sisch-Dozent an der Volkshochschule. Eine seiner Schülerinnen erkannte den ehemaligen Soldaten aus der General-
Feldzeugmeister-Kaserne wieder und zeigte ihn an. Das
sowjetische Tribunal fragte nicht viel. „Brandenburger"!
Das genügte. 25 Jahre und noch zweimal 25 dazu für sonstige „Verbrechen". Wodka verbrachte mehrere Jahre im
Zuchthaus Bautzen, wenn auch zum Glück nicht 25.

Und in Marburg hatte Balthasar von Bremen sein Theo-
logiestudium aufgenommen. Gisela finanzierte es, indem
sie in einer amerikanischen Offiziersmesse kellnerte. Hasi
verdiente auch noch etwas dazu: er schrieb für das Counter
Intelligence Corps (CIC) Aufsätze über die Taktik der
„Brandenburger" bei ihren Einsätzen in Rußland.

*

Mit Massa habe ich dieses Kapitel angefangen, mit Massa
soll es auch enden. Als ich ihn in Bad Vilbel wiedersah, war
er 32. Er war und blieb der Alte, zuerst Kreisjugendwart
Main des CVJM, dann Internatsleiter und Sportwart. Seine
Volleyball-Jugendmannschaft trainierte er bis in die Bun-
desligaspitze. Er trug natürlich nicht mehr kurze Hosen.
Er hatte geheiratet, hatte zwei Söhne und war nicht nur in
den CVJM eingetreten, weil es den in Frankfurt gab, sondern aus wiedergewonnener christlicher Überzeugung.
Aus dem Saulus war ein Paulus geworden. Massa (Hans
Jürgen Brasche) dichtete:

Jedoch das Schwerste in den dunklen Tagen
war nicht die äußerliche Schmach und Not,
die ließ sich noch mit Hohn und Trotz ertragen,
das Schwerste war der innerliche Tod!
Denn all die hehren Ziele waren Lug,
hinter den Idealen grinste der Betrug.

Da riefst Du mich, es war erst nur ein Ahnen
von Deiner Kraft und Wirklichkeit,
dann wieder war es wie ein leises Mahnen,
und dann ein Strahl nur von der Ewigkeit,
der in die Leere meines Lebens drang.
Und endlich war es wie ein ferner Klang.

Herr, gib die Worte mir zum Weitergeben,
was Du aus lauter Gnade mir geschenkt.
Gib mir die Freiheit, nur für Dich zu leben,
der Du in aller Not mich stets gelenkt.
Ach, mach mich täglich immer mehr bereit,
zu zeugen Herr, von Deiner Herrlichkeit.

Massa starb am 6. Juni 1986 in einer Telefonzelle in Düsseldorf. Herzversagen. Er wurde 69 Jahre alt. Ich sehe ihn aber immer noch in kurzen Hosen und höre kein frommes Lied, sondern seine kräftige Stimme schmettern: „Oho, die Jungenschaft erhebt sich, die Jungenschaft greift an!"

VI.
Spurensuche

Wir waren 18.

Wir waren 18

Georg Skley, wissenschaftlicher Assistent in der Westberliner Universitäts-Frauenklinik, hatte im Herbst 1951 im „Stern" die Serie „Der große Schwindel" gelesen. Als Autor war ein „Erik G. Verg" genannt. Skley bat die Stern-Redaktion um die Adresse und fragte dann bei mir an, ob ich vielleicht sein ehemaliger Klassenkamerad aus Reval sei. Ich antwortete kurz. Vielleicht hatte ich gerade keine Zeit für einen längeren Brief, vielleicht auch keine Lust. „Jurka" Skley hatte nicht zu den Klassenkameraden gezählt, die mir am nächsten standen.

Er schloß aus der Kürze, daß ich keine Verbindung aufnehmen wollte. Leute verhielten sich damals oft merkwürdig, und manchmal hatten sie guten Grund dazu. Das führte zu Szenen „wie im Kino". Er selbst erzählte mir später von solchen Kinoszenen.

In der russischen Kriegsgefangenschaft hatte er seine baltische Herkunft verleugnet, aber als es sich herausstellte, daß Sprachkenntnisse von Vorteil waren, sagte er, er habe aus privatem Interesse Sprachen gelernt, auch Russisch. Daraufhin schickte man ihn 1947 ins Lager Morschansk, wo er russischen Offizierskindern Nachhilfe in Englisch und Deutsch geben sollte. Er meldet sich in der Lagerverwaltung, und dort sitzt als Dolmetscher unser ehemaliger Turnlehrer Benno Frehse. Skley tut, als kenne er ihn nicht, und der Turnlehrer, nach kurzem Stutzen, spielt das Spiel mit. Kino!

Anfang März 1952 erkennt mich Skley in der Buchabteilung des HO am Alexanderplatz. Ich bin in Begleitung eines gleichaltrigen Herrn. Beide haben die Mantelkragen hochgeschlagen, beide die Hüte tief ins Gesicht gezogen. So jedenfalls sieht es Skley, geht gruß- und wortlos weiter und denkt: Alexanderplatz? Ostsektor? Da traue ich mich ja kaum hin, wieso der? Oder sollte er vielleicht . . . ? Kino.

Und noch eine Kinoszene: Zu Ostern wird Skley zu einer bevorstehenden Entbindung in eine Privatwohnung nach Ruhleben gerufen. Im Hausvater erkennt Skley meinen Begleiter vom Alexanderplatz wieder und fragt vorsichtig, ob er einen Journalisten Erik G. Verg kenne.

„Na klar, den Gunnar", sagt Peter Nasarski fröhlich und unbefangen. „Wir waren beide HJ-Führer im Warthegau."

Im April oder Mai nahm ich doch intensiveren Kontakt mit Jurka Skley auf. Die Briefe wurden länger. Er war nicht umgesiedelt. Er machte sein Abitur am „English College" in Reval und hatte gerade sein Medizinstudium in Dorpat angefangen, als die Sowjets Estland besetzten. Er nutzte die Chance der Nachumsiedlung. In Deutschland wurde er 1943 Soldat, geriet 1944 in Gefangenschaft und blieb bis 1949 in Rußland. In Berlin beendete er sein Studium und wurde Gynäkologe. Dann arbeitete er an seiner Dissertation. Skley hatte noch Fotos aus Revaler Tagen und schickte mir ein Klassenfoto, aufgenommen 1939. Ich sah es mir lange an, ließ bei jedem Gesicht Erinnerungen hochsteigen und fragte mich, was aus den Jungen von einst wohl geworden sei.

Ich zählte achtzehn. „Wir waren 18." Ein Buchtitel! Ich schrieb Skley von meinem Einfall, und der Funke zündete. Wir wollten gemeinsam alles zusammentragen, was über unsere Klassenkameraden zu erfahren war. Ich entwarf eine Suchanzeige für die „Baltischen Briefe". Es war wichtig, daß wir beide unsere Namen daruntersetzten, einer der damals „dafür" und einer der „dagegen" gewesen war. Das konnte vielleicht eine Rolle dabei spielen, ob es ein Echo geben würde oder nicht.

Die Anzeige erschien in der Juliausgabe, und die Informationen liefen ein. Eltern berichteten über ihre verlorenen Söhne, Freunde über das Schicksal ganzer Familien, Bekannte gaben wieder, was sie gehört hatten.

Was konnte ich damit machen? Und wie? Einen Roman zu schreiben traute ich mir nicht zu. Es würden darin auch zu viele „Helden" vorkommen. Schriftstellerisch wurde schließlich gar nichts daraus. Aber jetzt stehe ich wieder vor der Frage des *Wie?*

Ich könnte die Gleichzeitigkeit als Grundschema benutzen. Also etwa so: Ich erzähle meine Geschichte, z. B. wie ich 1941 „wie Gott in Frankreich" lebe, und gleichzeitig trifft einen Klassenkameraden ein Kopfschuß. Aber das geht nicht, denn meine Geschichte bis 1952 habe ich hier ja schon erzählt, und außerdem würde aus dem Bericht über die 18 dann doch ein Roman werden und nicht nur ein Kapitel meiner Erinnerungen.

Ich versuche es mit der Zuordnung: Umsiedler, Nachumsiedler, in Estland Gebliebene. Von den 18 siedelten 1939 zwölf um. Soviel wir erfahren hatten, waren sechs von ihnen gefallen. Die Hälfte hatte der „Ruf des Führers" in den Tod geführt.

Leo Krupp fiel als Freiwilliger der Waffen-SS 1941 auf Kreta.

Juri Rothermundt fiel 1942 vor seiner Geburtsstadt Petersburg. Seine beiden Brüder fielen in Stalingrad und in Frankreich. Der Vater war seit der Flucht aus Thorn im Januar 1945 vermißt.

Die Familie Kossow wurde ausgerottet. Klassenkamerad Hans fiel bei Rostow am Don. Seine drei Brüder fielen an anderen Fronten, der Vater beim Kampf um die Festung Posen im Januar 1945. Der Mutter war die Flucht nach Danzig gelungen. Sie ging mit dem Flüchtlingsschiff „Wilhelm Gustloff" unter.

Georg Subkowsky, der Streber, hätte eigentlich unser Primus sein müssen, wenn es nach den schulischen Leistungen gegangen wäre. Er fiel in Nordafrika.

Theo Kelch war als vermißt gemeldet. Da niemand je wieder von ihm gehört hat, muß man ihn zu den Gefallenen zählen.

Von Ronald Gantz dagegen wußten viele „mit Sicherheit", daß er gefallen sei. Einige wußten sogar Details. Er habe die Offiziersschule der Waffen-SS absolviert und sei gleich bei seinem ersten Einsatz als Untersturmführer gefallen. Im September 1989 schrieb mir ein Ronald Gantz aus Chemnitz, das damals noch Karl-Marx-Stadt hieß, er habe bei seiner Tante in Arnim bei Bremen zum erstenmal die „Baltischen Briefe" gesehen und darin gelesen, daß ein Erik Gunnar Verg 70 geworden sei. Ob das vielleicht jener ...? Also Gantz lebte seit 1945 in Chemnitz, hatte eine biedere Erzgebirglerin geheiratet, war Angestellter in einer Schuhfabrik und wegen kranken Herzens vorzeitig pensioniert worden. Unsere Statistik war also nicht richtig. Von den zwölf Umsiedlern waren nur fünf gefallen. Und was war aus den Überlebenden geworden?

Heinz Pielbusch, durch Kinderlähmung „verbogen", wurde Schauspieler, zuletzt am Stadttheater in Saarbrücken, wo ich ihn auch einmal besucht habe.

Paul Nassauer versuchte sich in der Werbung. Um 1949 arbeiteten wir beide ungefähr ein Jahr lang im Hamburger Pressehaus, ohne uns je zu begegnen, ohne voneinander zu wissen.

Sten Nilsson ging zur Luftwaffe und nach dem Krieg nach Schweden, wo er Nerzfarmer wurde. Auch Ralf Mühlberg lebte jetzt in Schweden.

Kurt Imhof war Schweizer Staatsangehöriger, ging also nicht nach Deutschland und wurde Schmuck- und Uhrenhändler im Kanton Solothurn.

*

Und die Nichtumsiedler?

Zwei gingen 1941 als Nachumsiedler nach Deutschland. Von Skley habe ich schon erzählt. Der andere war Walter Küllmann. Er wurde Soldat, kam erst nach der Kapitulation in russische Gefangenschaft, überstand in den Lagern die Ruhr, eine Dystrophie dritten Grades und eine Gehirnhautentzündung. Erst 1950 wurde er entlassen, jobbte hier und da und landete schließlich im Schoße einer Kölnerin und ihrer weitläufigen Familie und bei den Fordwerken.

Warum Felix Willemson nicht umgesiedelt war, wußten nur seine beiden besten Freunde, Skley und Oserow. Seine Mutter war Jüdin. Oserow war dageblieben, weil seine russischen Eltern nicht wegwollten. Beide, Willemson und Oserow, hatten versucht, sich Fluchtwege vorzubereiten. Willemson war in die Seemannsschule eingetreten und hoffte nach beendeter Ausbildung als Besatzungsmitglied ins Ausland zu kommen, Oserow heuerte bei einem Holzexporteur im Hafen an, aber alle Schiffe wurden Tag und Nacht von den Sowjets bewacht, er kam nicht von Land.

Über Oserows Schicksal berichte ich noch ausführlich. Von Willemson kamen im Laufe der Zeit spärliche Nachrichten, eher Gerüchte. Es wurde z. B. die Geschichte verbreitet, er habe als Zahlmeister eines sowjetischen Lazaretts die ganze Ausrüstung auf dem Schwarzen Markt verschoben und sei daraufhin im Gefängnis gelandet. Ganz so sei es nicht gewesen, sagte er mir, als er Anfang der achtziger Jahre in Hamburg auftauchte. Er habe irgendeine dumme Sache ausbaden müssen, in die ihn andere hineingebracht hatten. Er kam jetzt aus den USA, wohin ihn eine jüdische Hilfsorganisation nach dem Krieg gebracht hatte. Er arbeitete bei Kodak in Rochester, NY. mit Computern, was genau, war nicht klar.

Das Schicksal von Ralf White ist schnell erzählt. Er war aus Brasilien in unsere Schule gekommen. Dort hatte seine Mutter einen Engländer geheiratet, der Ralf adoptierte. 1939 war er staatenlos, hatte einen sogenannten Nansenpaß. 1941 haben ihn die Sowjets deportiert. Das erfuhr Skley von Whites früherer Hauswirtin. Mehr hat man nie gehört.

Es bleibt nur noch Erik Pehlmann. Gleich nach dem Einmarsch der Sowjets habe Pehlmann für das NKWD gearbeitet. Das war zwar zu der Zeit, als Skley noch in Reval war, aber so etwas wird ja doch eher vermutet als gewußt. Vorsicht scheint mir bei solch einer Anschuldigung geboten (siehe Seite 280).

Wir waren 18. Diese lapidare Überschrift stellte sich als Irrtum heraus. An dem Tag, an dem das Klassenfoto gemacht wurde, fehlte Johannes Gerchen. Und weil er nicht auf dem Foto war, hatten Skley und ich ihn bei unserer Suchanzeige vergessen.

Ich traf Gerchen erst zu unserem Schultreffen „50 Jahre nach Reval" 1989 in Lübeck wieder. Er war bei der Kriegsmarine gewesen, hatte Schiffsmaschinenbau studiert, war

Leiter der Abteilung Dieselmotorenbau beim Bremer Vulkan geworden und lebte bis zur Pensionierung als Professor der Fachhochschule in Flensburg.

Intourist-Humor

1962. Zehn Jahre nach der Suche nach den 18 Klassenkameraden beschloß ich, nach Reval (Moskau, Leningrad, Riga und Wilna) zu fahren. Das war damals eine „Pioniertat". Vor mir war, soweit das in Baltenkreisen bekannt war, nur der Tanzschulbesitzer Hagemeister aus Hannover als Tourist im Baltikum gewesen.

Das Baltische Reisebüro gab es noch nicht, Gruppenreisen wurden noch nicht angeboten. Das Reisebüro Fröhlich in Hannover war das einzige, das Reisen in für Touristen zugelassene Städte in der Sowjetunion vermittelte.

In den Augen der meisten Balten war eine solche Reise nicht nur teuer und schwierig, sie war auch gefährlich. Wer wollte sich schon freiwillig und ganz allein zu den Kommunisten trauen? In den Augen meiner Landsleute war ich also nicht nur ein Pionier, sondern auch ein „Held".

Reisen in die Sowjetunion kann man nur als Pauschale kaufen: Luxuszimmer im Hotel, Gutscheine fürs Restaurant, Dolmetscher, Chauffeur und Auto für eine bestimmte Zahl von Stunden, usw. Leonid holt mich morgens zur Stadtrundfahrt in Moskau ab. Die Dolmetscher-Fremdenführer stellen sich mit dem Vornamen vor. Leonid spricht sehr gut deutsch, aber seine Diktion wirkt seltsam. So definitiv. Was er sagt, ist so formuliert, daß es Fragen ausschließt.

An der Lomonossow-Universität, einem Wolkenkratzer im Zuckerbäckerstil der Stalin-Zeit, hat Leonid viele Daten und Zahlen bereit: 239,5 Meter hoch, das höchste Gebäude Moskaus, mit 32 Stockwerken. 14 Fakultäten, 22 000 Studenten aus 58 Nationalitäten der Sowjetunion und 1500 aus 60 fremden Ländern ... Eine pittoreske Szene lenkt mich ab. Eine Gruppe von Moskau-Besuchern hat sich für ein Erinnerungsfoto aufgebaut, und sie, zusammen mit ihrem Hintergrund, scheinen mir ein lohnendes Foto zu sein. Leonid steht verlegen abseits. Dann fragt er:

„Machen Sie das überall so? Fotografieren Sie einfach Menschen, ohne sie zu fragen?"

Ich verzichte darauf, ihm den Unterschied zwischen einer Einzelperson und einer Gruppe zu erklären. „Nein", sage ich, „in Mexiko nicht, die schießen zu schnell." Leonid findet das nicht komisch.

Der Vormittag ist um, er liefert mich am Hotel ab, und wir verabreden uns für den Nachmittag. Leonid kommt nicht, es kommt Natascha. Ich habe ja nichts dagegen, aber warum haben sie getauscht? Sie druckst lange herum, ehe sie sagt: „Intourist ist ein Versehen passiert. Leonid ist Führer für DDR-Bürger. Er darf Sie gar nicht führen!"

„Ist es nicht egal? Zeigt man den Westdeutschen denn etwas anderes?"

„Das nicht, aber die Erklärungen sind anders."

Wir besuchen die Allunions-Ausstellung, jene Dauerschau, auf der die UdSSR ihre Errungenschaften präsentiert, und Natascha spart nicht, sie gebührend hervorzuheben. Wir reden immerhin so viel miteinander, daß sie mir ihren Familiennamen verrät (Subrowa) und daß wir im „National" zusammen zu Abend essen. Sie fragt mich nach meinen Moskauer Eindrücken, und irgendwie kommt es dazu, daß ich sage, mir fehle die Ungezwungenheit der Ausdrucksweise, mir scheine alles, nicht nur bei Leonid, in Propaganda gepackt und dulde keinen Einwand. Sie versteht nicht recht, und ich riskiere einen Witz, der bei uns im Westen zur Zeit gerade neu ist:

Kommt ein Amerikaner nach Moskau und wird von Olga oder Nina oder auch Natascha geführt. Am Zentralbahnhof sagt sie: ‚Und von hier fährt alle zwei Minuten ein Fernexpress ab, nach Wladiwostok, nach Baku, nach Leningrad oder Odessa . . .‘ Nach einer Weile sagt der Amerikaner: ‚Wir sind jetzt schon eine Viertelstunde hier und ich habe noch keinen einzigen Zug abfahren sehen.‘ Darauf

Olga oder Nina oder Natascha: ‚Und ihr seid schlecht zu den Negern . . .‘

Verständnislose Pause. Dann sagt Natascha ganz ernst: „Das ist nicht wahr . . . In Moskau gibt es gar keinen Zentralbahnhof."

Die einzige genehmigte Art, von Leningrad nach Reval zu fahren, ist per Nachtzug. Die südliche Küste des Finnischen Meerbusens ist Militärgebiet. Überfliegen darf man sie nicht, und tagsüber soll man nicht aus dem Fenster sehen. Ich werde in ein Abteil gewiesen, in dem schon ein Passagier liegt. Kaum habe ich mich hingelegt, da werde ich wieder herausgeholt. Schon wieder ein Versehen. Mein Abteilgenosse ist Russe. Er darf sein Abteil nicht mit einem Ausländer teilen. Man legt mich zu drei „estnischen Cowboys". Ich nenne sie so, weil sie aus Montana kommen und Cowboyhüte tragen. Sie sind aufgeregt, trinken Wodka aus der Flasche und singen estnische Lieder. Sie sind sehr gespannt auf das Wiedersehen mit der Heimat. Sie stammen von der Insel Ösel.

Am Morgen treffe ich sie im Intourist-Büro im Hotel „Palas". Sie erkundigen sich, wann und wie sie am besten nach Ösel fahren können. „Nach Ösel können Sie überhaupt nicht fahren", sagt die Büroleiterin.

„Warum denn nicht?"

„Was heißt warum? Sie dürfen einfach nicht."

„Aber wir sind doch extra von Amerika . . ."

„Seien Sie doch vernünftig. In Amerika kann man doch auch nicht fahren, wohin man will", sagt Frau Alla, die so alt ist wie ich, und ganz genau weiß, daß man früher auch in Estland natürlich fahren konnte, wohin man wollte.

Wiedersehen mit Ossi

Dem Intourist-Direktor in Reval legte ich drei Namen auf den Tisch: Felix Willemson, Erik Pehlmann, Georg Ozerow. Das waren drei Klassenkameraden, die 1939 nicht umgesiedelt waren. Vielleicht gab es sie noch? Vielleicht konnte ich etwas über sie erfahren? Noch am selben Abend kam der Direktor während des Abendessens zu mir ins Restaurant und sagte strahlend: „Gute Nachricht. Wir haben Ihren Freund Ozerow gefunden. Sie können stolz auf ihren Schulbruder – Schulbruder (koolivend) ist das estnische Wort für Schulkamerad oder Mitschüler – sein. Er ist Chemiker, Forscher und Dozent an der Technischen Hochschule."

„Und die anderen beiden?"

„Von denen wissen wir nichts." Das war gelogen, wie sich viel später herausstellte, aber Ossi wiedersehen zu können, freute mich ganz besonders.

Mensch, Ossi! Er war unser bester Turner. Wenn er drei Riesenwellen hintereinander am Reck drehte, fragte ich mich, ob er wohl Knochen aus Gummi habe. Es gab niemanden, der ihn nicht mochte, und mein Freund und Pfadfinderkamerad war er außerdem gewesen.

Am nächsten Vormittag stand er in der Hotelhalle. Verhaltene Umarmung. Dann schlug er, etwas verlegen, vor, spazieren zu gehen. Wir gingen die Allee in Richtung Karlskirche hoch, bogen dann zu unserer alten Schlittschuhbahn ab, setzten uns auf eine Bank und versuchten uns zu erzählen, wie es uns ergangen war – in 23 Jahren.

Es war ein tastendes, vorsichtiges Gespräch. Es wußte jeder vom anderen zuviel aus jener gemeinsamen Vergangenheit, was in die jetzigen Umstände so gar nicht mehr hineinpaßte. Es blieb unausgesprochen. Manches, was er fragte, brachte mich in Verlegenheit: „Hast du eine Arbeit?" – „Hast du eine Wohnung?" – Hast du ein Auto?"

Ich mußte mir erst klarmachen, daß positive Antworten aus der hiesigen Situation nicht selbstverständlich waren, und auch, daß die Vorstellung von Elend und Massenarbeitslosigkeit im kapitalistischen Westen die Denkbasis selbst eines Akademikers sein könnten. Für ihn mußte es ja schon etwas Unverständliches und Geheimnisvolles sein, wieso ich überhaupt hiersein konnte.

Im Gehen ließ sich leichter antworten, da hatte das Gespräch nicht so sehr den Charakter des Abfragens. Ich bat ihn, mich zur Staatsbank zu begleiten, wo ich Geld wechseln mußte.

Die Angestellte, eine Frau um die Fünfzig, blätterte in meinem Paß. „Hamburg", sagte sie versonnen und machte eine Pause, „ich habe eine Schwester in Hamburg."

„Wie geht es ihr?"

„Das weiß ich nicht."

„Wieso nicht?"

„Ich kenne ihre Adresse nicht."

Ich war hilfsbereit. „Das ist kein Problem", sagte ich. „Sagen Sie mir den Namen. Ich besorge Ihnen die Adresse."

„Ach nein, lieber nicht."

Das verstand ich nicht. „Die Stalinzeit ist doch vorbei. Jetzt schadet es Ihnen doch nicht mehr, wenn Sie Kontakt zu Ihrer eigenen Schwester im Ausland aufnehmen."

„Nein, jetzt nicht, aber wer weiß, wie lange es so bleibt?"

Ossi war dieser Wortwechsel sehr unangenehm. Ich konnte es spüren. Dennoch sagte er: „Wir müssen uns noch sehen, bevor du wieder wegfährst", und das war ja wohl selbstverständlich. Er lud mich ins Theater ein und für einen anderen Abend in ein Restaurant. Warum nicht nach Hause? Er ist verheiratet, hat zwei Kinder, lebt mit seinen Schwiegereltern in einer Sechszimmerwohnung, und für jeden Russen ist Gastfreundschaft im eigenen Hause ein Bedürfnis. Ossis Vater war Russe. Ich erinnere mich an ein russisches Osterfest bei seinen Eltern in der Gonsiorstraße. Es muß 1937 oder 1938 gewesen sein. Es war ein richtiges Gelage. Es ist für mich immer der Inbegriff russischer Ostern geblieben.

Ich suchte nach einer Entschuldigung für sein Verhalten. Vielleicht meinte er es gut? Vielleicht erinnerte er sich auch an dieses Osterfest und meinte, etwas annähernd Ähnliches nur im Restaurant auf die Beine stellen zu können, denn das Einkaufen von Lebensmitteln und Getränken war sicher schwierig, wie die Schlangen vor jedem Laden bewiesen.

Wir fuhren also in einem Taxi hinaus nach Brigitten, Ossi, seine reizende Frau Elena und ich. Zum Appetitanregen bestellte er Kaviar, Wodka, Schwarzbrot und Butter. Frau Elena sagte: „Und einen schönen Fleischsalat." Sie sah sich um. Am Nebentisch saßen ein paar junge Leute. Sie hatten sich einen Blumenstrauß und eine Vase mitgebracht, um es in dem recht nüchternen Lokal, dessen einziger Reiz der Blick aufs Meer war, etwas netter zu haben.

„Jurinka", sagte Frau Elena, „sieh doch, es gibt auch Lachs." Und Jurinka (Georg) bestellte Lachs.

Wir tranken das erste Glas auf unser Wiedersehen. Wir tranken noch viele Gläser und zu jedem gab es, wie das bei Russen so üblich ist, einen Trinkspruch. Also tranken wir auch auf den Frieden.

„Ja, wegen Berlin", sagte Ossi.

Ich hatte während meiner bisherigen Reise schon ein paar politische Gespräche geführt, und ich wußte, wie sie ausgingen. Mir war nicht danach zumute, das Wiedersehen zu verderben. Aber Ossi beharrte: „Die Lage in Berlin ist doch sehr gespannt, nicht wahr?"

„Ja, ja", sagte ich.

„Gibt es da wirklich eine Grenze mitten in der Stadt?" fragte Elena.

Ich sagte: „Nicht nur eine Grenze, sondern eine Mauer. Eine richtige Mauer aus Beton."

Elena: „Aber man kann doch nicht mitten durch die Stadt eine Mauer bauen?"

„Man kann." Und ich versäumte nicht zu sagen, wer sie gebaut hat.

Ossi: „Wegen der Provokationen war das nötig. Zum Beispiel diese Geschichte mit dem Tunnel."

Ich: „Das ist ein gutes Beispiel. Es gab nicht nur einen Tunnel, sondern viele. Ein Tunnel ist die einzige Chance, die den Menschen noch bleibt, aus Ost-Berlin herauszukommen. Aber bei euch wird es so dargestellt, als wäre dieser Tunnel gegraben worden, um Spione in das sowjetische Berlin zu schmuggeln."

Ossi: „Aber Provokationen gibt es doch ständig."

Ich: „Woher weißt du das?"

Ossi: „Es steht in der Zeitung." Und dieser Satz wiederholte sich im Laufe des Abends noch oft. Um zu erklären, wie sehr die Sowjetpresse die Tatsachen entstellt, schilderte ich einen – bei uns allgemein bekannten – Fall: Ein fünfzehnjähriger Junge schwimmt durch einen Kanal. Die östliche Volkspolizei schießt auf ihn. Sie trifft ihn siebenmal, aber die Westpolizei beschränkt sich darauf, hinüberzurufen, man solle doch aufhören, auf das Kind zu schießen. Erst als das alles nichts hilft und als der Junge schon auf Westberliner Gebiet ist, schießen die Westpolizisten zurück und töten dabei einen Volkspolizisten. „So sehen die Provokationen aus."

Elena fragt: „Aber warum schwamm der Junge denn nach West-Berlin?"

„Aus demselben Grund", sage ich, „aus dem seit 1945 drei Millionen Menschen aus dem sowjetischen Teil Deutschlands in den Westen gegangen sind."

Ossi fing wieder an: „Was habt ihr in Berlin zu suchen?" Ehe ich antworten konnte, fuhr er fort: „Was macht Adenauer da und der amerikanische Außenminister Rusk?"

Ich: „Du meinst jetzt am 17. Juni? Du mußt wissen, das ist ein Gedenktag für den Aufstand von 1953."

Ossi: „1853?".

Ich: „Nein, 1953. Am 17. Juni 1953 erhoben sich die Arbeiter in Ost-Berlin und der Sowjetzone gegen das Regime. Genau wie später in Posen und Budapest."

Ossi: „Davon habe ich nie gehört."

Wir tranken etliche Gläser Wodka. Die Trinksprüche blieben aus. Dann hatte Elena doch einen: „Darauf, daß wir uns heute nicht zum letztenmal gesehen haben!" Sie fragte: „Sagen Sie, würde es Ihnen Schwierigkeiten machen, wenn wir Sie besuchen kämen?"

„Wieso denn?" fragte ich.

„Nun, weil wir Sowjetbürger sind?"

Und Ossi fragte: „Wieso durftest du überhaupt hierherkommen?"

„Das weiß ich auch nicht. 1957, als ich in Leningrad war,

bekam ich kein Visum für Estland. 1958 auch nicht. Und jetzt ging es plötzlich."

„Nein, nein", sagte Ossi, „ich meine, wieso du bei euch die Erlaubnis bekamst, in die Sowjetunion zu fahren."

Ich lachte. „Da brauche ich doch niemand zu fragen. Wenn ich mit einer Flugkarte zum Flugplatz gehe, will niemand wissen, ob ich nach Italien oder nach Moskau will." Und dann legte ich meinen Paß auf den Tisch und zeigte ihnen, wie Visa anderer Länder aussehen: USA – vier Jahre, Guatemala – 90 Tage, ebenso Honduras usw. Und nirgendwo steht, daß ich nur eine bestimmte Stadt besuchen darf und daß ich zu einer bestimmten Stunde an einem ganz bestimmten Ort wieder ausreisen muß, wie bei Visa für die Sowjetunion.

„Bestell was Warmes", sagte Elena, und Ossi bestellte Braten und Gurkensalat in reiner Sahne und grusinischen Schampanskoje. Elena sagte, ich solle etwas Lustiges von meinen Reisen erzählen. Ich erzählte eine Geschichte von der „kleinen Korruption" in Mexiko und meinte, es ließe sich doch recht angenehm leben, wenn die verkrustete Bürokratie manchmal ein bißchen geschmiert würde.

Ossi, von Wodka und Champagner gerötet, sagte: „Bisher hattet ihr die kleine Korruption, jetzt habt ihr die große."

Diesesmal verstand ich wirklich nicht, was er meinte.

Er erklärte: „Bisher wart ihr in der Bundesrepublik allein, jetzt habt ihr den Gemeinsamen Markt."

Brrr. Das war zuviel. Aber es kam noch schlimmer. Er meinte, die Bundeswehr sei jetzt schon in England und Frankreich, und das klang, als seien England und Frankreich von deutschen Truppen besetzt. Er sagte, es sei doch klar, daß der Westen Krieg wolle, warum höre er sonst mit den Atomversuchen nicht auf. Als er anfing, sich über die Ausbeutung der Arbeiterklasse in den kapitalistischen Ländern auszulassen, wurde es mir zu dumm, und ich sagte: „Ich bin heilfroh, daß ich in der kapitalistischen Welt leben darf."

„Heute noch", sagte Ossi, „aber nicht mehr lange."

Es war keine erfreuliche Unterhaltung.

„Jurinka, bestell Konfekt und Likör", sagte Elena und dann mit einem reizenden Lächeln: „Ich weiß, daß das dick macht, aber ich esse so gern."

Sie war fest entschlossen, unsere Diskussion zu beenden. „Streitet doch nicht", sagte sie, „ihr seid doch alte Freunde: Ihr wollt euch doch nicht totschießen."

„Nein, Elena", sagte ich und benutzte absichtlich den Vornamen, um zu zeigen, wie sehr sie mir aus dem Herzen sprach. „Wissen Sie, Georg hat mir vorgestern erzählt, daß er 1943 bei Newel an der Front war. Ich auch. Er als Rotarmist, ich als deutscher Soldat. Wenn es das Schicksal gewollt hätte, dann hätten wir uns da schon totgeschossen. Und wir hätten es noch nicht einmal gewußt."

Einen Augenblick waren wir sehr still. Dann fuhr ich fort: „Sieh mal Ossi, wenn ich damals hiergeblieben wäre, und du ausgewandert wärest, vielleicht säßen wir dann heute auch hier und würden genauso diskutieren, nur die Rollen wären vertauscht. Dann würdest du darüber staunen, was für ein überzeugter Sowjetmensch ich geworden bin. Man könnte heulen darüber, wie sehr uns die zwei Welten trennen, in denen wir zufällig leben."

„Auf den Frieden!" sagte Elena und hob ihr Glas.

Ossis Wahrheit

Seit dem Wiedersehen mit meinem Schul- und Jugendfreund Georg Oserow (im Juni 1962) hatte ich mich bemüht, die Verbindung nicht abreißen zu lassen. Ich versuchte, ihm zu einer Einladung durch den Deutschen Akademischen Austausch-Dienst zu verhelfen, wozu er schon deshalb gern seine Einwilligung gab, um einmal ins Ausland kommen zu können. Die Postverbindung zu ihm war unzuverlässig, nicht alle Briefe kamen an. So entging mir manches, was sich in seinem Leben veränderte. Es schien mir aber so, als gäbe es gar keine Möglichkeit, daß wir uns jemals woanders treffen könnten als in Reval oder vielleicht in Leningrad, schon gar nicht, wie Frau Elena es damals gesagt hatte: „Wenn wir dich mal besuchen kommen."

Um so überraschender war sein Telegramm aus New York: „Bin am 18. Februar in Paris." Ich lebte dort seit zwei Jahren als Korrespondent.

Ossi war Ölschiefer-Chemiker und kürzlich als Spezialist zur Wirtschaftsdelegation der UdSSR bei der UNO berufen worden. Ich hatte immer gedacht, Ölschiefer sei eine Besonderheit, die nur an der estnischen Nordküste vorkommt, ein Bodenschatz, aus dem Estland eigenes, arg stinkendes Benzin machen konnte. Nun erfuhr ich von Ossi, daß es große Vorkommen in Kanada gäbe und auch auf Madagaskar. Zwar würden sie zur Zeit nicht genutzt, weil das Auspressen des Öls unwirtschaftlich sei, aber sollte das Erdöl einmal knapp werden, würden die Ölschiefervorräte noch für lange Zeit reichen.

Und nun war er nach Madagaskar unterwegs, wobei Paris als Umsteigeflughafen am Wege lag. Er blieb nur einen Tag, aber am 10. März käme er wieder, und dann würde er auch ein paar Tage Zeit für uns und Paris haben. Wir riefen Klassenkamerad Walter Küllmann in Köln an. Er freute sich darauf, Anfang März nach Paris zu kommen, um den alten Freund wiederzusehen.

Ossi kam pünktlich, einen Tag vor Küllmanns. Nachdem wir ihn in einem Hotel in unserer Nähe untergebracht hatten, fuhren wir, Tine und ich, mit ihm zu „Inno Passy". Dort gab es „Dzidrais", importierten lettischen Wodka, und delikate „sakuski". Reichlich von beidem einzukaufen war der Vorwand. Unser Hintergedanke war, ihm dieses Angebot an Luxuslebensmitteln in dieser Umgebung zu zeigen. „Inno" war ein Super-Supermarkt im superfeinen 16. Arrondissement, dessen supervornehmster Stadtteil Passy war. So etwas wie „Inno Passy" gab es 1968 in Hamburg noch nicht. Ossis verblüffender Kommentar: „Solche Geschäfte haben wir bei uns auch", und „bei uns" hieß in New York.

Am Abend sprachen wir dem „Dzidrais" zu und müssen

dabei auch recht laut geworden sein, obgleich wir nur zu dritt waren, denn um zwei Uhr morgens standen zwei Polizisten vor der Tür, aufgrund einer Beschwerde, wie sie sagten, und verboten uns weiteren ruhestörenden Lärm. Verächtlich sagte Ossi: „So etwas gibt es bei uns nicht", und diesesmal war „bei uns" die Sowjetunion, wo, wie er sagte, die Polizei sich nicht um die Fröhlichkeit der Bürger zu kümmern habe.

Walter Küllmann kam mit Frau und Tochter. Ich zeigte ihnen allen „mein" Paris.

Für den Abend hatte ich mir etwas Hübsches ausgedacht. Ich führte meine Gäste in die „Kortchma", das kleine russische Kellerlokal auf Montmarte, das ich schon seit 1940 kannte, als ich als Soldat mehrmals dort gewesen war. Es gab ganz echt zubereitete russische Speisen, Balalaikamusik und Lieder, auf Wunsch auch die Lieblingslieder. Aber Ossi wurde stocksteif, man sah, wie unwohl er sich fühlte, und je fröhlicher die allgemeine Stimmung wurde, um so mehr. Es hätte nur noch gefehlt, daß Walter oder ich ausgelassen dem Vorsänger zugerufen hätten: „Sing doch mal für unseren Schulfreund aus Rußland" . . . Ich hatte nicht bedacht, daß es für einen Sowjetfunktionär wahrscheinlich unbedenklicher war, in einer Lasterhöhle erkannt zu werden als in einem Emigrantenlokal.

Erst zu Hause lockerte er sich wieder. Und es wurde wieder eine lange Wodkanacht – ohne Polizei. Neben vielen „Weißt du noch"-Geschichten, die meisten zum Lachen, kam manchmal auch Ernst in unser Gespräch. Walter erzählte von seiner Kriegsgefangenschaft in Sibirien. Er war erst 1950 zurückgekommen. Ossi schwieg dazu.

Erst am nächsten Abend, als Küllmanns schon abgefahren waren, als die ‚sakuski' auszugehen drohten, und wir in der Küche aus Resten neue improvisierten und als wir sie mit lettischem Wodka schmackhaft machten, öffnete sich unversehens bei Ossi eine fest verschlossene Tür, und was herauskam, ließ uns verstummen.

Gleich nachdem Estland Sowjetrepublik geworden war, im August 1940, bekam Ossi seine Einberufung zum Militär. Der ganze Jahrgang 1921, auch die meisten von 1919 bis 1922. Die Sammelstelle war im Hafen. Man brachte sie per Schiff nach Leningrad. Dort wurden sie in Güterwagen verladen, und es begann eine lange Fahrt ostwärts.

Sie dauerte tagelang. Sie standen auf Abstellgleisen herum, schwitzten, dursteten, bekamen kaum zu essen und begannen zu murren. Wer russisch konnte, schimpfte laut: „Wir sind Rekruten, keine Gefangenen!" – „Maul halten!" war die Antwort der begleitenden Soldaten, die sich jetzt als Wächter entpuppten. Und als die Fahrt nach zwei Wochen oder so zu Ende war, kamen sie nicht in eine Kaserne, sondern in ein Barackenlager, mit Stacheldraht umzäunt und von Wachtürmen umgeben.

Schwerarbeit, Hunger, Mißhandlung und – politischer Unterricht. Aus ihm erfuhren sie, daß es sich nicht um ein Mißverständnis handelte, sondern um System. Ihr sollt Rotarmisten werden, sagte man ihnen, aber vorher müßt ihr lernen, wie winzig klein ihr seid, und wie stark die Sowjetmacht ist. Noch bevor einer von euch jemals wagt, irgend etwas gegen sie zu unternehmen, auch nur das allergeringste, müßt ihr bis in die Fingerspitzen begriffen haben, daß der Arm der Sowjetmacht euch überall erreicht. Ihr seid keine Feinde der Sowjetmacht, nein, auch wenn viele von euch noch kein Russisch sprechen, aber wir sorgen dafür, daß ihr es auch nie zu werden wagt.

In der langen Nacht erzählte Ossi auch Einzelheiten des Lagerlebens. Ich brauche sie nicht zu wiederholen. Jeder Leser im Westen kennt sie aus allen Berichten über den „Archipel Gulag".

Ein Jahr blieb Ossi im Straflager. Dann durfte er Soldat werden. Welch fürchterliche Logik: Mißhandlung und Demütigung, die sich nicht gegen Feinde richtet, sondern gegen Menschen, die man zu treuen Anhängern der eigenen Sache machen will. Stalin soll einmal gesagt haben, es sei ihm lieber, man unterstütze ihn aus Angst als aus Überzeugung. Die Überzeugung könne sich ändern.

Und die Konsequenz? Ich habe schon bisher nicht in wörtlicher Rede zitiert, um meine alkoholisiert aufgenommene Erinnerung nicht als Dokument auszugeben. Beim Folgenden muß ich erst recht vorsichtig sein:

Nach dem Krieg hatte Ossi die Wahl zwischen Anpassung und Widerstand. Er wollte Naturwissenschaftler werden. Es war also auch eine Wahl zwischen Karriere und erneutem Straflager. Er hatte seine Lektion gelernt.

Vorausgesetzt, daß ich richtig verstanden habe, was er in dieser langen Nacht erzählte, kann ich ihn nicht verurteilen.

Dorpat nach 40 Jahren

Neu im Programm der Gruppenreisen ins Baltikum war nach 1970 die Möglichkeit, von den Hauptstädten aus Tagesausflüge, wenigstens das, in einige Provinzstädte zu machen. Natürlich nicht nach Wesenberg, wo ich so gerne hingefahren wäre, wo aber Intourist nun wirklich nichts vorzeigen konnte, aber immerhin nach Dorpat. Ich buchte 1972 vor allem deshalb wieder eine Heimatreise, um meiner aus Leipzig stammenden Frau Reval zeigen zu können, aber Dorpat wiedersehen zu können, war natürlich auch sehr wichtig.

*

Vierzig Jahre ist es her, daß ich Dorpat als kleiner Junge verließ. „Sobald wir ankommen", sagte ich zu meiner Frau, „nehmen wir uns ein Taxi und fahren den ganzen Tag in der Stadt herum." Ein Taxi bekamen wir nicht, aber wir hätten auch gar nichts damit anfangen können. Die Stadt war groß in meiner Erinnerung, in Wirklichkeit nur sehr klein.

So geht es wohl jedem, der in eine Welt zurückkehrt, die er nur mit Kinderaugen gesehen und mit kleinen Füßen durchmessen hat. Das zunächst Überraschende, dann Unglaubhafte und schließlich Erschütternde war etwas anderes. Ich hatte gehofft, alles würde so sein, wie vor vierzig Jahren, und zu meinem Schrecken war es das wirklich.

Zuerst die Freude des Wiedererkennens: zu wissen, wo was ist, sich zurechtzufinden. Dann Einzelheiten: Durch die Gebüsche der Parkanlagen auf dem Domberg führten die gleichen Schleichwege. Brennesseln an derselben Stelle wie damals erschienen wie alte Freunde. Aber dann: In den Treppen der Anlagen fehlten dieselben Stufen. Die Straße, in der ich damals lebte, hatte immer noch dasselbe Pflaster und das hölzerne Wohnhaus denselben rostroten Anstrich. Sogar die geblümte Tapete im Hausflur war dieselbe, auch wenn ihr Blau kaum noch als Farbe zu erkennen war. Statt der zwei Namen auf der Haustafel standen dort jetzt sechs, und die Straße hieß nicht mehr Botanische, sondern Kingisepa. Meine alte Schule roch wie damals und der Milchladen gegenüber auch. Wenn etwas anders war, nach vierzig Jahren, dann war es nicht besser.

Wo war die Konditorei Werner geblieben? Vor den beweglichen Märchenbildern im Schaufenster hatte ich mir in der Weihnachtszeit die Nase platt gedrückt: An einem Marmortischchen, umgeben von holzgetäfelten Wänden und blitzendem Messinggestänge, ein Stück Torte essen zu dürfen, war höchster Lohn für kindliches Wohlverhalten. Die Konditorei gab es noch. Aber die Schaufenster waren leer, die Wände weißgetüncht, langweilig, hygienisch, „kulturnaja".

Das alte Stadtzentrum mit Renaissance-Rathaus und Universität ist noch da. Vertraut und doch fremd. Fremde Straßennamen, Spruchbänder, die den Sieg des Sozialismus künden, und Verwahrlosung. Wo der Krieg den Stadtrand zerstörte, stehen ein neues Theater, ein neues Restaurant, eine Markthalle und ein Kaufhaus. Dann nichts mehr. Erst viel weiter, so als trauten sie sich nicht an die altehrwürdige Universitätsstadt heran, lange Zeilen von Wohnblocks in Serie, überwiegend von zugewanderten Russen bewohnt.

Am späten Nachmittag fährt der Bus zurück. Mit schweigenden Passagieren. Schließlich fragt eine alte

Dame, ob man einen kleinen Umweg über Weißenstein fahren könnte. Es sind nur 30 Kilometer mehr. Aber es geht ja nicht um die Kilometer, es geht ums Prinzip. Weißenstein gehört nicht zu den für Ausländer zugelassenen Orten. Vor wenigen Jahren noch wäre das Ansinnen, einen „kleinen Umweg" zu machen, als Provokation aufgefaßt worden.

Wo immer sie können, nehmen es die Esten nicht mehr so genau mit dem „Prinzip". Wir fahren also über Weißenstein. Halten eine halbe Stunde, wo selten oder noch nie ein Bus mit westlichen Touristen gehalten hat. Die Weißensteinerin bittet um noch einen, einen winzigen Umweg. Ob man am Friedhof wenigstens vorbeifahren könnte. Ihre Eltern liegen da. „Dann halte ich eine Viertelstunde", entscheidet der junge Fahrer. „Genügt das?"

Es genügt, damit es sich für die pensionierte Krankenschwester gelohnt hat, viele Jahre für diese Reise zu sparen.

Letzte Begegnung

Diesesmal war ich mit einer Gruppe des Baltischen Reisebüros gefahren. Wolf von Kleist, Herausgeber der „Baltischen Briefe", amtierte als Reiseleiter. Er habe eine Überraschung für mich, sagte er kurz nach der Ankunft in Reval: mein Klassenkamerad Erik Pehlmann sei aufgetaucht.

Das war wirklich eine Überraschung. Als ich 1962 zum erstenmal nach dem Krieg wieder in Reval war, hatte der Intourist-Direktor mir gesagt, von Pehlmann wisse man nichts.

Erik führte uns in sein Fotolabor und sagte: „Hier hört uns nämlich keiner." Und dann erzählte er zwei Geschichten. Die erste erklärte, wieso ich oft in Intourist-Büros Plakate mit der Beschriftung „Tallinn, die Museumsstadt der UdSSR" vor der Silhouette der alten Türme gesehen hatte.

Da hatte sich nach dem Krieg eine Gruppe von Intelligenzlern zusammengetan und überlegt, wie sie die näch-

Erik Pehlmann-Raiküla

sten Jahre am besten überleben könnten, ohne sich in der Kommunistischen Partei hervortun zu müssen, und da einer von ihnen Historiker war, kamen sie auf eine glänzende Idee: Es gelang ihnen, die Sowjets, bis hinauf nach Moskau, zu überzeugen, daß Revals (Tallinns) architektonisches Ensemble durch seine Geschlossenheit ziemlich einmalig in Europa sei, man müsse es nur vor dem Verfall bewahren und darüber hinaus auch noch die Vergangenheit historisch genau rekonstruieren. Dafür brauchte man natürlich Zeit und Geld.

Sie bekamen beides. In einem neugegründeten Amt für Stadterhaltung sammelten sich Gleichgesinnte und archivierten, planten, restaurierten und bauten. Schon 1972 standen in Reval „alte" Türme und Wehrgänge, die es vor dem Kriege gar nicht gegeben hatte. Erik Pehlmann war bei diesem Amt als Stadtfotograf angestellt. Seinen Familiennamen hatte er abgelegt. Er nannte sich jetzt Raiküla.

Und das war die zweite Geschichte: Während der deutschen Besatzung (1941–1944) hatte Erik als Dolmetscher bei einer Polizeidienststelle gearbeitet. Eines Morgens im September 1944, als er zum Dienst kam, fand er die Deutschen beim eiligen Packen, und der Chef sagte zu ihm, er könne mit ihnen kommen, denn es wäre sicher nicht ratsam für ihn, den Russen in die Hände zu fallen. Seine Mutter könne er auch mitnehmen.

Solange ich mich erinnern kann, hatte Erik allein mit seiner Mutter gelebt, die ihn wohl auch sehr verwöhnte. Nun kam er verstört mit der Nachricht vom Abzug der Deutschen nach Hause und bat sie, schnell das Nötigste zusammenzupacken. Sie aber wandte ein, *so* könne er aber nicht nach Deutschland „reisen", er müsse seinen guten Anzug anziehen. Der aber lag im Sommerhaus in Strandhof, 16 Kilometer südwestlich der Stadt. Gegen die Anweisung der Mutter gab es keinen Widerspruch. Erik setzte sich aufs Fahrrad, fuhr nach Strandhof, raffte seinen Anzug aus dem Schrank, strampelte wieder zurück und sah auf der Landstraße nach Baltischport nur noch das Ende der Kolonne, die ihn hatte mitnehmen wollen.

Diese Verspätung kostete ihn zehn Jahre in Sibirien. Als er wiederkam, erlaubte ihm die Behörde, eine neue Identität anzunehmen. Der Intourist-Direktor hatte 1962 gar nicht gelogen: einen Erik Pehlmann gab es wirklich nicht mehr.

*

Wir hatten es übernommen, einer Freundin von Ruth Graf Grüße und ein Päckchen zu überbringen. Wir hatten von uns noch einige Kleinigkeiten dazugetan. Hilja Massman war sehr gerührt. Wir hätten ja keine Vorstellung davon, wie schwer das Leben in Estland sei. Ich wisse ja, wie es früher war, aber jetzt ... Lachs, Aal und ähnliches kenne man nur noch dem Namen nach.

Aber an diesem Abend gab es Lachs und Aal und Sprotten und Neunaugen, Wodka und Schampanskoje, daß sich der Tisch bog. Wir waren bei Ossi zum Abendessen. Bei Ossi zu Hause, anders als 1962.

Klassenkamerad Georg Ozero war jetzt Institutsdirektor und stellvertretender Leiter des Revaler Polytechnikums. Er hatte uns in „seinem" Auto vom Hotel abgeholt. Der „Wolga" war noch neu, Ossi als Fahrer auch. Mit den Gängen hatte er Schwierigkeiten.

Er gehörte jetzt zur Nomenklatura. Die Köstlichkeiten, die Frau Elena auftischte, stammten nicht aus den Läden der Stadt, sondern aus einem Spezialgeschäft, das nur die Angehörigen der Führungsschicht versorgte.

Es war eine amüsante Tischgesellschaft. Ossi war der einzige, der Deutsch konnte. Elena sprach Englisch, Sohn und Tochter auch. Elenas Vater sprach Russisch und Estnisch, und diese vier Sprachen wirbelten fröhlich durcheinander. Es war ja auch eine seltsame Nationalitätenmischung. Elenas Vater war estnischer Altkommunist, der die Jahre der estnischen Unabhängigkeit als Emigrant in Rußland gelebt und dort eine Russin geheiratet hatte. Elena war in Leningrad geboren und fühlte sich als Russin. Ossi hatte rein russische Eltern gehabt, die kein Wort deutsch sprachen, ihren Sohn aber in die deutsche Schule geschickt hatten. Also wenigstens bei den Kindern war es klar: sie waren Russen. Oder doch Esten?

Nach dem Essen stand ich mit dem Schwiegervater am Fenster und blickte auf die abendliche Stadt. Ich zeigte ihm, wo ich gewohnt hatte. „Warum kommen Sie nicht zurück?" fragte er. „Sie sehen doch, wie gut man hier leben kann."

*

Ossi blieb geheimnisumwittert. Nach unserem Treffen in Reval ging er wieder für einige Zeit zur UNO nach New York. Ob Briefe ihn erreichten, war Glückssache. Über dieses Glück entschied das KGB.

1976 fragten Tine und ich bei der sowjetischen UNO-Vertretung in New York nach ihm. Man behauptete, keinen Georg Ozerow zu kennen. Seit 1978 war er wieder in Reval und gründete und leitete ein Institut für Wirtschaftsführer.

1982, als ich mit meinem Sohn Martin nach Reval kam, erreichte ich Ossi telefonisch über seine private Nummer nicht, und beim Institut stellte die Zentrale keine Verbindung her. Wir gingen zu seiner Wohnung, ganz nah vom Hotel „Viru". Das Haus hatte an der Außentür weder Namensschilder noch Klingelknöpfe, es gab nur eine kleine Tafel mit Ziffern. Unschlüssig standen wir eine Weile vor der Tür, bis ein Hausbewohner kam und den Geheimcode eintippte. Wir hatten ohne Absprache beide genau aufgepaßt, auch Martin mit seinen elf Jahren. Wir tippten also auch die vier Zahlen, und die Tür ging auf. Wo die Wohnung war, wußte ich noch von unserem Besuch zehn Jahre zuvor. Die Eltern waren nicht zu Hause, wir hinterließen Grüße. Ossi rief im Hotel an. Wir gingen zu ihm. Es war kurz vor unserer Abreise. Es reichte nur noch für einen gemeinsamen Cognac und gute Wünsche für ein baldiges Wiedersehen.

1984 war ich mit meinen Töchtern in Reval. Vorheriges Anmelden bei Ossi hätte keinen Zweck gehabt, die Briefe waren immer noch Glückssache. Ihn zu erreichen dauerte wieder bis zum Abreisetag, aber diesesmal war es immerhin schon morgens. Ossi kam ins Hotel „Viru". Der Portier, der keinen Einheimischen hereinlassen durfte, hielt ihn nicht auf. Man schien ihn zu kennen. Er widmete sich uns den ganzen Vormittag, dann trennten wir uns mit guten Wünschen für ein baldiges Wiedersehen.

1988 besuchte Klassenkamerad Johannes Gerchen Ossi in Reval. Er erzählte davon bei unserem Schultreffen in Lübeck im Herbst 1989. Gerchen hatte es nicht bei guten Wünschen für ein baldiges Wiedersehen belassen, sondern vorgeschlagen, ihn und Elena nach Deutschland einzuladen. Für Privatreisende war das damals noch der einzige Weg, aus der Sowjetunion hinauszukommen, und auch nur, wenn man nahe Verwandte, z. B. die Kinder, als „Geiseln" zurückließ.

Die alten Kameraden freuten sich über Gerchens Initiative. Die Ozerows sollten zuerst zu Gerchens nach Flensburg fahren, dann für eine Woche zu mir nach Hamburg und für die dritte Woche zu Küllmanns nach Köln.

Um diese Zeit begann die Wende im Baltikum, zuerst in Litauen, dann auch in Lettland und Estland, die 1991 zur Ausrufung der Unabhängigkeit der drei Staaten führte.

Ossi ließ Gerchen wissen, daß er sich sehr freue, uns zu besuchen, aber leider müsse er den Besuch aufschieben, zur Zeit könne er nicht weg aus Reval.

Zu Weihnachten 1991 bekam Paul Nassauer, der die Verbindung zu allen noch erreichbaren Schulkameraden hält, als Anlage zu einem Weihnachtsgruß aus Reval einen Zeitungsausschnitt, ohne Datum, ohne Angabe der Zeitung, mit der Überschrift: „Georg Oserow zum Gedenken".

Erik Pehlmann-Raiküla starb am 3. März 1992. Erik und Ossi, die beiden Klassenkameraden in derselben Stadt, sind sich in den 52 Jahren seit dem Abgang von der Schule nicht ein einziges Mal begegnet.

Inhalt

Gisela Natalia Gradner

Handkuß und Hakenkreuz

Eine Jugend zwischen Berlin und dem Baltikum

2. Auflage, 168 Seiten, broschiert

Schon in ihrer Familie ist alles ein wenig anders, die Mutter aus Rußland emigriert, der Vater aus dem Baltikum, und die Tanten und Onkel, die haben zwar alle einen kleinen Spleen, aber ihre Lebensgeschichten sind aufregender als Märchen. Vom ersten Satz an gewinnt die Autorin den Leser für sich, gespannt verfolgt er ihren Lebensweg, der wenige Jahre vor 1933 seinen Anfang nimmt. Im Elternhaus am Rande Berlins, in der Schule, mit Freundinnen macht sie erste Erfahrungen des Heranwachsens, des Erwachsenwerdens – als Jungmädel und im Reichsarbeitsdienst erlebt sie die Welt unterm Hakenkreuz.

Gisela Natalia Gradner

Tanten mit Tick

Baltische Erzählungen

2. Auflage, 134 Seiten, broschiert

Es ist eine große Familie, die Gisela Natalia Gradner in diesem Buch beschreibt. Von den Tanten ist eine so liebenswürdig und eigenwillig wie die andere. Bunt ging es in ihrem Leben zu, fast so bunt wie das Gemisch aus verschiedenen Sprachen – Deutsch, Russisch und Französisch –, das in dieser Familie zu hören war. Alles wird mit leichter Hand erzählt, überall blitzen Witz und Humor, Eigenschaften, mit denen auch die Tanten, in Berlin oder Riga, ihr Leben meisterten und den kleinen und großen Schicksalsschlägen begegneten. So entstand ein Buch zum kurzweiligen Lesen und Nachdenken zugleich.

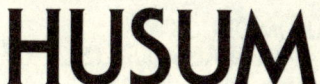 **HUSUM** HUSUM DRUCK- UND VERLAGSGESELLSCHAFT
Postfach 1480 · D-25804 Husum

Hellmuth von Ulmann

Alle Orgeln von Reval

Erzählungen

76 Seiten, broschiert

Die Erzählungen des in Reval geborenen früheren Dirigenten Hellmuth von Ulmann entführen den Leser noch einmal in die lichterfüllte Atmosphäre Revals, lassen ihn teilhaben an einer Kindheit und Jugend in Estland. Beim Orgelspiel gleiten die Gedanken des Autors Jahrzehnte zurück, in der Erinnerung tauchen auf die Orgel der Revaler Olaikirche, die Sommer am Rande des Meeres, die winterliche Fahrt durch das Eis der Ostsee, die Familie und die Freunde aus vergangener Zeit. Es sind baltische Kompositionen, in denen die Geschichte den Takt angibt, und über deren melancholisch-verhaltenem Grundthema sich immer wieder eine klare, helle Melodie erhebt – Variationen über ein Leben in Reval.

HUSUM HUSUM DRUCK- UND VERLAGSGESELLSCHAFT
Postfach 1480 · D-25804 Husum